极杜年华
凯文·杜兰特传 / 完全增补版
KEVIN DURANT

冯逸明主编

世界知识出版社

图书在版编目（CIP）数据

极杜年华：凯文·杜兰特传：完全增补版 / 冯逸明主编 . —北京：世界知识出版社，2017.3
（钻石超星传记系列）
ISBN 978-7-5012-5419-4

Ⅰ.①极… Ⅱ.①冯… Ⅲ. ①凯文·杜兰特 – 传记
Ⅳ.① K837.125.47

中国版本图书馆 CIP 数据核字（2017）第 027548 号

责任编辑	余　岚　刘　喆
责任出版	赵　玥
责任校对	马莉娜
封面设计	冯逸明

书　　名	极杜年华：凯文·杜兰特传（完全增补版） Jidu Nianhua：Kaiwen Dulante Zhuan（Wanquan Zengbuban）
主　　编	冯逸明
出版发行	世界知识出版社
地址邮编	北京市东城区干面胡同 51 号（100010）
网　　址	www.ishizhi.cn
销售电话	010-65265923　010-57735442
经　　销	新华书店
印　　刷	北京朗翔印刷有限公司
开本印张	710×1000 毫米　1/16　14 印张
字　　数	314 千字
版次印次	2017 年 3 月第一版 2017 年 5 月第二次印刷
标准书号	ISBN 978-7-5012-5419-4
定　　价	39.80 元

■版权所有　翻版必究

目录

凯文·杜兰特传 / 完全增补版
KEVIN DURANT

话说杜兰特 …… 1
划时代的运动员 / 文：杨毅
天生的领袖 / 文：柯凡

凯文·杜兰特正传 …… 7
楔子

第一章
预定的未来 …… 11
1 俄克拉荷马之神　　2 生命中的亲人们
3 天选的篮球　　　　4 你打球像迈克尔

第二章
"鬼山"传奇 …… 21
1 35号球衣，失约的恩师　　2 "教父"布朗
3 "鬼山"冲刺跑　　4 一时瑜亮——发小比斯利

第三章
高中时光 …… 35
1 篮球是我的生命　　2 查理·贝尔看中的遗珠
3 永远的平常心　　　4 全美第二高中生
5 像麦迪一样打球？　6 像沃克一样罚球
7 像伊藤大司一样努力

第四章
得克萨斯长角牛 …… 50
1 杜兰特去哪儿？　　2 大学，全美第一小前锋
3 没有人能够以一敌五　4 快把他送进NBA吧！

第五章
梦想的曙光 …… 67
1 选秀前的争论　　2 绝不顾影自怜
3 糟糕的体测　　　4 NBA，新的篇章
5 挣扎中的最佳新秀　6 新生的雷霆
7 低调的巨星，"吝啬"的富翁

第六章
雷神养成记 …… 93
喧嚣之城的篮球图腾

第七章
愈挫愈强 …… 100
1 新的教练　　2 疯狂的起点
3 FIBA 大魔王

第八章
不甘人后 …… 119
1 缩水赛季　　2 西部第一
3 MVP　　　　4 新的起点

第九章
福祸相依 …… 149
1 清醒的看客　　2 退出国家队
3 耐克大合同和"琼斯骨折"

第十章
再起玄黄 …… 159
1 伤病阴霾　　2 归去来兮
3 藏锋一季

第十一章
雷霆终章 …… 167
1 隐忍之刃　　2 旷世西决

第十二章
转战金州 …… 179
1 惊天抉择　　2 天作之合
3 终极五小　　4 兄弟再决
5 让篮球作证

凯文·杜兰特别传 …… 197
1 荣耀篇　2 战靴篇　3 绝技篇

真的勇士
敢于直面惨淡的人生

杜兰特离开雷霆，被冠以"懦夫""叛徒"的标签，一时间口诛笔伐，甚至被推到道德审判的边缘，但沉默如金的"KD"从没有辩解，他不屑于这样做。因为他的世界里只有篮球——为了追求篮球的真谛，追求更深的境界、更高的突破，实现自我更极致的价值。

杜兰特是那凌空踏虚、幽暗阴森的死神。他拥有无与伦比的投射手感和技巧，漂移如风，再加上七尺身高和228厘米逆天臂展带来的出手点，几乎无法封盖，于是"大鸟"和诺维茨基之后最可怕的高个射手诞生了。

从篮球的角度看，杜兰特还真是个"天生勇士"，他的能力和特点注定能与这支球队无缝对接。这里有着不占球权却拥有超强攻击力的控球后卫，有着全联盟最低调最亲和的球队领袖，也有着全联盟最好的团队篮球氛围。

若我战死，勿埋我骨。
死若星辰，生如朝露。

在白驹过隙的匆匆岁月中，八年雷霆生涯，苦无寸进，杜兰特不想再次重复失败的轮回，他已经没有时间挥霍，选择勇士，唯有总冠军才能荡涤他的灵魂，重现至尊光芒。

转战勇士，杜兰特赌上所有的一切，因为如此骄傲的他无须再用总冠军之外的一切荣耀来证明自己，如今的他唯有赌上所有，来做终极一搏，这恰恰是他非凡的勇气所在。

让篮球作证，让时间启航。我们无须揣测这位当今联盟中最凛冽的寒锋，我们只知道，唯有总冠军、唯有至尊荣耀，才能配得上杜兰特的伟大。因为，"KD"早已拥有一颗睥睨天下的王者之心。

任流言蜚语，我岿然不动，用篮球来作证，杜兰特用职业球员的方式来证明自己。

一切爱恨皆由他，我自热血铸锋华。
菩提无树镜非台，涛走雷息云自开。

在勇士，杜兰特融入神速。2016/2017季前赛，勇士场均可以轰下118.2分，雄踞联盟进攻火力榜第一宝座。杜兰特场均25.8分8.4个篮板4.8次助攻，命中率高达53.7%。

有杜兰特这样的大杀器存在，勇士轮换空间无限变大，战术选择也更加丰富。

杜兰特曾经说过，他是因为篮球的原因加盟金州勇士，他和库里神交已久，自认为更适合金州勇士的战术体系和人人都会传球、人人都会空切、流畅绚丽的进攻风格。新赛季开始后，杜兰特、库里、汤普森三位无球进攻大师在场上，皮球只要运转起来，那场面真是令人神往。

2016 年 11 月 10 日，勇士主场 116 比 95 轻取小牛。杜兰特拿到 28 分和 10 个篮板，完成连续 72 场得分 20+ 的壮举，随后在 11 月 11 日勇士 125 比 101 大胜掘金，杜兰特得到 18 分，连续 72 场 20+ 的纪录也就此定格。

72

连续七十二场得分超二十

41

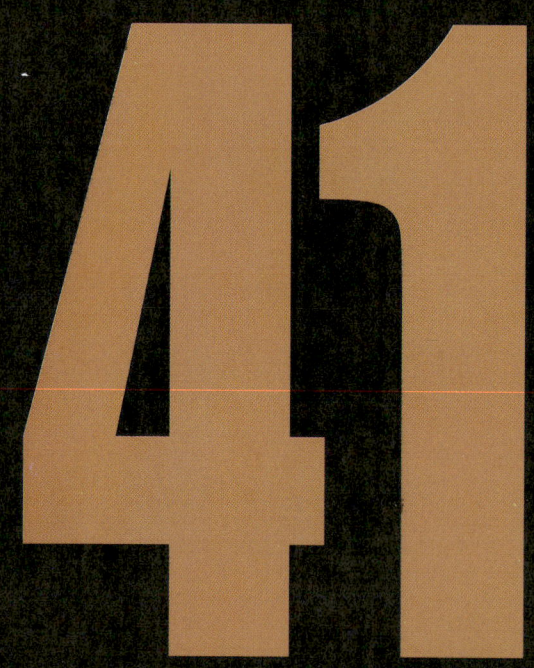

连续四十一场得分超二十五

从 2014 年 1 月 8 日至 4 月 7 日，杜兰特连续 41 场比赛至少砍下 25 分，这是自 1986/1987 赛季乔丹（连续 40 场）之后的最长纪录，也是历史第三长的纪录，排在杜兰特前面的是张伯伦的 80 场和奥斯卡·罗伯逊的 46 场。

2009/2010赛季，场均砍下30.1分；2010/2011赛季，场均砍下27.7分；2011/2012赛季，场均砍下28分；2013/2014赛季，场均砍下32分。

杜兰特在五年内四夺得分王头衔，其中在2010—2012年连续三个赛季蝉联得分王。

两届奥运冠军、一届世锦赛冠军,杜兰特三次率领"梦之队"登顶世界之巅。

2010年土耳其世锦赛,杜兰特场均砍下22.7分,率领年轻的"梦九队"成功夺冠,并当选世锦赛MVP。

2012年伦敦奥运会,"梦十队"以107比100击败老对手西班牙队成功卫冕奥运冠军。杜兰特砍下30分9个篮板。此役过后,杜兰特在单届奥运会上的总得分达到了156分,打破了海伍德1968年创造的145分纪录。

2016年里约奥运会,美国男篮实现奥运三连冠伟业。杜兰特决赛中再度砍下30分,此届奥运会后,"KD"以311分的奥运总得分,升至美国"梦之队"总得分榜的第二名。

3

三次登顶世界之巅

2007年NBA选秀大会，来自得克萨斯大学的杜兰特被西雅图超音速队用榜眼签摘下，手握状元签的开拓者队则选中了著名的"水货状元"格雷格·奥登。

2

二零零七选秀第二顺位

1

一届常规赛最有价值球员

2013/2014赛季,杜兰特场均砍下32.0分7.4个篮板5.5次助攻,率领雷霆取得59胜23负的战绩。

在常规赛MVP的评选中,杜兰特的总得分是1232分,力压詹姆斯的891分,荣膺生涯首个常规赛MVP,他也成为继张伯伦、乔丹和艾弗森之后,NBA史上第4位成就得分王(至少4次)和MVP的球员。

TALK ABOUT
KEVIN DURANT
话　说　杜　兰　特

划时代的运动员 / 文：杨毅

● 《体坛周报》副总编、篮球部主任
著名篮球评论员 / 央视、腾讯解说嘉宾

我一直说杜兰特是一个划时代的运动员。划时代运动员——我不是讲他的实力超越任何运动员，而是他的类型，以前是没有的，而他的这种个人特点的出现，这种类型运动员的出现，带动了一个时代的风潮。

"魔术师"约翰逊2.05米打后卫，他的出现就带动了很大一批人，包括孙悦。以前2.05米打内线嘛，2.05米能打后卫，打那么漂亮，他影响了很多孩子，那么这些孩子以"魔术师"的打球风格、技术特点为模板，学着他长大，出现了很多高后卫。

在诺维斯基出现之前，没人见过一个两米一十几没完没了投三分的，特别是在NBA，那时候内线几乎没有投远投的。诺维斯基到了NBA之后，他的打球风格影响了很多孩子，不单影响欧洲孩子，还影响了美国孩子，后来进入NBA，你看那四号位，都能出去扔三分，不能扔三分就觉得少一个进攻手段，诺维斯基开一派先河。

杜兰特以2.10米（官方身高是2.06米）的高度打三号位，以前这个高度就是应该扎在内线的，往篮下死打，但杜兰特改变了很多人对这个事的认知，2.10米也可以打打小前锋，可以出来运球，可以突破，可以在外面投三分。

如果能够从小去练，扎实你的基本功，练你的运球，2.10米也可以在外面打，不考虑身高因素，2.10米能运球吗？2014年之前两个赛季，杜兰特是失误比助攻还多。有3次助攻就得有5个失误，个太高，一运就丢。

2013/2014赛季你能够看到他运球的重心又更低了，当然跟一般的小个比，他的重心还是高，但是跟他自己比，他重心又低很多，你想掏他，已经没有以前那么容易了，所以杜兰特的助攻跟失误比基本缩小到2比1了，有很大提升了。

杜兰特的出现影响一大批人去效仿，要不然在以前，2.10米要不打内线，你就遭人看不起。现在出来打小前锋，这些都是跨时代的，改变篮球认知。

而在2014年季后赛，关于杜兰特频频在外线投篮，在生死时刻过于迷信手感的种种质疑。我认为：他不是说迷信，这是他最过硬的一种，一种技术能力，最过硬的攻击手段。在那么紧张的比赛里，每一分都致命的时候，每个人都只用自己最过硬的，我们老话叫，压箱底的东西，这就是绝招。

比如我对某一项技术信心不是很强，在最后这个时刻，我绝不会冒险用它，比如说两侧，关键球，生死球，这个人是右手是强手，我一定突右手，生死球他不会突左手，一定还是突右手，我对我左手没有那么大信心，我这一运，万一丢了怎么办，要死了，死活我也是右手，这个就是运动员的心理，只有你从事过体育，你才知道运动员的心理，你没从事过体育，你就不知道他为什么老是扔，因为他就扔过硬，他认为自己："我能不能突？能突，也能扔，但是我还是扔过硬。我还是对我这项更有信心。"

杜兰特还没到各方面都炉火纯青的地步，没到乔丹、科比鼎盛那种地步。

尤其他太高了，因为他那么高，他往里面突，对抗能力其实也不是特别强，但是他不能加体重，他加体重之后，由于他身高太高，把体重加上去，他膝盖和脚踝受不了。

至于威斯布鲁克，他的心智、思维还不是特别成熟。真正的超级明星会带动你的队友，就是你对场上局势的判断，非常重要。

杜兰特在他打得最棒的那段时间，他一个人带全队打得最棒的那段时间，他什么时候攻，什么时候传，结合得特别好！杜兰特可以根据判断场上形势，去做决定。你一防一，我就攻，连进两三个，对方总有顶不住的时候，自觉不自觉的，协防就来了，协防一来，杜兰特立刻就传球，队友来得分。

杜兰特独自领军的那段时间特别棒，那种成熟度，是非常非常出色的，对场上局势的判断，也是非常出色的。威斯布鲁克虽然拥有超强冲击力，但是执拗的性格令他不拐弯，啪啪，墙碎了算。我觉得他做不到杜兰特那样。

这个很明显，威斯布鲁克是一个将才，而杜兰特是一个帅才。

天生的领袖 / 文：柯凡

●腾讯NBA著名主持人、资深篮球评论员

写这篇序言的时候，刚刚回顾了一遍周星驰的电影《食神》，里面有一句话很贴近于现在的NBA联盟：根本就没有食神（球星），或者说人人都是食神（球星）。在这个人才辈出的年代里，我们几乎再也看不到乔丹、科比、奥尼尔式的高大全且极富个性的球星形象；在这个人才辈出而球员们又都有着极端严密的商业运作计划去塑造自己公众形象的时代，就像20世纪90年代初的中国人人都是老板一样。假如美国也刮风，那刮倒一块广告板大概也能砸死20个球星。就是在这个人才辈出的时代，杜兰特悄无声息又顺理成章地成为了群星中最为接近老派巨星的那一个。

或许你会觉得一座常规赛MVP并不能说明太多的问题，或许你会觉得杜兰特在和威少的兼容中常处于弱势小受那种角色，或许你会觉得一个几乎没有负面新闻的球星提不起八卦的你太多的兴趣。但不可否认的是，由于刻苦，杜兰特每个赛季都在变得更好，由于大气，杜兰特从未颐指气使地对待任何一位队友。

由于天生的领袖气质，杜兰特将身处小城的雷霆变成了现今联盟中最可怕的球队之一。所以，面对着这样一个几乎刚进联盟就已经是成品球星的杜兰特，你不妨仔细地去看看这本传记，去了解一下他那并不一帆风顺的球星之路，去体会一下他那总决赛失利的苦涩与拿到MVP奖杯时的温情，去重温一下杜兰特之所以成为今天的杜兰特走过的点点滴滴。

即将开始的新赛季是杜兰特的第十个赛季，经过了在联盟中的起伏跌宕，拿到了联盟中对于个人最崇高的肯定，我们将看到一个更好、更成熟的杜兰特，或许有一天我们真的可以将杜兰特和乔丹、科比、奥尼尔这些名字并列呢。

极杜年华
Kevin Durant
凯文·杜兰特正传

● 文 / 平原公子

楔子

　　凯文·杜兰特长得不算刚毅俊朗，却有一种天生的温文尔雅，厚嘴唇，一张长方脸端正平和，没有科比的剑眉星目，刀刻一般凌厉的线条美；也没有詹姆斯直鼻阔口、虎视鹰顾的粗犷和霸气。

　　若是轻轻笑起来，满脸都是邻居家大男孩的味道，仿佛整个世界都是秋日午后的清爽阳光。除了披上蓝色球衣走上球场那48分钟的光芒万丈，平日里的他身上既没有名人的风范，也不带着巨星的架子。

　　他不像科比和詹姆斯，天生一张千万美元的巨星脸，他这张脸，丢在华盛顿特区人海里，立马就找不出来了。但在雷霆队友们的心目中，在俄克拉荷马城人们的心目中，他就是高富帅蝙蝠侠布鲁斯·韦恩，每到关键时刻，他总会像超级英雄一样从天而降，为球队带来胜利，为城市带来荣耀。

　　他有着2.06米的身高，却不同于麦迪风一般飘逸、加内特的标枪一样挺拔。他站在那里，锋芒不露，含蓄内敛，不像是爱琴海边古希腊雕塑一般的运动家，而像是从中国泼墨山水画中走出来的魏晋名士。

　　他谦逊礼貌，有问必答，每一句回答都不绕弯，一看就知道心思单纯见底，藏不了多少事。站在台上时，他很多时候像个菜鸟一样拘谨，规规矩矩地背着双肩书包，衬衫的纽扣一直扣到脖子下面，领带打得一丝不苟，作为一个联盟当红的超级巨星，他身上看不出半点跋扈倨傲。

　　他和以往那些篮球总统山上的名字完全不同，魔术师风流俊逸，拉里·伯德刻薄机智，乔丹威风八面，科比坚忍卓绝。20世纪八九十年代的球星们一脉相承，脾气和球技争辉，个性与伟大同在，米勒冲数万观众行割喉礼，巴克利把奥尼尔掀翻在地，大鸟喋喋不休用语言折磨所有对手，乔丹好勇斗狠从不让人。

　　造星运动已经走到尾声，联盟招牌的形象正在改变。这个时代不再流行古罗马斗兽场中的血腥和粗野，大卫·斯特恩和他的继任者们推行的是一种绅士的运动，所有人都学着西装革履、文质彬彬、谈吐优雅，说话八面玲珑滴水不漏。如艾弗森那样从少管所出来就从容带上状元帽子的巨星渐渐绝迹。谦虚、低调、平和的詹姆斯、安东尼、格里芬们带着好孩子和全民偶像的光环坐在我们面前，面带微笑，可亲可敬——这才是潮流和风向，所有人都开始变成好孩子、好学生、好青年、好兄弟、好父亲。更有意思的是：今年的总决赛MVP科怀·伦纳德正是一个面无表情，在镁光灯下说不出话的老实孩子。

　　说到谦虚和低调，没有人比得上凯文·杜兰特，他是这个时代巨星们的典型标志。

　　他天生就忘记一切天赋带来的特权，从不孤芳自赏。他把所有队友都放在和自己同等重要的位置上，一视同仁，情如兄弟。除了在手掌中嘭嘭跳动的篮球，他的世界众生平等。

　　他的生命简单而透明，他也不喜欢把时间浪费在电影院、饭馆，甚至泡女生和周末派对上。他曾经一个人闷在球馆里练到精疲力竭，睡倒在地板上，最终被晨曦的光亮刺醒。他把代表恩师生命的数字写在球衣上，他把派尔阿姨的名字写在球鞋上，他每次上场之前，总会念叨三个字——"平常心"。

第一章
预定的未来

凯文·杜兰特正传

凯文·杜兰特传／完全增补版

俄克拉荷马之神

2013/2014

  2014年5月7日，俄克拉荷马城，切萨皮克能源球馆，一辆起亚的新款SUV停在外头，这是NBA起亚赞助商赠送的礼品，球迷们黑压压地围在球馆外的大屏幕前，顶着烈日高呼MVP、MVP……

  此时的凯文·杜兰特穿着一身蓝色的西服，戴着黑框眼镜，拘谨而激动，黄铜小人运球狂奔的MVP奖杯就在他手中，映着他泪流满面，哽咽得几乎说不出一句完整的话。

  他用断断续续地哭腔说："妈妈，这是我们的奖杯，谢谢你。你18岁有了我哥哥，三年后生了我，21岁的单亲妈妈带着两个孩子，每个人都说我们不该待在那儿，我们不停地搬家，全靠自己。让我印象最深的是，没有床，没有家具，我们在起居室蜷在一起互相依偎。你让我半夜起来锻炼，做俯卧撑、在山路上冲刺跑，你上街为我们弄衣服、弄食物，你自己饿着入睡。你是真正的MVP。"

  完达·杜兰特抽泣着听到此处，忽然绷不住泪如泉涌。全体观众起立鼓掌，向这位相貌平平的黑人女性致敬。这个发布会在室内有近千名观众，在外面也有千名观众顶着35°C的高温站了近三个小时，他们盯着大屏幕目不转睛。

  一位球馆保安大叔接受采访时，用不容置疑的语气说——他就是我们俄克拉荷马的神。

  这位俄克拉荷马的神，凯文·韦恩·杜兰特，出生在华盛顿哥伦比亚特区，父母离异，是穷人家的孩子。这没什么，耶稣出生在马槽中，大将军卫青生而为奴，拳王阿里也降生在贫民窟，谁都无法选择自己的出身。

  凯文·杜兰特从未被称作"天选之子"，也从没有在小时候有过什么显赫的天赋和潜力，没有人知道他会有今天，他不是披着光环出生的孩子，也从不是令人瞩目的天才。

  生命是一个随机产生的概率学结果，没有人能够预订出生，要生在玉堂金马家还是穷街陋巷里，都不是自己能决定的，过往不可改变，未来不可预期，短短几十年，却是一个偌大的谜题。

  出生之后的一切，全靠努力和命运，每个人都有着最初的梦想，并且都曾立志为它

● 2014年5月8日,凯文·杜兰特正式当选2013/2014赛季NBA常规赛最有价值球员(MVP)。

付出一生的努力。然而生命又是一个不断改变初衷的游戏,现实会逼着你不断打醒自己,你知道自己的梦在哪里,却不可能知道下一秒的自己在哪里,能够预定一个未来,并且走到终点的,都是百里挑一的人中龙凤。

生命中的亲人们

1988—1994

1988年9月29日，凯文·杜兰特出生在华盛顿哥伦比亚特区。他的童年就在苏特兰度过。杜兰特的爸爸韦恩·普莱特在国会图书馆当警察，从美国国会图书馆坐30分钟地铁就可以到达苏特兰，但30分钟的车程，却成了12年不能相见的痛。

杜兰特是妈妈完达·杜兰特的姓氏，这是很多美国黑人女性相同的故事。偶遇有情郎，相知相爱、怀孕生子，但没有结婚，所以当时凯文只能随妈妈的姓，但是他中间的名字加上了韦恩（全名为凯文·韦恩·杜兰特，Kevin Wayne Durant），完达的男友正是韦恩·普莱特。

即便完达和普莱特结婚后把自己的名字改为完达·普莱特，但凯文依旧沿用了杜兰特的姓，从未改变。

韦恩·普莱特在杜兰特8个月时离开了家庭，杜兰特由他的母亲完达·普莱特和外祖母芭芭拉·戴维斯抚养长大，他们当时住在离华盛顿不远的马里兰州。

在美国，未婚先孕，黑人男子不负责任或者根本没有能力养家糊口，都是一件稀松平常的事情，因为经济原因始乱终弃、婚后离异更是司空见惯。由此造成的无数单亲黑人小孩缺乏管教，满街区乱跑，在毒品和暴力的泥潭中渐渐学坏，这是美国贫民窟的百年阴影。

其中也有很多孩子出淤泥而不染，努力向上，成功出名，许多NBA球星便是如此，他们很难不记恨那些从小抛弃他们的父亲，很多人终此一生不和生父来往。

杜兰特是个例外，他从未记恨过他的生父普莱特，不是因为父亲是合法离婚，也不

是因为父亲在12年后浪子回头、破镜重圆，回到他们母子身边重新做他们的守护神。而是因为，在小杜兰特的心中，警官普莱特是个恪尽职守、保家卫国的好警官。

出生12年零4个月里从未得到过父爱，杜兰特依旧不责怪父亲，在他眼里，父亲是警官，有着伟大的工作要做，他小时候的梦想便是能和父亲一起在华盛顿中心执勤，做一个保护一方安宁的警官。这和父亲神圣的职业有关，也和妈妈正确的教导有关。

宽容和理解，是最了不起的品格，所以杜兰特站在领奖台上拿起MVP奖杯的时候，依旧泪流满面地感谢父亲。

杜兰特的童年时代艰难无比，因为他在出生的时候，哥哥托尼·杜兰特三岁，要养活两个孩子的单亲妈妈只有东奔西走忙于生计。

托尼很照顾这位从小瘦弱的弟弟，很多单亲家庭的孩子都是这样，长兄如父。小时候兄弟俩也经常吵嘴厮闹，杜兰特曾经在打闹中脱下一只鞋子朝哥哥扔去，哥哥轻巧闪过，但鞋子却把墙上一个玻璃灯罩打了个稀烂。

凯文需要赔偿10美金，身无分文的孩子差点急哭了。哥哥托尼用自己在麦当劳打工挣的钱帮助弟弟作了赔偿，杜兰特一直没有忘记，他说他一定会还给哥哥。

2007年，杜兰特终于履行诺言，一诺千金。他进入了NBA，收到了自己合同里的第一笔薪酬，能够自己挣钱的凯文送给哥哥一辆黑色道奇吉普。他在获得MVP奖杯的时候，也含泪注视着哥哥，动情地说："哥哥，你是我的榜样，我一直在追随你的脚步。"

哪怕他如今功成名就、如日中天，依旧不会忘记他是一个来自特区的孩子，他有他的家人、朋友、恩师。妈妈完达·杜兰特、爸爸韦恩·普莱特、哥哥托尼、外祖母芭芭拉、发小比斯利、派尔阿姨、恩师查尔斯·克雷格和塔拉斯·布朗。

这些人是他童年和少年时期的全部，没有他们，就没有凯文·杜兰特。

凯文·杜兰特传/完全增补版

天选的篮球

1995/1996

　　小杜兰特的童年没有半点传奇色彩，也没有显现出什么与众不同的天赋，他和那些街头的小伙伴们没有区别，普普通通的黑人小孩，奔跑于特区的大街小巷，每日背起书包上学、放下书包看卡通片，或者跟着妈妈在教堂里，听着唱诗班的歌声打瞌睡。

　　小杜兰特只有一个与众不同的地方，他比同龄人长得高，瘦瘦长长显得很奇怪，这在小孩子里面可不是什么上帝的恩赐，反而会带来不少困扰，小时候的姚明和奥尼尔都曾忍受着同伴们好奇的眼光甚至是嘲笑。

　　身高给杜兰特带来的麻烦没有那么大，但却给杜兰特带来内向害羞的性格，那时候，总有人上下打量他，然后说："你怎么这么高，你为什么和我们不一样。"腼腆的小杜兰特回答不了这个糟糕的问题。

　　玩笑和好奇不能改变一个人的性格，却足以撩拨一个孩子敏感的神经。他比班上所有人都要高大，长手大脚，鹤立鸡群，走到哪里都是被关注的目标，以至于他根本不愿意站起来回答老师的提问——坐着都已经够扎眼了，他甚至因此讨厌上学。好在外祖母芭芭拉总是安慰他："说不定这（身高）是一种天赐的幸福，上帝的旨意，我们等等看吧。"

　　杜兰特性格文弱而安静，面对嘲笑和挑衅，他从来不会用粗鲁的拳脚去还击，这是伴随了他一生的优良品质，以至于在他刚进联盟的时候，有人就把他平静如水的表情和不动如山的蒂姆·邓肯相比，认为他将是外线的邓肯。

　　那时候的完达·杜兰特很辛苦，她一个人扛起这个破碎的家庭，抚养两个男孩子，她在一家邮局工作，既当爹又当妈。

　　完达每天都有送不完的邮件包裹，经常要加班到半夜，虽然杜兰特的父亲就在离他们家仅30分钟车程的华盛顿中心执勤，但没有抚养权的他不能对儿子有任何的照顾。在杜兰特的童年，能照顾他的只有三个女人和一个哥哥——母亲、派尔阿姨、外祖母芭芭拉、哥哥托尼。

　　派尔阿姨患有乳腺癌，每天都在和病痛做斗争，外

●杜兰特的母亲完达·杜兰特在 MVP 颁奖典礼上感动落泪

　　祖母芭芭拉总会有事不能一起照顾好两个顽皮的孩子，每当周末，托尼和凯文没有课满地乱跑的时候，完达·杜兰特总是头痛无比，她知道这俩小家伙离开学校就是脱了笼头的小马，不闹的鸡飞狗跳不会罢休。

　　底层的黑人家庭总有这样的担忧，每一个妈妈都明白，孩子不能放到街头去野，城市的街区里充满着各种各样的暴力和犯罪，毒品、枪支、帮派是万千家庭的噩梦和泥潭，一旦陷进去，那就是误终身。完达·杜兰特决定，得给凯文找点正经的兴趣和爱好。而黑人最好的美国梦就是两种——音乐和篮球。

　　事实上，托尼和凯文从小就喜欢各种运动，只要出现在巴尔的摩的所有球队他们都喜欢，他们喜欢华盛顿奇才队，更是疯狂追捧迈克尔·乔丹，但当时的凯文·杜兰特并没有想到——他会一辈子和篮球结缘。

　　人生有期待很容易，把期待变成梦想也很容易，然而把梦想定格下来，作为一辈子的目标，并且细分量化成一个一个的台阶，然后一步一步去实现它，却不易。

　　小杜兰特的期待或许只不过是一顿饱饭、一部卡通片、一次篮球赛……但真正为他确立梦想的是两件事情。这两件事情证明了——篮球是一件上天给他选定的事情。

04 你打球像迈克尔

1996—1998

一个周末,完达·杜兰特带着两个孩子去理发,凯文没有想到他会遇到一生中最重要的一个体育馆,一位确定了他球衣号码的恩师,和一位一生的兄弟。完达在孩子剪头发的时候闲逛,发现了一座不错的建筑,华盛顿郊外的 Seat Pleasant(锡特·普莱森特)活动中心,这座只有一层的黄砖建筑成了凯文·杜兰特梦开始的地方。

这里原本只是一家普通的休闲娱乐场所,类似于少年宫,开展许多运动项目,接纳一些青少年进来锻炼健身,举办一些小型的业余比赛。

当年,它默默无闻平凡无比,虽然有时候举办比赛很热闹,但就如你们当地的体育馆和少年宫一样,影响力仅限于这个城市或者这个小区的孩子们,外人对它毫不知情。而如今大不同了,在网上你搜索这座休闲中心能找到的内容有超过 95% 的内容和杜兰特有关,我猜想,或许十年之后,这里将会成为杜兰特球迷的朝圣之所。而当年,完达·杜兰特毫不犹豫地带着两个孩子走进了这座体育馆。

这座褐黄色砖结构建筑矗立在华盛顿的郊区,对面的阿纳卡斯蒂亚河静静流淌,群山环抱,景色宜人。岁月无声,Seat Pleasant 活动中心默默等到了一位足以令它多年之后蓬荜生辉光彩照人的小男孩。

从 8 岁起,杜兰特每天都会步行 15 分钟来到这块最喜欢的球场练球,有时甚至在这里吃饭、过夜;只是他没想到,自己会在这里成长为全美高中第二号新秀、2007 年全美最佳大学球员、2008 年 NBA 最佳新秀、2009/2010 赛季的全明星、四届得分王,连续三届得分王、2013/2014 赛季常规赛 MVP。

在这里玩耍的时候,8 岁的杜兰特第一次触摸到了这个橙红色的球形玩具,这个可能是一生相守的好伙伴,当时他并不知道这个东西的魅力,也不知道海绵宝宝要永远地离他而去了。

第一次把篮球抱在手中,并没有激发杜兰特多大的兴趣,他偶尔会用瘦长的胳膊捡起一个皮球,使出吃奶的力气砸向那个高不可攀的篮筐,或者乐哈哈拍着皮球满地乱跑,结果皮球总是不听话滑出手掌,这位未来的"俄克拉荷马之神"的天赋仅限于此,他并

第一章 / 预定的未来

没有表现出什么超凡脱俗的东西。这个中心还有着其他好玩的活动，在杜兰特看来，很多玩意儿都比篮球更有乐趣，如果不是克雷格教练，他或许尝试武术和舞蹈去了。

胖胖的、和蔼可亲的查尔斯·克雷格不经意间在人群中发现了这个高挑的小瘦子，比同龄人高出一头的杜兰特吸引了他的眼光，不管会不会犯错，克雷格相信了自己的判断。

他走上前去问这个小孩子："孩子，你愿意参加青年联盟队吗？"

这个胖胖的青年教练让杜兰特倍感亲切，他立刻用清亮的嗓音答道："是的，我要打篮球！"

以后的时光里，在克雷格教练的悉心指导下，杜兰特的梦想渐渐长大，由花种经过发芽逐渐长出了小小的花蕾，他有希望入选青年联盟队了。

当时的杜兰特眼里，篮球未必就是梦想，而梦想也会因为现实而不断改变，篮球只不过是他逃避艰难现实的港湾。"我总能在这里找到很多的快乐，如果我在家里惹了祸，我都会去球馆练球。当初我爱上篮球，单纯只是为了逃避烦恼。"

那个时候，杜兰特最大的梦想就是入选青年联盟队。因为那时的杜兰特的确很普通，太多的小孩都比他有天赋有实力，包括他的发小比斯利。青年联盟选拔球员并不是为了收钱，实力才是通途。

"每当我走在去球馆的路上，我都幻想着我能入选，我以为我不会入选，公布名单的前一晚，我紧张的一晚睡不着觉，那天我一直坐在房间里想这件事情。"就连他自己都不信任自己，觉得是在傻傻地做着白日梦。

然而苦心人天不负，球馆大门上的入选报告清晰地写着凯文·杜兰特的名字，理由却让人黯然神伤——因为杜兰特出众的身高，他可以去抢篮板。

"梦想在慢慢长大，开始只是为了一些小事，我从来没有想过去NBA，但是随着付出的努力越来越多，我告诉自己，我希望能得到一点什么。"杜兰特说道，而正是克雷格教练给了他这个实现梦想的机会。

另外一件事更加传奇，11岁那年，他在这个场馆里进行第一场正式比赛，小凯文第一次上场便轰下25分，其中下半场砍下了18分。一个路过的阿姨看了他的比赛，对他说："你应该把24号换成23号，因为你打球就像迈克尔·乔丹。"

纯真的杜兰特抬头问："真的吗？"这一刻，梦想被点燃。

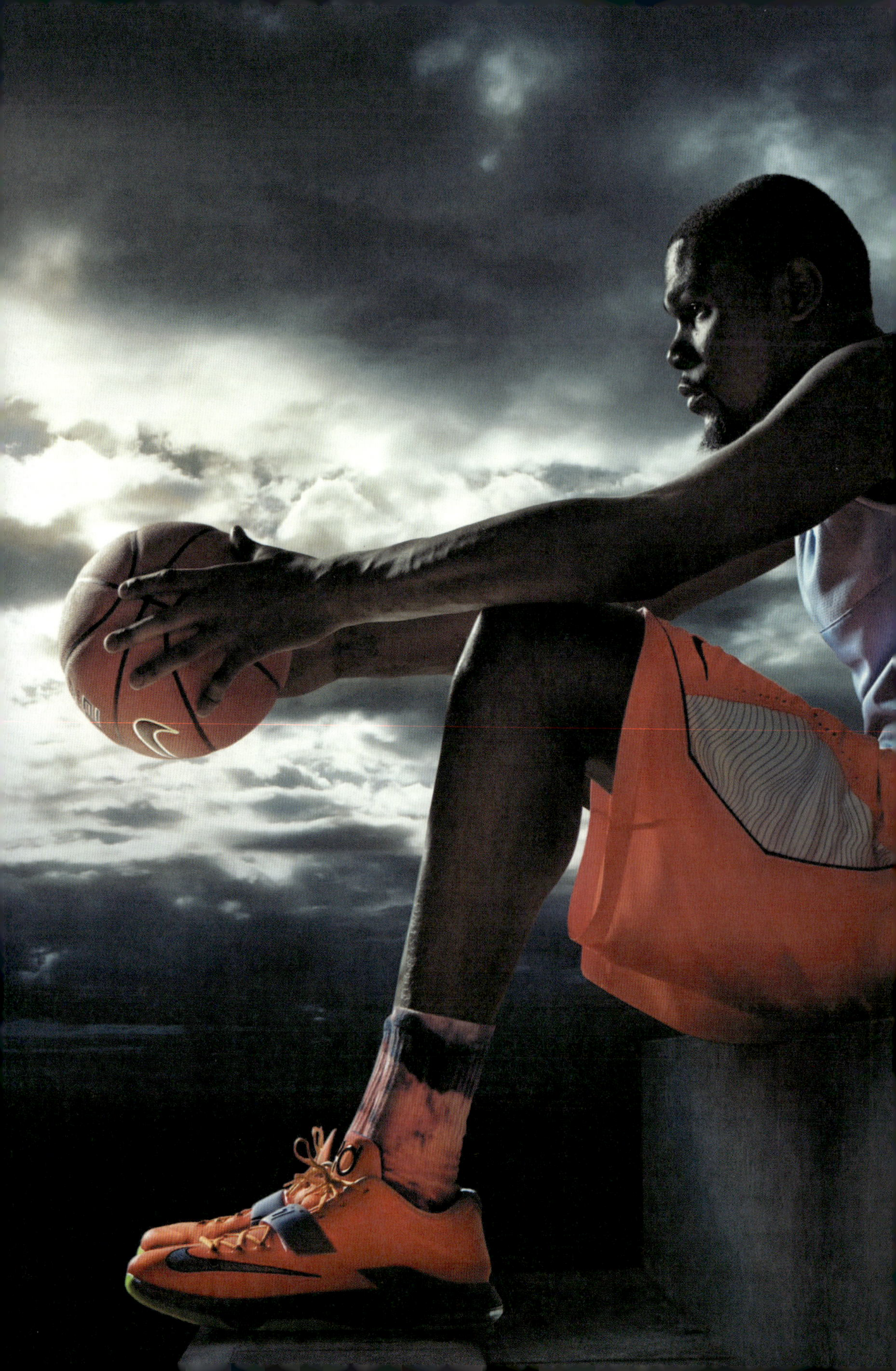

第二章
"鬼山"传奇

凯文·杜兰特正传

35 号球衣，失约的恩师

1999—2005

当查尔斯·克雷格教练相中杜兰特，并且愿意训练他的时候，妈妈完达·杜兰特并没有觉得她的孩子已经选好了人生道路，天哪，这只不过是一个无名教练的偶然相遇，拍着杜兰特的脑袋说这孩子骨骼清奇而已。

梦想毕竟是梦想，当时的杜兰特除了长得高一点以外，其他资本为零，完达·杜兰特觉得，篮球毕竟可以帮助杜兰特找到一些生活的乐趣，锻炼身体保持健康，和本分的孩子们在一起完成团队的运动，最主要的是——这起码可以帮助他远离那些可怕的暴力街区。

在那位路人阿姨观看他比赛，并且把他和伟大的迈克尔相提并论之后，杜兰特欢呼雀跃，带着这个传说和自己的比赛数据单回到家中，在母亲、外祖母和派尔阿姨面前手舞足蹈，把数据单挥舞得像风车一样，炫耀自己人生的第一场真正胜利，并骄傲地告诉大家："有人说我打球像迈克尔！"

完达这时候才发现——或许，篮球真的是儿子的未来。11 岁的儿子对她说："妈妈，我将来要打 NBA。"

她把凯文的一切都托付给克雷格教练了，查尔斯·克雷格当时不过是休闲中心的一个青年业余教练，他主要的工作就是教孩子们玩耍之余练练篮球。当他慧眼如炬发现了杜兰特之后，生活的重心便向这个高高瘦瘦的男孩子倾斜了，他在教别的孩子玩耍之余，总会抽时间给杜兰特开开小灶，教他一些篮球的基本功和基本规则。

克雷格对杜兰特最大的意义不在于篮球的技战术上，而在于这位好心的教练总是鼓励他，告诉他终有一天小凯文会成为 NBA 的一位巨星。克雷格还是一位充满爱心的人，他对所有孩子一视同仁，广泛地种下梦想的种子。

"我总是在他那里度过一整天，"杜兰特说到，"我们一起玩篮球游戏一起看电影。"当杜兰特需要零花钱或者是吃饭的时候，都是在克雷格那里。

第二章 / "鬼山" 传奇

杜兰特现在是千万身价，但是他经常会开着车去那个郊区寻找童年的美好回忆。

还记得有一次，杜兰特跟着青年联盟队到北卡罗来纳州打完比赛后，由于母亲忙于工作无暇顾及，杜兰特就睡在了克雷格教练家中。克雷格教练经常拿出自己的钱来给那些孩子买球衣，正如一位家长所说："他让每个孩子都觉得自己是明星，他是一位与众不同的教练，即使你输了，他也让你感觉到那不算什么。"克雷格教练和杜兰特之间，早已超越了一般教练和学生之间的感情。

有一个场景令杜兰特最难以忘怀，那是一个温馨的小房间，杜兰特和克雷格教练以及第二位教练塔拉斯·布朗坐在一起看电视，电视里直播的是万众瞩目的 NBA 选秀，看着满屏幕的星光熠熠、状元郎的神采飞扬，杜兰特的梦想前所未有的炽热，他激动地和两位教练约定："有一天，我参加 NBA 选秀了，你们要到现场去，坐在小绿屋里陪伴我。"两位恩师慨然允诺。

这只是当年一句孩子话，谁也没有想到杜兰特说到做到梦想成真。然而，2007 年，杜兰特作为榜眼秀被超音速选中时，陪伴在身边的只有塔拉斯·布朗教练，而他最先的伯乐，篮球的启蒙者和领路人——查尔斯·克雷格永远地失约了。

2005 年 4 月 30 日，高二的杜兰特带领橡树山高中打比赛的时候，噩耗传来，查尔斯·克雷格在马里兰被枪杀了，当时他只是走出户外试图调解朋友和别人的争执，但那个该死

的混蛋，冲他的后背连开数枪……

直到现在，杜兰特仍然不知道当时到底发生了什么，他听说，克雷格的朋友在公寓外和别人发生了争执，这位好人试图排解纷争，当争吵平息几个小时后，突然响起了枪声，克雷格倒在血泊中，送入医院后宣布死亡。据警方的记录，克雷格上半身被击中数枪，这位青年教练才刚满35岁。

这是一个晴天霹雳，当时杜兰特正准备带领着橡树山高中备战弗吉尼亚州高中比赛，听到这消息后，杜兰特几乎休克过去。"我不知道该如何去想象，"杜兰特说，"我以为只是一个玩笑，一个活生生的人，就这样没了，他没有理由死的。"

5年后，来到得克萨斯大学打球的他选择了35号球衣来纪念克雷格教练。"我只是想让大家知道我为什么穿35号球衣以及这个号码所包含的意义。"杜兰特说，"只要我穿着35号，他就还活着。"

人的一生如此短暂，得到什么失去什么只有自己知道，总有一天，你所珍爱的一切都会离你而去，比如克雷格教练，比如派尔阿姨（杜兰特曾眼睁睁看着他亲爱的派尔阿姨癌症发作，呕着血离他而去）。

今天的杜兰特提到此事依旧泪眼婆娑，"这对于我来说是一个敏感的问题，但我只是想为他做点什么。"2007年，杜兰特在参选前被问及为什么会穿35号，他坚定地回答："因为纪念我的第一位教练。"

2008年当杜兰特拿到最佳新秀的那一天，他略带伤感地说道："今天是克雷格教练去世三周年的祭日。我想把这个荣誉献给他，我想让他知道我一直在努力着。"

当他戴上榜眼的帽子，举起最佳新秀的奖杯，捧起得分王的奖杯，直到拿着MVP的黄铜小人泪如雨下的时候，克雷格教练终究是见不到了，留下的只有球场上飞舞的35号球衣。

如今，杜兰特穿着承载克雷格教练梦想的35号球衣，而他后面有全明星球员邓肯、诺维斯基、斯塔德迈尔、波什和威廉姆斯。越来越多的球迷选择穿上杜兰特的35号球衣。2009年得克萨斯大学为杜兰特的35号球衣举行了退役仪式，这是得克萨斯大学历史上的第三件退役球衣。

在2014年新科MVP闪烁的泪光里，是那座黄砖结构的体育馆，老旧的木地板，砰砰弹起的篮球，胖胖的教练问："孩子，你愿意参加青年联盟队吗？"

孩子眼睛里燃着火光："是的，我要打篮球！"

杜兰特身披35号战袍旨在纪念在35岁时英年早逝的恩师克雷格教练，在比赛间歇"KD"也常常手指上天，来告慰亡灵……

"教父"布朗

克雷格教练给了他一个梦想，而真正帮他浇灌这个梦想，让这个梦想长成参天大树的则是另一位教头——塔拉斯·布朗。

有时候世事就是这般奇妙，成功者的一生中，总是存在这样的朋友和那样的导师，风虎云龙，有缘来相会，看似不合理，但他们总是会站在历史的关键节点上，推动着事情的发展，回首往时，没有这些人，就不可能有如今的杜兰特。

克雷格教练只教给他一些基础的篮球知识，进阶需要更为专业的导师，所以在杜兰特踏进篮球门槛，一天天长大之后，克雷格觉得为了他的前途，得给他另请明师了。于是第二位教练塔拉斯·布朗出现在他生命中，正是这个塔拉斯·布朗，一手打造了这个充满统治力的杜兰特。

布朗是当地一个运动中心的篮球教练，高中毕业之后就没有再打过正式的篮球比赛。完达·杜兰特把小杜兰特交到布朗手里之后，调教杜兰特便成了布朗的使命。

杜兰特从那时开始，一直到前往得克萨斯大学为止，除去在橡树山高中念书那一年及少数特殊情况，杜兰特每天都会和布朗教练在运动中心见面，无论夏天、冬天，无论放学、周末还是假期，这个风雨无阻的约会伴随了杜兰特的整个少年时代。

布朗教练还是个坏脾气的退役军人，你可以想象一个咆哮着的美国大兵的模样，他非常严厉苛刻。当年这位老兵看着面前只有十岁的小杜兰特，听着这稚嫩的小家伙信誓旦旦地说"我要打NBA"的时候，布朗觉得遇到了他一生中最重要的孩子，他决定为他倾注所有。

作为一个业余教练，布朗能教给他的技术并不是很多，来来去去他就向杜兰特传授了三个绝招：急停跳投、两步运球跳投和底线突破。于是无数个日日夜夜，杜兰特就在打磨这三大绝学，让它们一天天变得炉火纯青。

布朗给他定了许多苛刻的规定，最重要的一条——就是决不允许打街球，决不允许单挑斗牛。布朗的这种篮球理念放到现在也是金玉良言，这是真正理解篮球的教练才能做出的伟大决定，他在幼小的杜兰特心中种下一颗种子，告诉他篮球是一项团队运动，

第二章／"鬼山"传奇

KEVIN DURANT

所有的技术都是为了整个团队的胜利而训练，并不是为了一个人的胜负荣辱。所以，在杜兰特的孩提时代，在别的孩子都在球馆、野球场单挑斗牛、玩花哨、秀技巧赢得小伙伴们欢呼，闹成一团的时候。杜兰特则孤零零一个人在球馆里一遍一遍锤炼着最基本的篮球动作，满耳朵只有布朗教练的口令和咆哮、篮球击打在地板上砰砰的声音、球鞋在地板上滑步而吱吱作响，没有观众，没有伙伴，没有欢呼，汗流浃背，气喘吁吁……

在老派而苛刻的布朗教练看来，单挑对篮球运动员的成长有害无益。他严禁杜兰特参加一切街头赛的"斗牛"活动，他没有随心所欲的特权，只能按部就班地训练，布朗为他设计了一套又一套学院派篮球的经典练习方案，永远没有止境的练习……接球立刻出手投篮的练习、控球练习、滑步练习、传球练习、防守练习、篮板练习……杜兰特说："就像军事训练一样。"

师徒二人会坐在一起观看比赛录像，或者一起阅读篮球方面的书籍，回味历史上那些球星成功的经验和失败的教训，布朗教练甚至常常给杜兰特布置"家庭作业"。比如有一天晚上，杜兰特回家之后，必须抄写跳投的六个步骤……摆好投篮姿势、眼睛盯着篮筐、用力跳起、迅速向后撤步、出手投篮、保持手形……500遍！这对一个孩子来说，简直堪称残酷，要知道，这个年纪，艾弗森早就在街头球场称王称霸，而奥拉朱旺还没有摸过篮球，同样是天才，杜兰特却只是安安静静一丝不苟按照规划好的路线前进，他的生命里，除了努力，并没有太多奇迹，少年时代，他每天要投1000个球，不是出手1000次，而是投中1000个。

事实上，杜兰特也不是神仙和完人，这个孩子也曾想过放弃，在一次训练的时候，沮丧且怯弱的杜兰特居然和布朗教练说要放弃篮球的事情。当一个人将一个为之奋斗许久的目标放弃的时候，那么就证明他实现梦想的难度远超他所能承受的程度。

他真的坚持不下去了，他根本看不到任何希望，甚

至连自己的身高也不能转化成优势,因为在他身边,和他一样身高的孩子随处可见,甚至没有他高的比斯利都能比他抢到更多的篮板球。

"作为一个孩子,你肯定更想出去玩,但是我不行,我要待在训练馆里,我的生活里全部都是训练,篮球是我的动力,但是我却触摸不到。"那时候的杜兰特异常沮丧,"为什么我必须要经历这些艰苦的训练,而那些孩子却开始打 AUU 巡回赛了?为什么他们都得到高中或者私人学校球探的注意,而我什么都没有?"

杜兰特的问题妈妈无法解答,他也不敢问布朗,心里话憋的越长久越容易爆发。

臭脾气的布朗依旧觉得不用花太多口舌去和杜兰特解释,他觉得,杜兰特一定会明白的,他直白地说如果你不想打球了那么就去跳芭蕾舞吧。而杜兰特的妈妈同样用小时候杜兰特信誓旦旦的话质问他:"你不是说过你要进 NBA 的吗?怎么,现在实现诺言了?"

"现在他们错过你,这是他们的错,你只要努力打球,让他们后悔。"完达·杜兰特慈爱地安慰小杜兰特,杜兰特终于变回了他这个年纪的孩子,伤心地落下眼泪。这是杜兰特真正意义上第一次为篮球而哭泣。

杜兰特后来更坚信这个道理,他后来将阿里纳斯的名言用来警诫自己——我一无所有,我什么都不是,但我要证明他们是错的。

03 "鬼山"冲刺跑

2001

杜兰特 13 岁那一年,布朗教练做了一件颇为"变态"的事情,他让杜兰特躺在他背上,单手持球一动不动,保持投篮姿势长达一个小时,哪怕手臂只是抽搐了一小下,也要重新开始计时。经过几次失误和重来,小杜兰特终于忍受不了这样枯燥乏味的折磨,他暴躁地摔下篮球,冲出球馆大门扬长而去,并且发誓说他再也不会回来。

但两个小时后,杜兰特还是回来了,布朗教练在球馆外安安静静地擦着自行车,没有看他一眼,杜兰特一言不发走进球馆,师徒二人继续开始练习。

第二章 /"鬼山"传奇

在杜兰特成名之后，塔拉斯·布朗教练曾经感慨万分地说："如果你在那个时候跟着凯文·杜兰特过一天，你就知道他为什么能成功了。"

难以想象，一个10岁的孩子能有如此的觉悟、毅力和自制力完成这些训练，杜兰特并非不爱自由，不想斗牛玩耍，他曾说："很难受，小时候，你真的想跟朋友们一起玩。但我很高兴自己撑了过来，那让我更加顽强。"

世上并没有真正的奇迹，年复一年日复一日的坚持成就了一切。

最可怕最严格的训练在"鬼山"上，为了锻炼杜兰特的力量与毅力，布朗教练甚至把杜兰特带到一个危险的地区——L街。L街离他们平时训练的运动中心不远，当地人都知道那个地方，知道那儿有座很难爬的"鬼山"，更有个很容易发生危险的斜坡。

外来人把这座人迹罕至的小山叫作"鬼山"，因为它冷清清阴森森，山路崎岖事故多发，山间林木葱茏，山房错落其间。可住在这桃源深处的人们，却从未觉得这个地方有什么神奇和古怪，该怎么生活就怎么生活，忙碌着，懒得花时间和外人争论山的名字。夏日里骄阳似火，盘山道的柏油路面就会被正午的阳光烤得滚烫，那热力足以煎熟牛排和鸡蛋。寒冬里雨雪霏霏，山路在风刀霜剑下泥泞不堪，不论开车还是徒步，这里简直是旅行者的噩梦，"鬼山"的名字，自然不胫而走。

在漆黑一片的夜晚，"鬼山"上万籁俱寂、鸦雀无声，厚实的山脊宛如一堵高墙，挡住了皎洁的月光。山不会去见穆罕默德，但穆罕默德能去见山，这也是杜兰特和山的约定。多年来，凯文·杜兰特早已把每一条上山下山的路都谙熟于心。在布朗教练的要求下，他要全速冲上这座70米的小山，再跑下来。他一步一步跑上顶峰，喘几口气，再返回山脚。一遍又一遍，一夜又一夜，不把自己跑到再也迈不出一步，他绝不停下来。有些晚上，他要跑25个来回，而另一些晚上，他会花更多时间和山在一起，比如跑50个往返。冬天，有时候凯文的妈妈也会因为担心，跟儿子一起进山，因为天气寒冷，她只能把车停在山脚下，在车里读书或看杂志打发时间，等着儿子跑累了再一起回家。

"普通小孩是做不到这些的，"布朗教练说，"我曾经让别的孩子跟他一起跑，他们爬到上面之后，都不愿意再试。但凯文不会，他总会回到我这里，一遍又一遍地练。"杜兰特或许在这座山上上上下下跑了上万次，有一天晚上，他甚至跑了75个来回。

那无数个夜晚，杜兰特在做什么，只有山知道。要知道，同龄孩子们晚上一般都会在家里看电视、玩电子游戏，或者上床睡觉。为什么他还要驱使自己这样做呢？即使在

高中比赛日的晚上，即使在砍下 30、40、50 分后，他为何还会来到山脚下，一遍遍开始他的征途，他还会来到熟悉的球馆，一遍遍地持球、瞄筐、投射、保持手型呢？他的梦想，只有山知道。

杜兰特变成了这样一种孩子，他完全习惯了布朗教练苛刻严厉的训练，他甚至开始迷恋这种"残酷的爱"，如果你给他自由和放纵，他反而会无所适从。只有回到"鬼山"，来到训练场，手中有篮球，眼中有篮筐，他才会如鱼得水，感受到真正的自由。

他像一个清教徒一样封闭了自己的社交空间，他不再跟朋友们一起出去混，也不去看电影，甚至从来没去逛过商场，他的童年只在篮球场那个四方空间里。只要有空，杜兰特就会到 Seat Pleasant 活动中心找布朗教练。

杜兰特儿时的伙伴鲍比·梅兹说："不管他去哪儿，总会带上一个篮球，我们经常拿这个取笑他。他穿着一件白色的 T 恤，那 T 恤上总会有脏脏的篮球印。"

在 Seat Pleasant 活动中心休息室，有一小块地板，现在所有人都知道那个地方，那是小时候杜兰特临时的床，每当他做完作业开始训练前，总会在此小睡片刻积攒体力。

"篮球变成了我生活的大部分，"杜兰特说，"我不会让任何事妨碍到篮球。"

如果说 Seat Pleasant 活动中心是杜兰特的启蒙篮球圣殿，那么在这座圣殿的不远处，就是杜兰特的篮球炼狱——那座不起眼的"鬼山"，在杜兰特靠篮球打出一些名头之前，这座山就是他生命的大部分，如今他那些惊天动地的创纪录数据，也许还及不上他在这座荒山上冲刺跑的路程。

泰山不让土壤，故能成其大，没有一座山，是由一块石头堆成，圣安东尼奥马刺队的更衣室刻着一句名言："当一切都看起来无济于事的时候，我去看一个石匠敲石头。他一连敲了 100 次，石头仍然纹丝不动。但他敲第 101 次的时候，石头裂为两半。可我知道，让石头裂开的不是那最后一击，而是前面的 100 次敲击。"这句数十年篮球智慧提炼的格言与杜兰特的人生不谋而合。

今天这位 MVP 的成功不是来自他最后一下的神奇投篮，而是源于少年时在"鬼山"上无数个日夜的奔跑，汗水和脚印才是一切的基础。

第二章／"鬼山"传奇　　　　　　　　　　　　　KEVIN DURANT

04 KD
一时瑜亮——发小比斯利

2005—2007

一般天才总不会寂寞，上天造就了周公瑾，自然也要生出诸葛孔明，造出了海森堡，自然也会生出一个薛定谔。没有伟大的对手，哪能衬托天才的伟大？

杜兰特的童年、少年时代，一直存在着难以击败的对手。

第一个对手是他的哥哥托尼，托尼也是一位天赋出众的运动男孩，他几乎擅长各种运动，而且身体远比瘦长的凯文·杜兰特魁梧强壮。孩提时代，运动场上，三岁的差距简直就是超人和凡人的差距，哥哥不但拥有强壮的身体，更拥有娴熟的左手技术，凯文·杜兰特根本无法战胜哥哥托尼，"每次和他交手，他都会打得我屁滚尿流，简直快把我逼疯了。"杜兰特说。

但是天才总会长大，终有一天，天赋和勤奋会抹平鸿沟，直到胜负之势悄悄地逆转，直到杜兰特17岁的一天，他在Seat Pleasant活动中心第一次打败了托尼。凯文先是用胯下运球晃过托尼，完成了一条龙的上篮。但托尼并不服输，说了一些垃圾话。紧接着，凯文再次用同样的招数摆脱托尼，暴扣得分。因为用力过猛，杜兰特伤到了胳膊，但同时也摆脱了困扰自己多年的心理阴影。"那次扣篮让我的球技得到了升华。"杜兰特说，"每次和他比赛，我都想干掉他。是他让我变得更加强大。"从此之后，哥哥再也不是凯文·杜兰特的对手。

尽管兄弟俩的爱好都是篮球，但是他们从来没有在同一个球队打过球，托尼在修兰特念完高中一年级后，便决定走一条自己的路，转校去堪萨斯萨利纳的圣约翰西北军校读书，做一个星条旗下的美国军人。

第二个对手更为强大，带给他的压力和挑战甚至一直保留到NBA选秀前，这个对手，就是大名鼎鼎的迈克尔·比斯利。

比斯利是杜兰特少年时代最好的朋友，篮球

场上的知己。他同样来自一个单亲家庭，境遇比杜兰特还要糟糕。比斯利的妈妈是一个抚养四个孩子的单身女子，根本无法照顾到每个孩子，每天要打很多份工都换不来温饱，那时候的比斯利通常饥肠辘辘却也无可奈何。杜兰特有一种天生的善良宽厚，他总是能够理解这些和他一样生活在困境中的小伙伴，他常常把比斯利带回自己家中，两个孩子一起在6点30分吃完早餐，然后一起乘坐公共汽车去学校上学，放学后一起打球，亲如家人。相比憨厚老实的凯文，杜兰特的妈妈更喜欢活泼爱闹的比斯利，孩提时的比斯利就是个会说话的家伙，总是妙语连珠惹得杜兰特的妈妈欢声大笑，而杜兰特则是内向腼腆，他一般只在家人面前表达自己，在外人面前则一声不吭，内敛得像山上的石头。

杜兰特妈妈提起比斯利总是满口夸奖："他是一个好孩子，他有很多有趣的爱好，他和凯文差别非常大，他总是彬彬有礼、能说会道，很讨大人喜欢。"比斯利差不多每天都和杜兰特玩在一起，直到很晚才回家，他们情如兄弟。

比斯利和杜兰特之间有着太多的故事，即便杜兰特从小就展现了不错的天赋，但在12年前，比斯利是所有人眼中的天之骄子，杜兰特不是他的对手。比斯利唯一的缺陷就是性格过于慵懒随意——这是很多天才的通病，他们的幸福来得太容易。

11岁的杜兰特在Seat Pleasant活动中心打球的时候第一次见到了比斯利。那时候，比斯利还是一个熊孩子，他居然在训练结束后，偷走了大家的比萨饼。这个饿得昏头昏脑不管不顾的家伙惊呆了所有的孩子和教练，但更让大家震惊的是他的运动天赋，他几乎能用成年人的方式打球了。所有人都觉得英才难得，失之可惜，所以尽管比斯利偷了大家的比萨，RCE中心的管理层和教练依旧不计前嫌把这个捣蛋鬼孩子找了回来，让他和杜兰特做队友。自此以后，比斯利便成了球队里的开心果，他能把每一个人都逗得开怀大笑，人人都爱比斯利，这个生活极其困苦、甚至很难填饱肚子的男孩也不像之前那样孤僻了。

杜兰特和比斯利并肩作战，他们当时一同为AUU业余联赛的美洲虎效力，同克里斯·布拉斯维尔一起成为大名鼎鼎的美洲虎三剑客，为球队拿到了多个全国冠军。

此时的比斯利开始光芒万丈，如日中天，在他12岁的某一场比赛里，他单场轰下20+20的数据，令对手、教练瞠目结舌，仿佛面对史前怪物。那个时候，比斯利便展现出了超人的潜力，因为他得分轻松得像在打游戏机，大气都不喘一口。他是一个外线致命投手，睡眼惺忪打着呵欠就能砍下恐怖的数据，人们都喊他B·Easy，因为得分对他

● 杜兰特与发小比斯利在大学赛场上同场竞技

来说显得那么简单。"他才12岁,但他甚至可以扣篮了,他巨掌大如芭蕉扇,他像摘糖果一样随心所欲地包揽篮板球,他像探囊取物一样得分,从那之后他就成为一个可怕的怪物。"如今的杜兰特说起比斯利依然心有余悸。

这个好兄弟,这个篮球场上的阿凡达一直笼罩在杜兰特的头顶,充斥着他的整个中学和大学时代,比斯利几乎就是自勒布朗·詹姆斯之后"天赋"二字的代名词,他不可战胜。

直到2007年杜兰特参加选秀之前,他都一直认为比斯利有状元之才,"我们有许多相似的地方,但我们是不同类型的球员,我会说他更像卡梅隆·安东尼,因为他是一个能里能外的球员,我们之间最大的区别在于,他可能成为状元,我讨厌把压力放在他身上,但是他会是状元人选。"

最终比斯利是榜眼,杜兰特也是榜眼,从此之后,二人的命运就此逆转,再也没有交点,懒惰和勤奋是天才们的地狱和天堂,对待生命的态度给生命画出了不可逾越的鸿沟,杜兰特青云直上,迈克尔·比斯利则碌碌无为,但杜兰特一直视比斯利为生命中最重要的朋友之一。

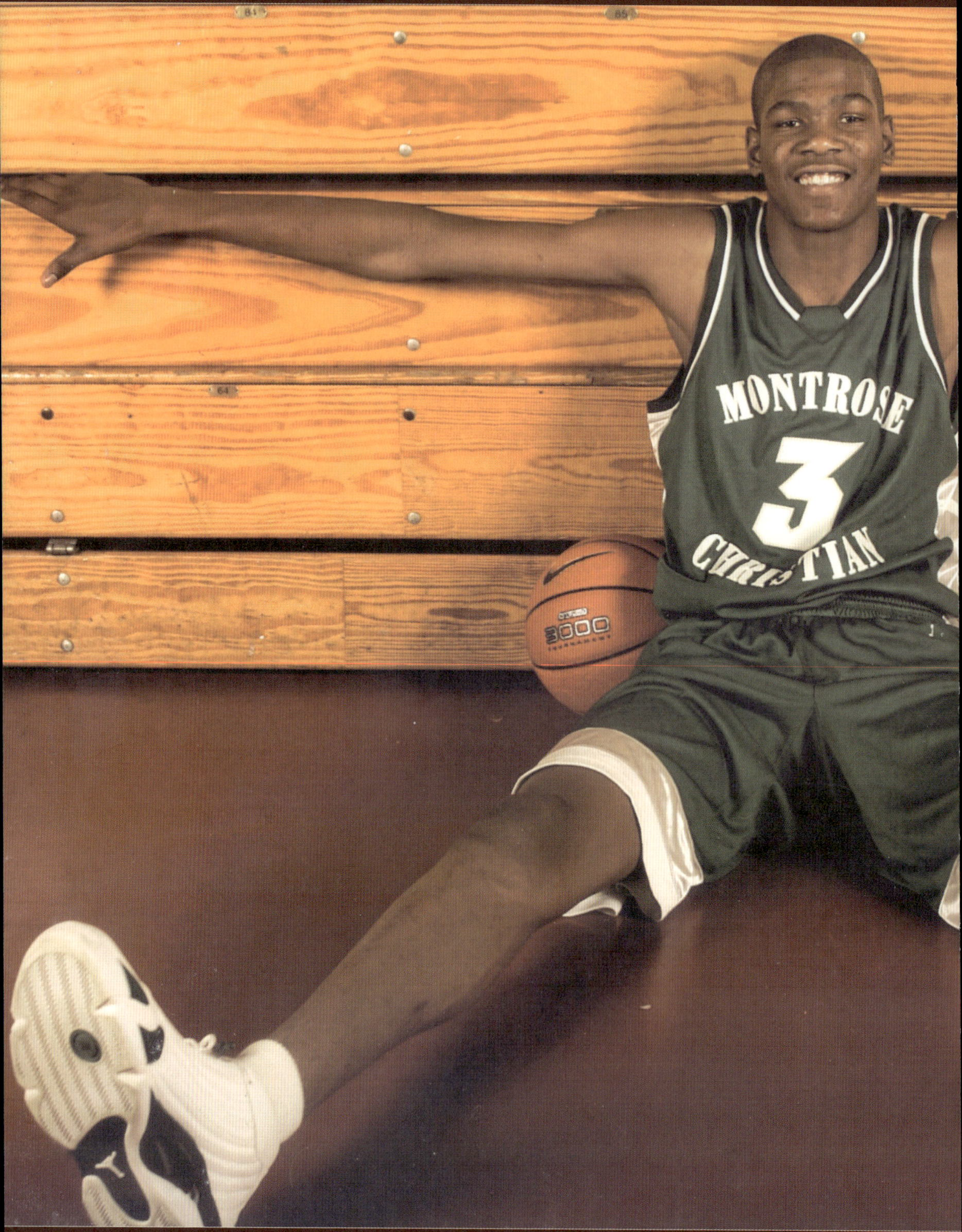
MONTROSE
3
CHRISTIAN

第三章
高中时光

凯文·杜兰特正传

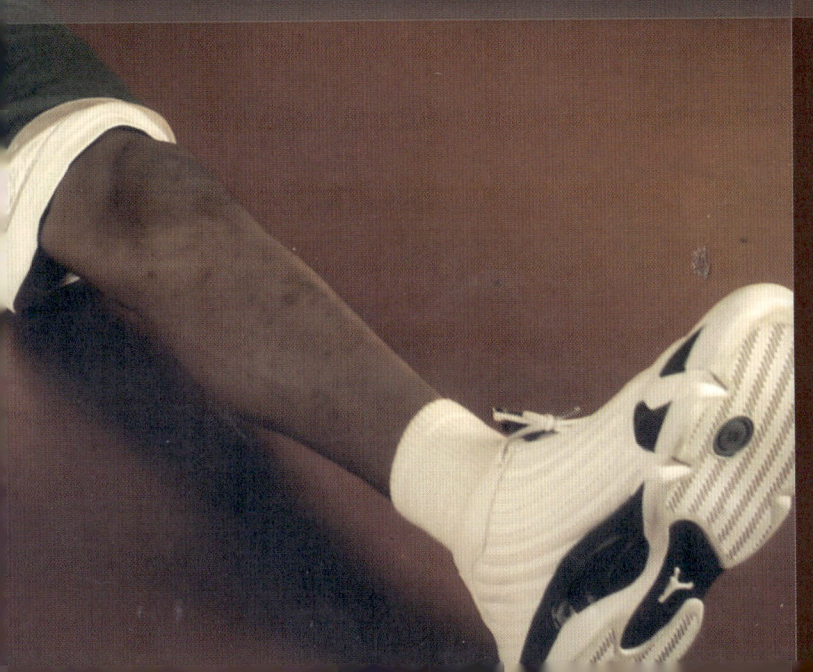

篮球是我的生命

2005

杜兰特虽然是一个有梦想的人，但他打篮球的最初动机只不过是逃离那个混乱的街区，他在 Seat Pleasant 活动中心的青年队打业余篮球的时候，最大的梦想不过是打败所有和他同龄的邻居家的小男孩。高中联赛？NCAA（全国大学体育协会）？NBA？拜托，每个孩子都曾想过一遍，都曾在梦中插上迈克尔·乔丹的翅膀。

家庭最穷困潦倒的时候，他曾坚定地望着疲惫不堪的母亲说："妈妈，我要打NBA，以后你就不会这么辛苦地打工了。"母子俩抱头痛哭。在"鬼山"上冲刺跑的时候，他也曾精疲力竭，在四下无人的时候跑到深山里号啕大哭，然后再咬着牙继续冲刺，母亲则在山下的汽车里默默垂泪。把童言当作梦想很容易，只需要一秒钟的热血沸腾，但把梦想变成现实则需要付出整个青春。

少年时期，杜兰特在美国业余运动联盟（AAU）取得了一定成功，他所在的美洲虎队拿了好几次全美冠军。后来，他又在首都蓝魔队效力了一段时间，那时候他和泰·劳森做队友。即便如此，现在的成功也是当年想都不敢想的美梦。

如今，在篮球的世界之巅，面对全联盟最好的防守者，杜兰特跑位、滑步、接球、屈膝、弹起、瞄框、抖腕出手，视防守者如无物，橙色的皮球如一道美妙的飞虹射穿篮筐，击打在木地板上，发出沉闷的响声，万众狂呼，蓝白的球衣和旗帜漫天飞舞。杜兰特低头往回跑的时候，或许会想起布朗教练"魔鬼训练"的意义——篮球是简单到极点的事情，滑步、接球、瞄框、投篮，你只需用一生的血汗去把它做到极致。

"这就是我，有的时候我也不知道是为什么，反正在睡觉前我总想去练投篮，这就像是天生的一样。"

他渐渐长大，身高臂长、玉树临风，但相貌却还是那么憨厚纯朴，毫无黑人小生们的英俊和精致。不过杜兰特最有魅力的地方是他的笑容，只要笑起来，他宽阔的额头放着光，满满都是华盛顿春天的味道，他依然还是个孩子，心地善良、单纯质朴。

杜兰特并非生下来就是万人瞩目的赛场宠儿，学校里会有混混上前挑衅这个高纤、内向男孩的尊严。但杜兰特不是阿泰斯特或史蒂芬·杰克逊，他完全不善于把自己的运

● 2005年杜兰特代表蒙特罗斯基督学院征战高中联赛

动天赋转化为拳脚上的暴力美学，他甚至从来不碰街球，身上没有任何一点街头文化的气息，身高成了他威慑坏蛋们的唯一利器。这个老实、无趣的孩子在成名前，就像《肖申克的救赎》中的男主角一样忍辱求全。

"我是一个善良的、真诚的人……我不是坏家伙。我从来不惹麻烦。我从没有和任何人打过架。我只是一个好人，我希望能够刻苦训练。为了胜利，我可以做任何事。"

如果你非逼凯文·杜兰特放下手中的篮球，他仍会独自一个人，在他家背后的山坡上来回奔跑锻炼体能。邻居们都看惯了一个黝黑干瘦的小子在那座山上日夜狂奔，他的影子孤单寂寞。

2005年，当他带着全国冠军，猝然离开大名鼎鼎的橡树山高中，离开华盛顿，转学到马里兰的蒙特罗斯学院时，凯文·杜兰特的名字已经家喻户晓。而等到杜兰特率领名不见经传的蒙特罗斯校队神奇地屠弑旧主，送给橡树山高中2005/2006赛季唯一的败绩时，他已渐入神坛。

华盛顿的老街坊们会在黄昏里对着那片山坡感慨唏嘘：瞧，那是凯文最爱的地方。

从小时候一直到高中，弗兰科伊斯·阿德金斯都是杜兰特的队友。"凯文要比我们每个人都更刻苦，这就是他想要的。我们其他人会一起去看电影，但是他一直留在球馆训练。他从不出席聚会，他总是在打篮球，他到哪里去身边都带着一个篮球，那是他的灵魂伴侣。因此，他得到了他想要的一切。"

杜兰特说："篮球就是我的生命，没有它，我的人生无法想象。"

查理·贝尔看中的遗珠

2001—2005

杜兰特的高中生涯相当曲折,倒不是他过的不快乐或者是不成功,而是他4年高中生涯,转了3次学校……堪称颠沛流离。

他能上高中就很不容易,因为那时候,即便他们率领美洲虎队拿下了AUU全美冠军,但球队的领袖是比斯利,他是不世出的天才,杜兰特在他的光芒下黯然失色。有一次训练赛,许多私立高中的教练和球探都来看他们的比赛,他卖力地表演、超群地发挥,但那些人最终还是冷漠地离去,那种失落感叫人心碎,他不是没有想过放弃。

直到有一天,一个叫作查理·贝尔的人出现了,这是他生命中第三个贵人,这位贵人现在是他的私人助理。那时候,查理·贝尔的出现改变了杜兰特的人生。然而荒诞的是——查理·贝尔并不是冲着杜兰特来的,他的目标是大名鼎鼎的迈克尔·比斯利。

当时比斯利名气大到几乎所有的高中教练都来看他的表演。但是目光如炬的查理·贝尔在为比斯利鼓掌的同时发现了杜兰特,这个高高瘦瘦、鹤立鸡群、却在人群中孤零零茫然失措的孩子,就连贝尔也觉得奇怪,为什么像杜兰特这样的球员会无人理会。是他低调淳朴得令人忽视,还是重剑无锋、神物自晦?

在全世界都簇拥着比斯利的时候,贝尔慧眼识珠了。正是因为贝尔的不懈努力,杜兰特最终才得以进入了马里兰州的国家基督学院,那时候,杜兰特瘦弱的身材使得很多学校不看好他,没有学校愿意要他,而贝尔在杜兰特一无所知、备受挫折的情况下走入杜兰特的世界,当杜兰特迷茫地望着远方的时候,贝尔奔波在球馆与学校的路途中为杜兰特牵线搭桥。

最终,杜兰特终于能够进入高中打球。世界上真有贝尔这种巨眼豪杰,能在人群中一下子发现人中龙凤,杜兰特是个值得长期投资的巨大潜力股,贝尔赌赢了。

发小和死党依旧相亲相爱,杜兰特和比斯利继续在同一所学校念书,他们同在马里兰国家基督学院打球。但是,杜兰特在篮球的世界里终究没能快过比斯利。

比斯利凭借无法比拟的天赋,迅速融入了环境,成为全队的领袖,杜兰特依旧是他的副手。当杜兰特是个高一新生的时候,一些老球员威胁他不给他传球,杜兰特当时感

第三章 / 高中时光

觉就像一个被踢出了球队的局外人一样，但是他想起了妈妈、外祖母、教练跟他说的那些道理，也许他懵懵懂懂并不了解那些话的深刻内涵，但是他却努力去一步一步实践他自己的梦想。他疯狂地训练，每一次训练他总是最后一个离开，当所有训练结束的时候，他还在球馆。

尽管高一的杜兰特只用 5 场比赛便赢得教练的信任，夺得一个首发位置，但是比斯利高一赛季场均 30 分 10 个篮板的恐怖数据惊世骇俗，他是华盛顿第一高中生，更是全美第一高中生，天下闻名。而杜兰特，依旧没能让众人记得他的名字。在国家基督学院，他也拥有一小撮球迷，但是所有人目光都聚焦在天潢贵胄般的比斯利和劳森身上。

一年级的时候，他的努力也曾获得过赞扬，获得过掌声，但篮球专业人士们都认为，篮球是壮汉的运动，这样瘦弱的孩子应该在学堂里握着笔杆子写诗作画，而不是在内线同比他重 14 千克的大个子肉搏。除了他灵光一现的进攻天赋，杜兰特没有任何闪光点能够入他们法眼，他们从来不认为杜兰特可以进入 NBA 成为一代巨星，一点机会都没有。

直到这一刻，杜兰特依旧没能找回他 11 岁那年单场砍下 25 分时的自信，他害怕最终被篮球抛弃，他很难说服自己，但没有变的是他在球场上的拼搏和比赛后的残酷训练。他仍然记得那个路人阿姨对他说："你应该穿 23 号，你打球像迈克尔。"

梦想在继续，训练在继续，绕球场跑 100 圈，1000 个仰卧起坐，500 个俯卧撑，50 到 70 次的山顶冲刺跑，鸭步蟹步的训练，这些都是杜兰特练习篮球启蒙时期的训练内容，但在他成长的道路上，每天这些事情都会重复发生。9 岁的时候，杜兰特就梦见自己进入了 NBA 的赛场上奔跑、跳投、扣篮，随着他渐渐长大，进入中学，这个梦的轮廓就越来越清晰了，幸福渐渐触手可及。

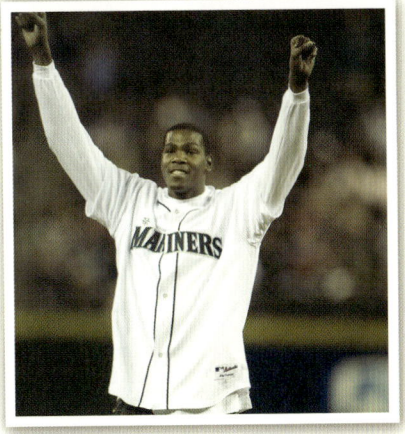

永远的平常心

2005/2006

要知道，在那时候，制约他的不是速度、不是态度、不是投篮技术，而是那该死的身高和体重，杜兰特在同劳森做队友的时候，体重仅仅88公斤，而身高只有可怜的1.9米。

然而上帝开眼了，在全美基督学校上高二之前的那个夏天，杜兰特猛长了15、16厘米，身高从1.9米变成2.06米。随着身高猛增，杜兰特的篮球之路开始如他的投篮般顺滑。他的无球跑动和接球投篮炉火纯青，很难再有人能够限制他，小时候塔拉斯·布朗强加给他的那些魔鬼训练逐渐展示出神奇的效果，老军人指引着杜兰特走向一个伟大后卫的道路。那年，国家基督学院的战绩是27胜3负。但这样的幸福却不是每个人都能品尝，福兮祸所伏。当杜兰特收获成功的时候，上天忽然夺走了他最敬重的启蒙恩师。那年，查尔斯·克雷格遭枪击身亡。

查尔斯·克雷格的去世让杜兰特遭受了重大打击，因为严厉苛刻的布朗教练并不是一个可以掏心掏肺陪小孩子聊天的人，而克雷格却和蔼可亲得像一位父亲。在遭遇挫折和困顿的糟糕时刻，布朗不会开导他，妈妈已经也不能随时陪在身边。有一次，杜兰特打了一场极其糟糕的比赛，压力、沮丧、悲观、加上对查尔斯之死产生的痛惜怀念之情，这些东西像潮水般铺天盖地而来，击垮了杜兰特，他第一次产生了举目无亲的悲凉感，甚至怀疑梦想、怀疑人生。

查尔斯的死让杜兰特一度性情暴虐，他把号码换成了35，因为查尔斯·克雷格离开人世时刚满35岁。身背35号让凯文觉得，查尔斯好像就在场上，依然与他同在。同时他也感到，自己变得越来越愤怒，越来越渴望在球场上痛击对手。

"在场上，我决不会让任何人小瞧我。"他说，"我在场上只能感觉到我自己的存在。我会很自然地想道，'我比你强多了'或者'我才是这里最好的球员'。我总是说：'我反正是要去职业联盟打球的。'"

也许正是因为高二暑假查尔斯的死，他性格变得偏激易怒，开始在场上向对手喷垃圾话，无故挑衅对手，以前他从不这么做。有一次，他的蓝魔队即将在BOO WILLIAMS锦标赛中面对另一位很有天赋的球员——弗农·麦克林。赛前杜兰特对麦克

第三章／高中时光

林说，他和他的队友——泰·劳森，会在比赛中各砍 30 分屠杀对手。

"我们俩准会把你们都宰了的。"他得意扬扬地说。

这一切都是查尔斯最不喜欢的东西——垃圾话，以及放出大话以后的糟糕表现。在随后的比赛中，杜兰特打得极为艰难，丑陋的 17 中 2 仅得 11 分。在这场比赛前，他被认为是全国最好的 25 个球员之一，可是在比赛之后，人们却开始喋喋不休地事后诸葛亮，认为他不过是炒作的结果，其实被过分高估了。"我看了网站上人们说的话，"凯文说，"我感觉我的篮球生涯已经结束了，我再也不能出现在篮球场上了。"

自从多年前的那个周末他遇见查尔斯以来，这是杜兰特第一次不想走进训练馆，不想摸篮球。他低迷的情绪一直持续着，直到有一天忽然顿悟了。"我在想，为什么我会打得这么糟糕？"他说，"然后一个答案猛地在我脑海里显现出来：因为你成天只顾着炫耀吹牛，夸夸其谈。这不是一个想要打好球的人应该做的事情。这绝对是上帝降下的福音，这是我从上帝那里得到的最好的训示。这个答案来得如此简单迅速，一场小小的篮球赛就让我悟到了这个道理，我几乎没有付出什么代价就得到了如此宝贵的教训。如果上帝想要我更加艰难，他完全有可能用其他糟糕得多的方式来让我想明白这个道理，比如一次严重的受伤，我甚至有可能失去篮球。所以我非常感激这一切。每一天我都充满着感恩的心。"

他开始在每场比赛前在球鞋上写"平常心"。他回到了训练场，他不再在教堂里打瞌睡，他从黑天鹅变回了那个信教爱国的好少年。

国家基督学院再也不是乐土，杜兰特选择转学，万幸的是，他没有因为情绪抛弃篮球。高三是杜兰特辉煌的开始，那年，他背井离乡远赴橡树山高中，他在这里，看到了更广阔的篮球世界。橡树山高中在美国的名声是无可比拟的，而这也吸引了杜兰特的加盟，更重要的是，橡树山高中会让杜兰特被全美国的球探、球迷知晓，而与杜兰特一同加盟橡树山的还有好友泰·劳森。

全美第二高中生

2003—2006

加盟橡树山的选择堪称英明，高一那年，杜兰特在全美高中生排行榜上排在百名开外，没有人知道他是谁。一些甚至你都不认识的名字倒是常常出现在榜首，高二那年，也是杜兰特重拾信心的一年，杜兰特在全美高中生排行榜上的排名上升到第九，在这里，橡树山帮他正式冲击全美第一小前锋。

橡树山高中是全美国最有名的篮球高中，他们盛产 NBA 巨星，这是 NBA 明星卡梅隆·安东尼和斯塔克豪斯的母校。当不世出的天才詹姆斯带着他的母校圣文森特·圣马里中学挑战橡树山的时候，全美第一次直播了一场高中篮球赛，两个天才勒布朗与安东尼的对峙，那是火星撞地球一样的盛况，堪比 NCAA 总决赛和 NBA 全明星赛。

而杜兰特自然也成为加入这所学校后的受益者。事实上，在进入这个学校之前，也就是他在念高二的时候，杜兰特依旧处于自卑的状态，他很长时间处在压抑中，不知道这是不是之前一系列的打击所造成的。他从来不认为自己是一个所谓的巨星，有人找他签名的时候，他还会好奇地问这是为什么。直至在橡树山，他彻底打出了信心。

他去橡树山高中试训的第一天就遇到约什·史密斯，他们玩了一次一对一，杜兰特惊奇地发现自己已经有实力同约什·史密斯一较高下了。而这位约什·史密斯就是后来 NBA 的鹰王，以运动力超群闻名于世，他曾获得 2005 年全明星扣篮大赛冠军，并且刷新了 NBA 历史最年轻盖帽王的纪录。那场对决中，杜兰特才 15 岁，史密斯比他大两岁，半年之后，史密斯就加盟 NBA 的亚特兰大老鹰队。

"在约什面前，凯文并没有吃亏，"橡树山高中的教练斯蒂夫·史密斯回忆道，"他撑住了。我的意思是，他一直在得分，丝毫没有落在下风。"

史密斯教练当时就喜欢上这个同时拥有内线身高和外线技术的小伙子，他知道自己得到了一个前所未有的天才。当然，杜兰特立刻就被橡树山高中录用了。

"念高二的时候，我都不确定自己能否成为一名优秀的职业篮球运动员。"这是杜兰特自己说的，那个时候，很可能某一个很小的打击就会让他放弃这个他热爱的事情，他为之奋斗一个童年和青春期的运动，但是一切也因为他当初那句话，他要成为一个

第三章 / 高中时光

NBA 球员，他的母亲总是在他最脆弱的时候提醒着他。

杜兰特随后又长高了 5 厘米，高三赛季开始时，他的身高已经达到 2.06 米。他在橡树山高中只打了一年球，平均每场能拿 19.9 分和 8.8 个篮板，整个赛季杜兰特的投篮命中率高达 65%，三分球的命中率高达 43%，罚球命中率达到 77%，入选全美第二阵容，他带领橡树山高中打出了单季 34 胜 2 负的成绩，并杀入了 2004 年的莱斯·施瓦博邀请赛。

最重要的是，他具备在比赛中上演绝地反击的能力，就如同后来我们经常在第四节看到他独得 16 分一样。半决赛里，他们的对手是来自于波特兰的杰弗森高中，正是杜兰特最后时刻连得 9 分，帮助球队成功锁定胜局并拿下了那年的冠军，他拥有最后时刻的杀手本色和关键球天赋。

在他高中生涯的最后一年，因为离家太远的缘故，他不得不在高四又转学回到了家乡的蒙特罗斯基督学院，并在那里完成了高中学业。在那里，他的技术变得更加细腻，成长为全美第二号新秀。

高四一年，杜兰特场均得到 23.6 分，10.2 个篮板，3.0 次助攻，3.0 次抢断和 2.6 次盖帽，帮助蒙特罗斯基督学院取得了 20 胜 2 负的战绩，以九号种子的身份进入了锦标赛。

锦标赛中，蒙特罗斯要对阵排名全美第一的橡树山高中，也就是杜兰特高三就读的学校。面对老东家，杜兰特毫不手软，全场砍下 31 分，帮助球队带走一场胜利。

后来，NIKE 为杜兰特推出了一双蒙特罗斯基督学院配色的球鞋，这双鞋，就是为了纪念他在蒙特罗斯基督学院的岁月。这一年，杜兰特在全队得分榜上始终高居榜首，被《华盛顿邮报》评为当年的全美最佳高中生。赛季结束后，杜兰特被 Rivals.com 网站评选为全美最佳小前锋，进入了麦当劳全美高中生第一阵容。

认识他的人都说他是一名勤奋的球员，他拥有出众的身高，良好的投篮手感和运球技巧。在众多超级高中生参加的全美麦当劳大赛上，杜兰特在最后时刻率领球队打出一波 17 比 0 的超级攻击波，帮助球队以 112 比 84 拿下最终的胜利。他在这波进攻中独得 11 分，全场取得 25 分，最终与蔡斯·巴丁格一起举起了 MVP 的奖杯。

正是在这一年，杜兰特开始被人们视作是仅次于格雷格·奥登的全美最佳高中生。

05 像麦迪一样打球？

2006

当杜兰特18岁的时候，他已经拥有超乎同龄人的天赋，球场上，他能够打五个位置……

他成为全美第二高中生。早在杜兰特离开橡树山高中时，史密斯教练就预言，杜兰特早晚有一天会比卡梅隆·安东尼还要出色……要知道，安东尼可是公认的橡树山高中历史上的最强球员。

尽管杜兰特已经是全美最顶尖的高中球员，却还是每天努力训练，滑步、接球、投篮、冲刺跑，就像他还是11岁的小孩子，就像他第一次摸到橙色的篮球，就像他当年在运动中心跟着坏脾气的塔拉斯·布朗那样。

他的技术越来越丰富，打法越来越细腻，球风飘逸，手感流畅，身上渐渐有着巨星的影子。

他从不认为自己应该拥有作为领袖的特权，也不觉得应该在比赛中无限出手，忘掉那些存在感糟糕的队友，他从不把一打五当作是光荣的事情，尽管他确实是常常一个人扛起球队、拯救球队。

杜兰特说过："我完全不觉得我是救世主。我不是场上唯一的球员。我不可能包办所有的事情。我不知道为什么所有人都对我说'请你挽救球队'。我希望成为团队合作中的一分子。我不认为自己承担了很大的压力，我只是在努力从比赛中寻找乐趣，从比赛中学习，保持我进步的势头。"在大家都年少轻狂的岁月，他居然能如此理解团队运动的意义。

可惜少有人知——他从来都是一名团队球员，他不是个自私的得分手。

小时候，除了训练，布朗教练和克雷格教练常常带着杜兰特一起观看录像，那时候特雷西·麦克格雷迪是联盟最好的球员之一。

而遥远的华盛顿郊区的杜兰特在身材上和他如此相似，他们同样高挑瘦削，同样飘逸灵动，那时候布朗教练就有先见之明，他把杜兰特的模板定为特雷西·麦克格雷迪了。

他那些接球跳投、底线突破、运球一步突破的训练项目，很大程度上都是麦迪名震

● 2007/2008 赛季,西雅图超音速客场挑战休斯敦火箭。

江湖的看家绝技，而杜兰特天生就适合这些洒脱迅捷的技术，似乎这都是为他量身打造的。

布朗教练总是恶狠狠地威胁他："如果你以后不能像麦迪一样打球的话，那么你每天就去'鬼山'跑50个来回。"

杜兰特的确是麦迪的粉丝，他喜欢麦迪潇洒灵气的动作，他也为他万花筒一般的得分手段而欢呼膜拜，但在骨子里，杜兰特却不是麦迪那类型的球员。

"我不想做一个没完没了出手的人，我不想我的队友看到我拿球的时候就抓狂。"是啊，布朗教练小时候就教过他——不许单挑，篮球是一项团队运动。

他长着麦迪的身体，却有着伯德的心。

像沃克一样罚球

1998/1999

杜兰特崇拜的球员，可不只是伟大的两届得分王特雷西·麦克格雷迪。大家可以注意观察杜兰特的罚球姿势，他在罚球前会做一套奇怪的准备动作，扭扭臀部，耸耸肩膀，然后柔顺地投出皮球。

NBA球员罚球时都有着各种各样千奇百怪的仪式，纳什会舔手掌，马龙会祈祷，基德会飞吻，这些都不足为奇。但杜兰特这一套古怪的动作来自哪里呢？令人难以置信的是——他在模仿安东尼·沃克，那个曾经的进攻万花筒、灵活死胖子、凯尔特人的双子星之一。

你能想象，职业生涯罚球命中率高达86.6%的杜兰特，罚球时的小动作居然是模仿安东尼·沃克！要知道这位一辈子负面新闻不断的过气球星，职业生涯罚球命中率仅有可怜的63.3%。而且，两个人的罚球姿势看起来毫不相干！

但这却是千真万确的事实。如果你仔细观察就会发现，杜兰特每次罚球前都会做如下动作：转动一下球，屈膝拍球一次，微蹲，再转动一下球，并抖动肩膀。

没错，这个抖肩膀的动作暴露了雷霆领袖的秘密，因为这是沃克的标志性动作之一：

第三章 / 高中时光

这位胖子得分手在扔进一个三分跑向后场退防的时候，他总会得意扬扬地抖动肩膀，扭动臀部，"翩翩起舞"一番以取悦观众。

令人哭笑不得的是，杜兰特注意到沃克这个特别的动作，却是其罚球极其不准的一场比赛。尽管如今沃克的名声相当糟糕，但在职业生涯前期，这位凯尔特人的全能前锋还是相当有号召力的，而小杜兰特，就是他的一位球迷。

1998年1月7日，职业生涯刚刚进入第二个赛季的沃克就在客场对奇才的比赛中砍下了职业生涯最高的49分；10岁的小杜兰特在电视机前观看了整场比赛，进攻端予取予求的沃克给他留下了深刻的印象，包括投进球后抖动肩膀看起来都很酷——那场比赛，沃克7个罚球只进了2个。

"我一直是安东尼·沃克的忠实球迷，我和家人常常看他的比赛，都很喜欢他，他得分看起来相当容易。当然，我得分后不会像他那样做，但我可以在罚球的时候这么做。"杜兰特如是说。

其实在很长一段时间里，杜兰特的抖肩膀动作并不明显，直到进入NBA的新秀赛季后半段，他的罚球突然变得不稳定。于是，杜兰特选择做出一些改变："这可以让我放松下来。"

当连续将球空心投进后，杜兰特便将抖肩膀列入罚球的固定准备动作中，并且做得越来越自然。

"我现在已经不太留意这一点，想这么做就做了，"杜兰特笑着说，"有时候我根本不记得自己会做这个动作。"只要不影响到命中率，没有人会指责他。就像阿里纳斯的绕球、纳什的预演、汉密尔顿的两侧运球一样，能罚进球的动作就是球员自己的"标准动作"。

曾经连续罚进489球的著名罚球教练吉姆·波蒂特很支持杜兰特的做法："罚球前的'仪式'对于命中率是有影响的，专注于过程其实比想着罚进更重要。凯文的动作很固定，他是NBA最好的罚球手之一。"

"每个人都有自己的私人习惯，这并不会影响到你的罚球准确性，"杜兰特说。不过，将沃克那个看起来很欠扁的动作用来提升自己罚球命中率，还真是"他山之石，可以攻玉"。

07 像伊藤大司一样努力

2005 / 2006

杜兰特最后一位球场上的榜样，不是超级巨星，也不是得分狂人，只是一个普通人，甚至还是一个最平凡不过的亚洲人，他叫伊藤大司，日本裔。

高四在蒙特罗斯基督学院上学的时候，杜兰特不愿意坐地铁来往于学校和家之间，因为那样会浪费两个小时的宝贵训练时间。大多数夜晚，杜兰特都是寄宿在波特兰大学的伊藤大司家中。

伊藤是波特兰大学的先发控球后卫，来自日本三重，寄宿在洛克威尔一户人家。在那里，杜兰特每天吃伊藤做的炒饭，当然，还要和伊藤一起打球。

伊藤，这个被人们认为是波特兰大学最刻苦的队员，这个身高仅有1.80米左右的日本后卫，就成了杜兰特那段时间最亲密的伙伴。

"许多个夜晚我们都非常兴奋地聊天，一聊就是两三个小时，"伊藤大司说，"我真的很怀念那段美好时光。我们讨论篮球、女孩，还有生活，经常一聊就没个完。"而杜兰特最喜欢的食物，就是伊藤大司做的炒饭。

从篮球水平上看，杜兰特和伊藤大司相比，简直就是超人和凡人的差距，但杜兰特却非常佩服这位矮个子日本队友对篮球的执着。

在那段时间，杜兰特的训练时间又加长了：两个小家伙每天早上7点就来到了学校，赶在8点上课前训练一个小时；放学后，他们还会练得更久，更辛苦。

令杜兰特惊异的是，这个身体素质平平的小个子，从不甘居人后，也从没叫过一声苦。从小就被当作明日之星的杜兰特，从来没有感受过伊藤大司经历的艰辛。

正是有了这段同吃同住的经历，杜兰特变得更加成熟了。他懂得了"人外有人"的道理，也知道挫折来临时应该怎么去面对，那就是用顽强的斗志克服困难，勇往直前。

伊藤大司回忆道："当时杜兰特已经很有名了，我们去看电影时他常被人缠着要签名。但他依然保持着谦逊的风格，这很难得。"杜兰特则说："我只不过是个无名小卒而已。"

后来，伊藤大司进了波特兰大学，成为NCAA最著名的"拼命三郎"之一；而进入NBA的杜兰特，尽管身处战绩糟糕的雷霆(超音速)，但他始终没有任何懈怠。

● 在蒙特罗斯基督学院，杜兰特加长了每天的训练时间。

　　除了他们，杜兰特喜欢的球员太多了，"我从小就是超级的'便士'哈达威球迷，我喜欢看他在魔术队的每一场比赛，"杜兰特说到从小就崇拜的偶像时，眼睛里放出了熠熠光芒。

　　"我还喜欢文斯·卡特，我喜欢高大的、能够飞翔的球员。我把他们当成自己的榜样，竭力去模仿他们的动作和方式去得分。他们太厉害了，不论用什么办法，都能把球弄进篮筐。对手很难在场上限制住他们，我恰恰也希望成为那样的球员。"

　　从小到大，杜兰特就是这样像海绵一样吸取别人的技术和优点。尽管天赋过人，但他能够虚心接受外人对自己的建议和忠告，并且努力学会别人的看家本领——就像《天龙八部》中段誉施展的"北冥神功"，海纳百川，变别家功力为己用，却又不仅仅是单纯的模仿，而是仔细琢磨其中的内核与精髓。泰山不让土壤，故能成其大。

　　平凡的天赋下，同样蕴含着无比强大的力量，他从麦迪身上学到了神奇的技术，从沃克的"舞蹈"中学到了放松的心态，从伊藤大司的炒饭里，他尝到了努力和坚持的滋味。

49

第四章
得克萨斯长角牛

凯文·杜兰特正传

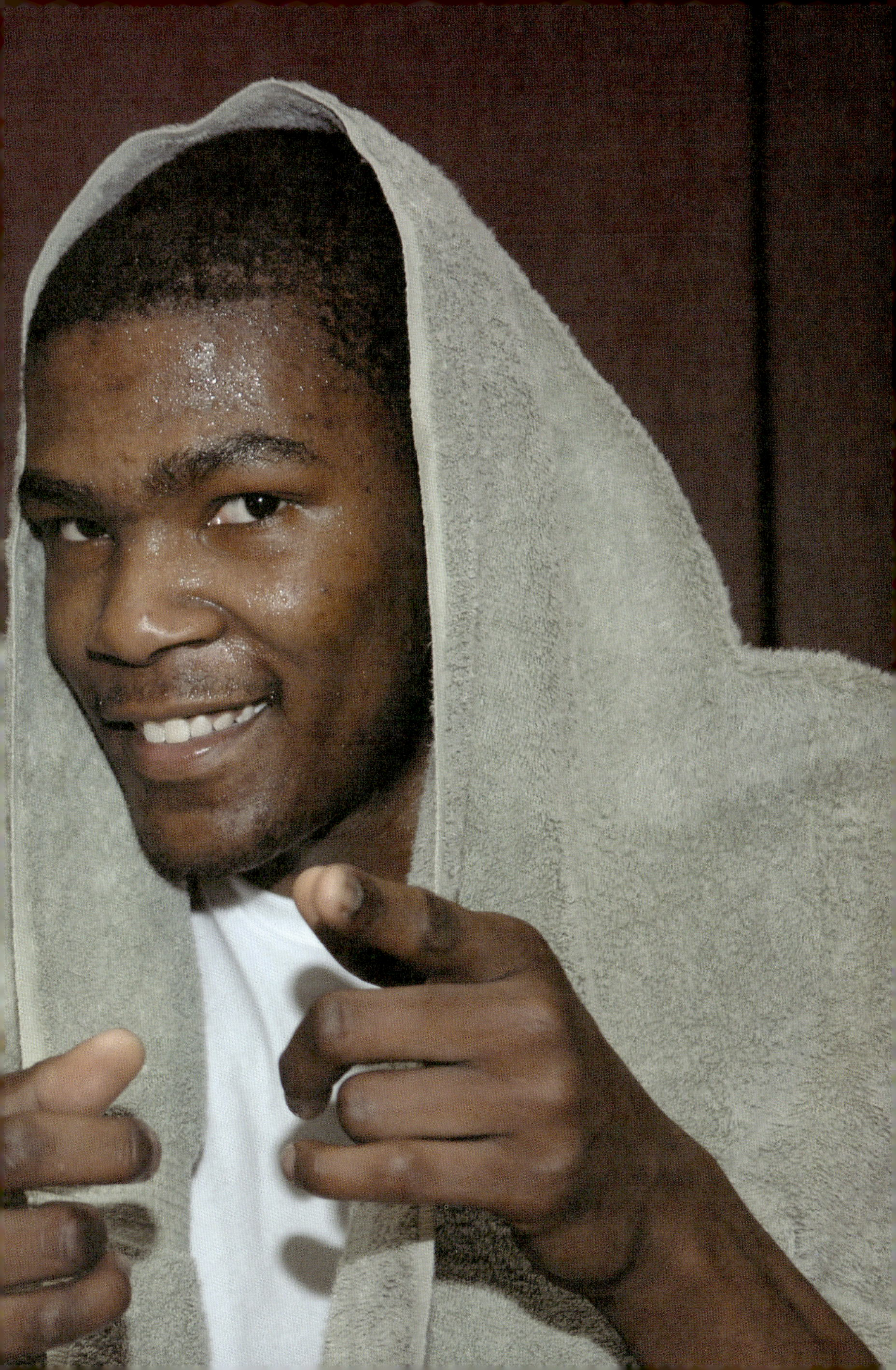

01 杜兰特去哪儿?

2006/2007

高中毕业那年,他忽然成了全世界的宠儿。发小泰·劳森不断地游说杜兰特和他一起去大学篮球圣殿北卡罗来纳,继续一起打球。但是显然有人捷足先登了。

得克萨斯大学助理教练拉塞尔·斯普利曼同样锁定了杜兰特,斯普利曼自己本身便是马里兰州本土人,对于同州的这位新星了如指掌,在杜兰特还在念高中二年级的时候便发现了他,然后开始持续不断的攻势,他对这位天才志在必得。

如此孜孜不倦的挖角工作一直持续到杜兰特最终加盟得克萨斯长角牛。其间他不断给杜兰特做工作,帮助杜兰特成长,他总会告诉杜兰特,他来到长角牛后会打出一片新天地,他可以一直生活在全国球迷的注视下。

2005年11月9日,得克萨斯大学主教练里克·巴恩斯早早宣布了即将加盟的球员:马丁·希尔、贾斯汀·梅森、哈里斯·史密斯、皮特曼和凯文·杜兰特。除去杜兰特全美第二高中生的头衔,剩余四人中最好的排名是皮特曼的全美第51位,这并不是一支明星云集的NCAA超级强队。

当时全美所有篮球名校都希望得到杜兰特,但最终杜兰特拒绝了北卡和康涅狄格的邀请,选择了得克萨斯大学。

杜兰特与得克萨斯签约的那一天,蒙特罗斯基督学院的主教练斯

●杜兰特为得克萨斯大学拍摄宣传照

　　图·维特打了个电话给他的老朋友、得克萨斯大学主教练里克·巴恩斯，他用笃定的语气告诉巴恩斯："他将成为你所教过的最好的球员。"

　　16个月以后，巴恩斯不仅赞成维特的观点，还煞有介事地补充了自己的看法，他说："他是我教过的球员当中最好的一个，或许还是我所有想教的球员当中最好的一个。"

　　当时杜兰特只有21岁，但在篮球场上已经算得上是久经战阵、经验丰富了。熟识他的人们很难说清这个大男孩最令人印象深刻之处，到底是球技，还是为人。

　　"看着他一天天地成长是件很有趣的事情。"曾向杜兰特抛出橄榄枝的得克萨斯名帅里克·巴恩斯说，"他是个很特殊的孩子。"

　　巴恩斯讲述了一个最能体现杜兰特为人处世的故事。在奥斯汀读夏季学校时，杜兰特在球馆里训练到很晚。新生迪恩·梅尔乔尼走进球馆，吃惊地发现杜兰特正和朋友们在一起投篮，一时不知所措。

　　"当梅尔乔尼准备悄悄离开时，凯文突然跑上前主动打招呼：'你不是那个新来的吗？'"巴恩斯说，"他尴尬地答道：'是的。'"

　　凯文拉住他："好吧，我是凯文·杜兰特。欢迎来到得克萨斯大家庭。到这儿来和我们一起投篮吧。"

53

极杜年华

凯文·杜兰特传/完全增补版

02 大学，全美第一小前锋

2006/2007

进入大学之后，杜兰特彻底崛起了，这是他的时代，他是名副其实的天下第二人，他的赛季投篮命中率达到了47.3%，三分球命中率达到40.4%，并且还可以抢到11.1个篮板球。

在一共只有35场比赛的赛季中，他4次砍下单场37分，11场比赛超过了30分，他所向无敌。

1月份，面对科罗拉多，得到37分16篮板，几天后，对密苏里，拿下34分13个篮板。一周后，与俄克拉荷马州立大学队的比赛中，又得到37分12个篮板，之后对贝勒大学34分9个篮板，堪萨斯州立大学32分7个篮板，然后再次面对俄克拉荷马州立大学再取32分10个篮板。

最值得一提的，也是最值得记住的一组数据是，在1月31日对得克萨斯理工学院的比赛中，杜兰特豪取37分和23个篮板！在这些高分场次之间的比赛里，他每场也能得到至少20分。

距离比赛结束还有七八分钟的时候，杜兰特就得到了这样恐怖的数据，播音员显然已经控制不住自己的情绪了，他拿着麦克风几乎喊哑了喉咙："太伟大了！他凭一己之力就摧毁了对手！这是大12联盟历史上最伟大的比赛！最伟大的个人表演！"

美国的体育媒体人，全都在篮球行业里从事了很长时间专业的工作。他们看过不计其数的比赛，见过不计其数的球员，他们生活中的每

第四章 / 得克萨斯长角牛

一天，都在观看各种不同的比赛。

但杜兰特的这场比赛无疑是惊世骇俗的，否则也不会让这些曾经阅人无数的记者和评论员们震惊不已！

当杜兰特的表演结束后，他们都开始互相打电话，或者拿起黑莓发邮件，每个人都尽力把消息发给同事和自己认识的人，因为对他们来说，杜兰特的表现，几乎是史无前例的！

杜兰特，身高 2.06 米，体型偏瘦，体重只有 102 公斤，臂展达到 2.25 米的前锋，从 NBA 三分线的距离投射、抢位置、晃倒对手上篮、禁区防守、背对篮筐进攻、攻守转换中处理球以及快攻灌篮，这家伙无所不能！

整个赛季杜兰特先发出场 35 次。在大学的一年里，他带领得克萨斯大学打出了 25 胜 10 负的战绩，他们像玩电子游戏那样蹂躏同赛区的对手。

尽管身材比较纤细，杜兰特依然十分喜欢在低位单吃那些大个球员，并且利用身高优势在那些矮小的后卫头上投篮。

ESPN 的评论员迪克·维塔尔高度赞扬了杜兰特，称他是有史以来"进攻产出最高效的大个子外线球员"，并且将杜兰特的比赛风格和类似凯文·加内特、德克·诺维茨基这样的 NBA 超级巨星相提并论。

在对阵得州理工的比赛中，凭借 37 分 23 个篮板的惊人表现，杜兰特帮助球队取得胜利。赛后，对手的主教练鲍勃·奈特形容杜兰特"反应迅捷，速度出众，非常出色"。

得州大学的教练里克·巴恩斯承认他很少专门为杜兰特制订战术，更多情况下是依靠杜兰特自己，或者是他的队友们制造进攻机会。

这位大一新生以极其强悍的气场震惊了NCAA。体育媒体人不断看到杜兰特各种摧毁他们三观的神级表现，他们将种种溢美之词加于杜兰特之身。

他被评选为赛区的最佳新人，并且是NCAA年度最佳新人的最有力争夺者。杜兰特以得克萨斯新人的身份，在NCAA取得每场25分和11.3个篮板的成绩，这两项数据都是大12（BIG XII）联盟最优秀的。

在赛区内部的对阵中，他场均能够得到28.9分和12.5个篮板。他大学期间的单场得分纪录是37分，曾经做到过四次。

这个一年级生在总共35场比赛中，有11场比赛得分超过了30，有30场他的得分都超过了20，其中包括负于堪萨斯大学，痛失赛区头名的关键比赛。

这个赛季，得克萨斯排名分区第三，在分区锦标赛中取得了12胜4负的战绩，获得了大12联盟锦标赛的亚军。在NCAA锦标赛中，得克萨斯大学最终在NCAA锦标赛第二轮以68比87输给了南加州大学，与冠军无缘，然而仅仅在比赛结束后三小时，杜兰特就出现在球馆开始训练。

2007年3月，杜兰特被选为NABC赛区年度最佳球员，荣获奥斯卡·罗伯特森奖和阿道夫·F. 鲁普奖，要知道此前这些奖从来没有垂青过任何一名一年级生。

3月30日，他被美联社选为年度最佳大学生运动员，成为自1961年设立这个奖项以来，第一个获奖的新生，也是第一个获奖的得克萨斯大学的学生。

4月1日，他成为有史以来第一位获得奈史密斯奖的新生，4月7日，获得了约翰·伍登奖。

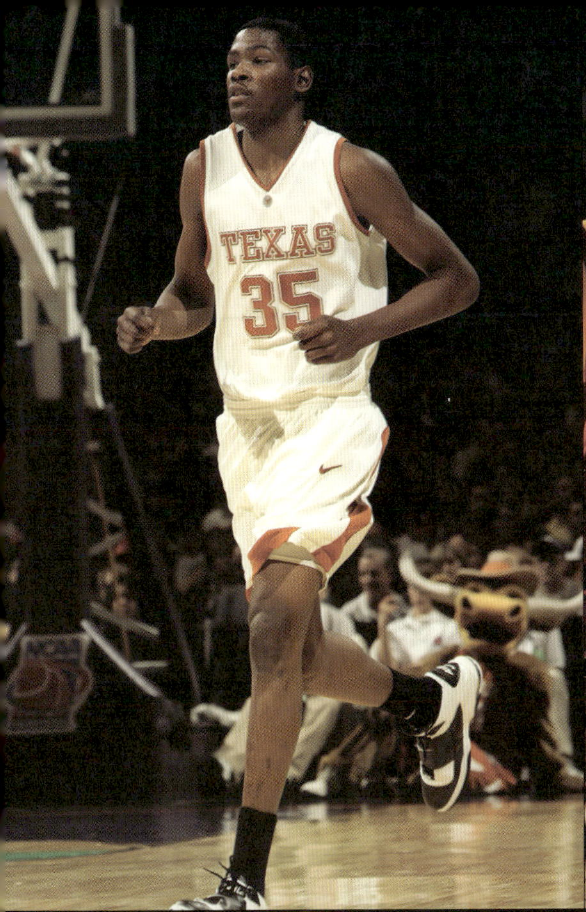
TEXAS
35
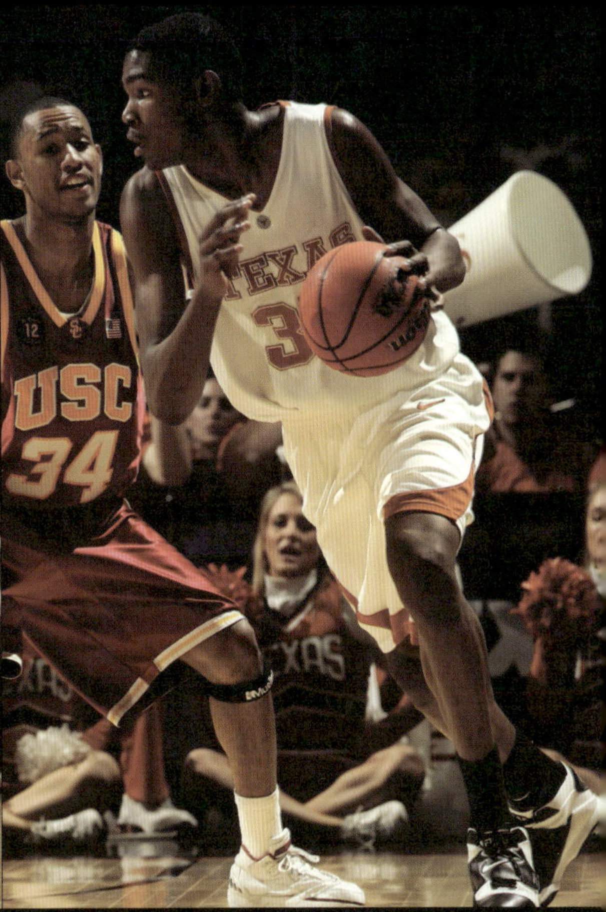
USC
34
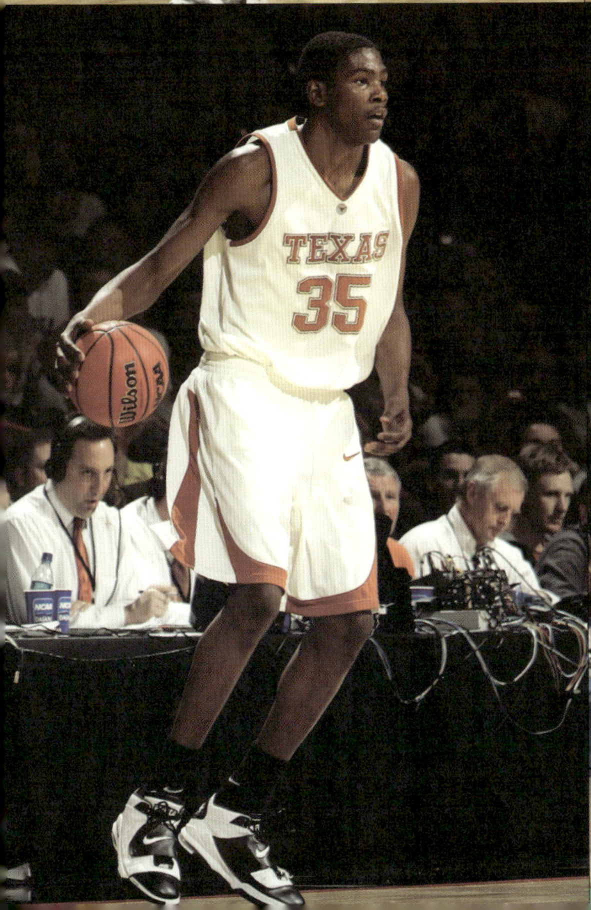
TEXAS
35
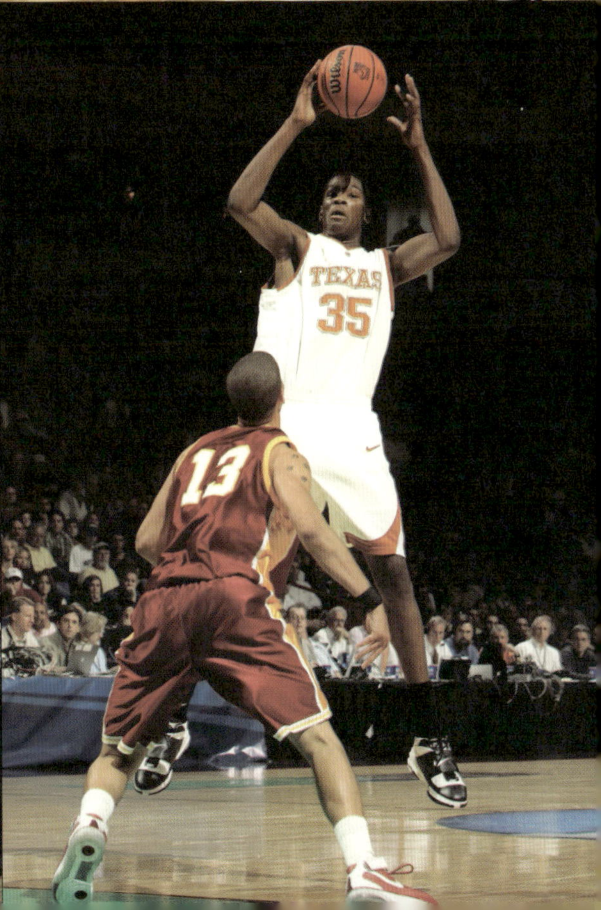
TEXAS
35
13

没有人能够以一敌五

2006/2007

尽管杜兰特已经是全美最顶尖的大学球员之一,却还是每天努力训练,就像他当年在运动中心跟着塔拉斯·布朗那样,他把自己还当作那个11岁的无名小卒,潜意识里依旧一无所有。

如果球队的投篮练习定在上午10点,杜兰特9点半左右就会到场。即使巴恩斯教练让球队休息一天,杜兰特也不会就此松懈,他一定会自己加练。就算进不了训练馆,用不了训练器材,他也会跑到学校的娱乐中心,跟普通学生一起进行投篮训练。

在赛季正式开始前两个多月,得克萨斯大学男队在一座闷热的校园球馆里开始了备战之路。没有观众、没有记者、没有啦啦队,只有球员。他们都非常玩命,不像是在训练,而是像争夺总冠军的球队一样厮杀。

年轻的长角牛们(得大队徽就是一头得克萨斯的标志性动物——凶悍的长角牛)都在争取着自己的空间,年长的球员则要保住先发位置。而竞争,在凯文·杜兰特周围最为激烈。

"说实在的,在去年麦当劳全美高中生明星赛之前,我都没怎么听过凯文的名字,"大二得分后卫A.J.艾布拉姆斯说,"但当看过他的比赛之后,我就知道这家伙一定能行。如果我是一名球迷,我会去看他的每一场比赛的每一分钟,我确实想看看他到底还能达到怎样的高度!"

"夏季训练营开始后,我不能让菜鸟抢走我的位置。你理解吗?你不会允许别人一来到你家,就要做主人,甚至连个招呼都不打就把你赶走,杜兰特要做领袖,得先击败我们。"艾布拉姆斯说道。

"有好几次在训练中我们吵了起来,而且几乎要动起手来,可见我们有多么投入,竞争有多么激烈。有几次我和凯文被分在不同的练习组里,你攻我守,你退我进,我紧紧缠着他,不让他轻易拿球,轻易得分。我想这样做对我们俩都有好处,可以让我们始终保持对训练认真的态度!"

"那些比赛绝对激烈,强度绝对够高,"菜鸟组织后卫奥古斯丁现在回忆起来还心

第四章／得克萨斯长角牛

有余悸。"好多次比赛都陷入极度胶着的状态,但这正好可以磨炼我们的意志力以及处理相持球的能力,我们都绷紧了弦儿。真的,训练赛甚至比正式比赛的强度还大。随着时间的推移,我们虽然在场上打得很凶,但一到场下,就像兄弟一样亲了。"

不管在球馆里发生了什么,杜兰特和他的队友之间都没有因为场上的摩擦而产生任何裂隙,反而更加紧密地团结在一起。

这个赛季,得克萨斯长角牛队是全国前 25 名大学球队中平均年龄最低的一支。队里仅有一名大四生和两名大三球员,而他们的五名先发球员中,新人占到了 80%——杜兰特、奥古斯丁、后卫贾斯汀·梅森以及前锋达米恩·詹姆斯,剩下的一个位置,则属于二年级的艾布拉姆斯。

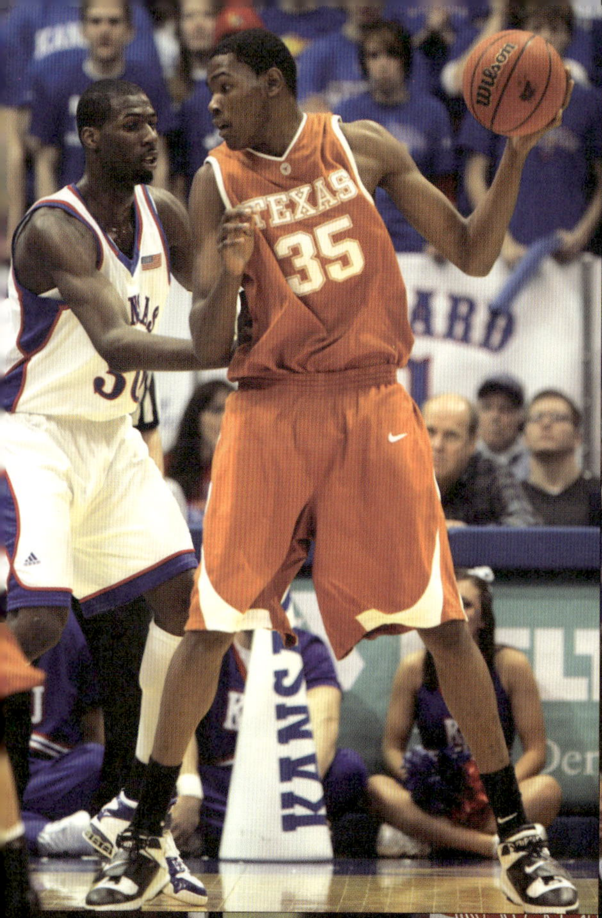
TEXAS
35
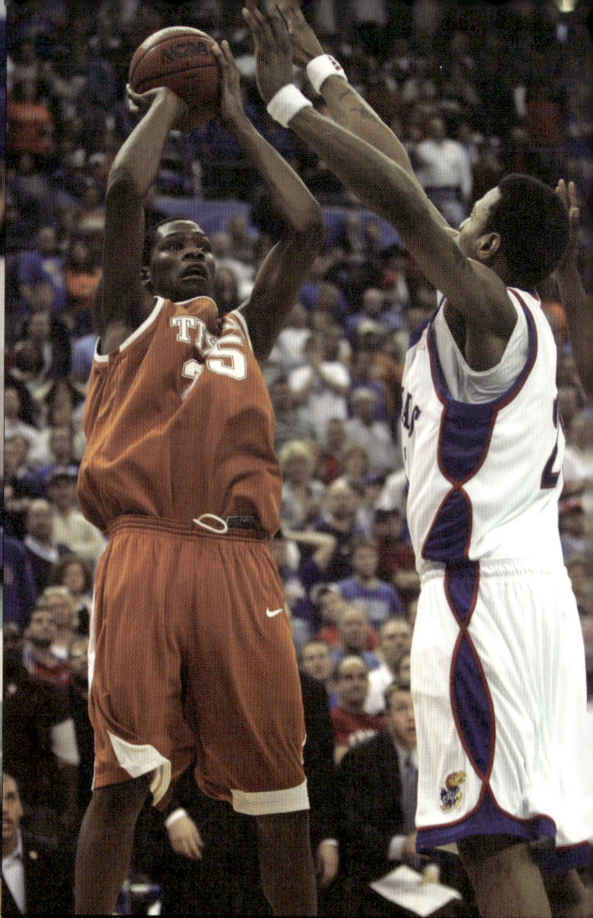
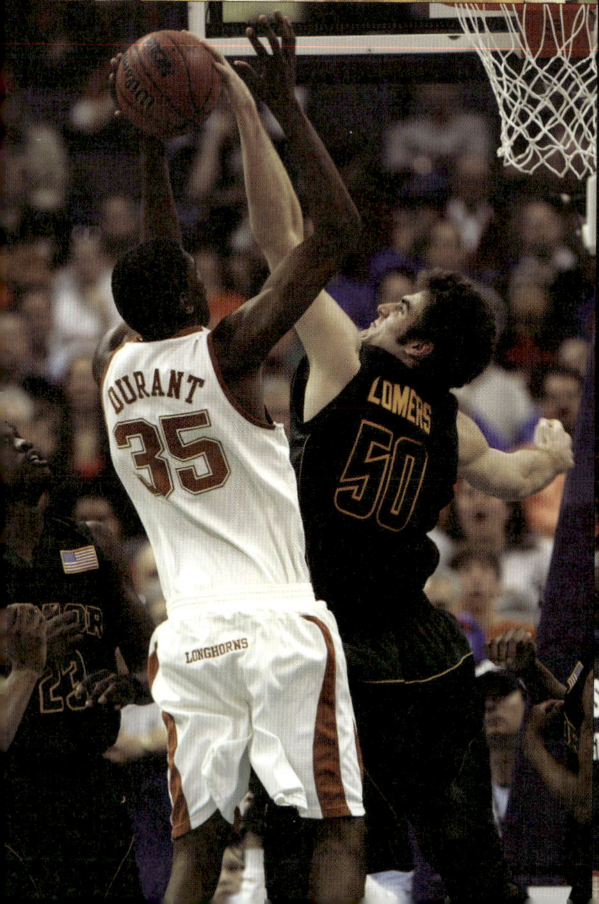
DURANT
35
LOMERS
50
LONGHORNS
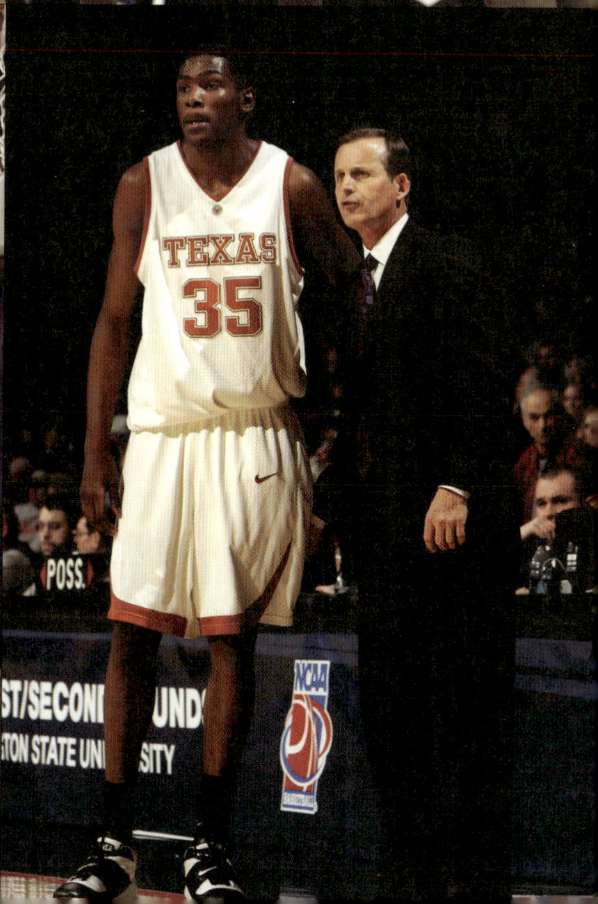
TEXAS
35
POSS.

队里的每位球员都把其他人视为"家庭"里的一分子，对此，杜兰特自有一套评语，"我们每天一半的时间都在一起度过"。

在进入得克萨斯长角牛队之后，球员们首先要宣誓，"球队利益高于一切"，杜兰特也不例外。

"我们知道凯文吸引了很多注意力，有球迷的，更有媒体的，"艾布拉姆斯说，"但对我们来说，他就是'KD'（队友们对他的昵称），你晓得吗？我们才不会对他另眼相看，噢，老兄，比如，整天叫他的全名'凯文·杜兰特'。"

"这很疯狂，他才刚刚进入大学，就要受到这么多的关注，"奥古斯丁说，"他这么小就要面对这么多复杂的情况，每天都有很多相机镜头对着他，有很多人索要签名，但他始终都保持着谦卑谨慎的态度，我们也始终在帮助他处理这样那样的情况。我们还都很年轻，生活中除了篮球还应该有其他，我们互相开玩笑，一起吃饭，买东西，要知道，我们要确保他和我们一样，经历这个年龄男孩子该经历的一切。"

他们说得没错，在DIME杂志为得州长角牛队和杜兰特拍摄独家封面照期间，大家深深体会什么叫作"团队篮球"和"家庭氛围"。

杜兰特答应媒体给他拍照，但要同意他的一个条件：他不愿意单独出现在任何一张照片中，他的队友必须和他同时出现在照片里，不要问为什么，没有商量的余地，没有单独的巨星杜兰特，只有其乐融融的得州长角牛队。

一开始大家以为这是些落入俗套的公关技巧，或者是校方和教练为了团队氛围而做出的安排。杜兰特对媒体说的第一句话是："谢谢你们能来，为我们拍这么酷的照片，我真的非常感激你们和DIME杂志能够给我们这样一个机会。请原谅我对你们提出的条件，要知道，如果没有队友，就没有现在的我。说真的，没有他们，我一无是处。没人能以一敌五。"

队友梅森觉得杜兰特天生就是一个团队球员。

"DIME杂志采访和拍摄杜兰特的时候，我就在那儿，"梅森说，"他很直率，他迫不及待地要把心里的团队精神表达出来。第一次碰到他时，我想这家伙一定是个高傲自大的自恋狂，但实际上他不是，恰恰和我想的相反，他就像你隔壁邻居家的大男孩。"

快把他送进 NBA 吧！

2007

尽管大家都把他当作 NCAA 史上的传奇，得克萨斯的同学们把他当作篮球场上的神迹，甚至很多教练都觉得他胜过皮尔斯和安东尼，但唯一一个不如此评价凯文·杜兰特的人，就是他自己。

当我们问他，大学生活和大学篮球水平是不是达到了他预期的水平时，杜兰特回答说，"我了解大学篮球和高中篮球是非常不同的，要经历一个艰苦的转换过程，但我预想到了，做好了准备。我只希望自己能一天比一天更强！"

还要更强？37 分和 23 个篮板，这难道还不够强吗？还要怎样啊？看起来，杜兰特确实认为自己做得还不够多，他永不止步。

"噢，老兄，你不是开玩笑吧？"他一脸严肃地问。"我应该可以投得更好，再减少失误，加强防守，喂给队友更舒服的助攻。还有需要改进的呢！"

一般球员长到杜兰特这么高，都会挤到低位打大前锋，但杜兰特还是喜欢在外线攻击。在得克萨斯大学，杜兰特的位置是小前锋甚至得分后卫，他说："在 NBA 里，大多数我这种身高的人，外线技术都很好。我总觉得，如果我能打同样（外线）的位置，或许对我的前途会有帮助。"

虽然身高与弹跳还是保证了杜兰特不错的篮板与盖帽能力，但杜兰特很清楚自己的弱点所在，他明白自己的体格和防守能力需要提高。

2007 年年初有场比赛，杜兰特得分超过 30，第二天球队的助理教练斯普林曼给杜兰特发了封电子邮件。斯普林曼写道："昨晚打得很棒，可怕的是，你只有可能变得更好。"杜兰特很快给斯普林曼回了邮件，他的回应简单明了："但是，我的防守怎么样？"

他深知自己的优点和不足，他非常在乎自己的防守，作为球队的核心球员，进攻尖刀，杜兰特本可以不用承担过多的防守任务。但他却丝毫不放松对自己的要求。大学之后的每年夏天，防守技术都是他训练的主要内容，比重已经超过了进攻端的练习。

但是，防守不是一个人埋头苦干就能练出来的。于是杜兰特想了个特别的方法，去打街头篮球。"防守没法自己练，所以我去打街球，去防守对方最好的那个人。"杜兰

第四章／得克萨斯长角牛

特终于打破塔拉斯·布朗的禁令，跑去街球场玩一对一斗牛了，他觉得这能大幅提升他的防守能力。

这种想法很可能源自 2006 年夏天。在华盛顿最著名的古德曼联盟的一场比赛中，杜兰特就创造了一个惊人数据：单场 10 个 3 分球，总计独得 60 分。不过，他并没有笑到最后，而是被对方阵中的街球高手 P.Shitty 抢走了胜利。上半场，杜兰特独得 28 分，率队 61 比 55 领先对手；下半场当对手反超 10 分后，他又在 10 分钟内扔进了 5 个 3 分球；等到最后三分钟，比赛变成了杜兰特和 P.Shitty 的得分表演。但在终场前 2.3 秒，双方战成 107 平时，P.Shitty 断球成功后造成了对手犯规，罚进了锁定胜局的一球——这场比赛让杜兰特意识到，有时候单靠进攻是不能保证胜利的。P.Shitty 固然得了不少分，但他在最后时刻的防守才是最致命的。没有那次抢断，拥有绝杀机会的本来应该是己方。因此，杜兰特决定从跌倒的地方爬起来，在没有比赛的夏天，用街球高手们锻炼自己的防守能力。

这种不断进取的观念，从杜兰特九岁起就植根于他的脑海里了。给杜兰特灌输这种观念的，是被杜兰特称为"教父"的塔拉斯·布朗，他从小就教育杜兰特打正确的篮球，做正确的选择。

还记得月下"鬼山"上的狂奔吗？还记得抄写数百遍的投篮步骤吗？还记得 1 个小时不能动弹的投篮姿势吗？当初就是在布朗的引导下，杜兰特去朝拜了他的圣山。

也是布朗，在夏天的时候把杜兰特带到活动中心，每天训练八个小时。还是布朗，让杜兰特学会在与其他孩子的比赛中，不去乱打，而是选择合理的时机投篮、控制球、

传球或者快速突破。

"有时候我想去打更高级别的比赛,可那时我还没有准备好,所以,既然有了目标,就要付出努力,"杜兰特说,"布朗陪我一起在体育馆里苦练。这对我很快达到大学水平帮助很大。要知道,我必须提前适应每个赛季40场比赛的强度,不仅如此,还要保证自己能在如此多比赛中始终如一地发挥高水平,所以,加练对我的帮助非常大!"苦练,才能铸就山一样坚韧的个性!

"他是真想成为一名优秀的球员,"主教练巴恩斯说,"杜兰特对篮球是真爱,他完全沉浸在这种愿望当中。他一心想提高自己,对此兴趣十足。光凭这点,就足够让你对他喜欢得不得了。"

让巴恩斯"喜欢得不得了"的这一点,远在2400公里以外的塔拉斯·布朗丝毫不觉得惊讶,因为这些都是他可以预期的。

"这对凯文来说,根本算不上梦想成真,"布朗说,"他早就计划好了,他一直在为此而努力。"

在与得克萨斯理工惊天动地的一战后,遭受痛击的鲍比·奈特成了金牌配角,他也"沾光"和杜兰特一起成为这个赛季被十佳球回放次数最多的人。

当被问及"KD"的比赛时,奈特就会打断问题并说:"他很不错。这家伙有2.06米身高。机动性很强。而且很敏捷,速度也很快。我的意思是,他还能做什么呢?已经没有秘密可言了,没有秘密,你们以为他会在比赛开始前喝两杯吗?他的队友会在他的屁股上踹两脚好让他发挥出色吗?这怎么可能,他就是一位伟大的球员,他不需要任何激励就可以打得很好!"

这是老生常谈了,杜兰特击败了大12

第四章 / 得克萨斯长角牛

联盟的所有对手和对手的教练,在赛后的新闻发布会上,这样的回答已经成了一种定式。

"他是大 12 联盟有史以来最优秀的球员,"俄克拉荷马州立大学队教练西恩·索顿,在杜兰特与自己球队大战三个加时,夺下 37 分并投中致命一击后说,"他甚至比保罗·皮尔斯更加出色。"

密苏里大学的迈克·安德森说得更夸张。"快把他送进 NBA 吧,"他眼看着杜兰特在对自己执教的老虎队身上肆虐,拿下 34 分,"这家伙不属于大学篮球,哥儿们!把他留在这里,会让很多球员丧失取胜的信心。"

2007 年 3 月 18 日 NCAA,全美锦标赛 32 进 16 的比赛,得州大学对阵南加州大学,虽然杜兰特砍下 30 分 9 个篮板,但双拳难敌四手,得州大学以 68 比 87 告负,爆冷出局。

2007 年 3 月 30 日,杜兰特凭借着在 NCAA 的火爆表现成为 NCAA 历史上第一个包揽全美最佳运动员、奈史密斯奖和伍登奖的大一新生。

然而在这样一个辉煌的赛季结束后,杜兰特也面对着双重选择:究竟是留在得克萨斯大学再打一年,还是直接参加选秀?毫无疑问,如果杜兰特决定参加当年的 NBA 选秀,他肯定会进入乐透前三。

尽管他的父亲告诉媒体,杜兰特有可能会选择留在学校帮助得克萨斯大学冲击来年的全国锦标赛冠军,但是最终他于 2007 年 4 月 11 日对外声称将参加 NBA 选秀。

5 月 25 日,杜兰特和 Upper Deck 公司签下了他职业生涯第一份正式合同。公司表示杜兰特的新秀球星卡将成为 2007/2008 赛季公司经营的重点之一。与这家公司签约的球星还有迈克尔·乔丹、勒布朗·詹姆斯、科比·布莱恩特和德文·韦德。

此外,杜兰特还成为 EA 出品的"疯狂三月大学篮球"游戏的代言人。不仅如此,杜兰特和吉尔伯特·阿里纳斯合作出现在了 NBA live 08 的游戏封面。

不久之后,他得到了一个好消息:他入选了美国国家男篮,事实上早在 2007 年 2 月底,杜兰特就接到入选美国男篮的通知,他也是继格雷格·奥登之后第一个获此殊荣的新生,这一刻,他一举成名天下知。

时来天地皆同力,幸福来的令人措手不及。但杜兰特依旧记得——自己做了什么,应该得到什么?那些山上的石头最清楚。

现在,所有的队友、对手以及 NCAA 的教练们整天念叨的就是——快把他送进 NBA 吧。

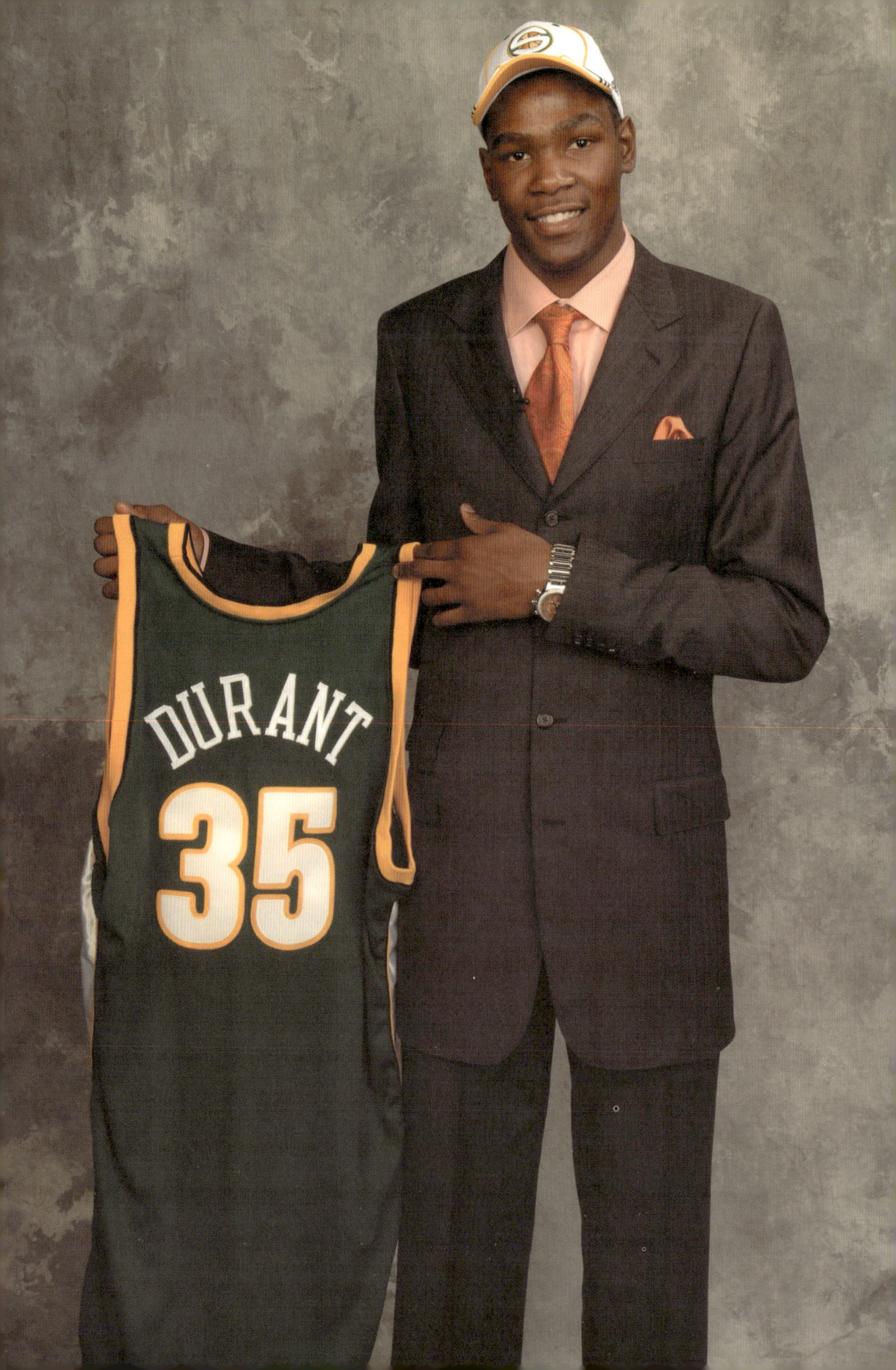
DURANT
35

第五章
梦想的曙光

凯文·杜兰特正传

01 选秀前的争论

2007

正如塔拉斯·布朗教练所言，杜兰特从9岁起就计划好了他的人生，他做的一切努力都是源自对妈妈的承诺。

NBA，美国四大联盟之一，最了不起的职业体育，世界上最高水准的篮球联赛，同时也是纸醉金迷的英雄地和销金窟，所有黑人孩子一辈子的终极梦想。

但生命不是一个可以计划的东西，它捉摸不定、充满变数，许多更有天赋或者是更努力的孩子，没有支撑到梦想实现的那一刻，总是令人扼腕叹息。

试想一下，如果当年的完达·杜兰特没有带着孩子去阿纳卡斯蒂亚河畔的Seat Pleasant活动中心玩耍，或者那天八岁的杜兰特没能遇到胖胖的查尔斯·克雷格；或者他打球的时候那位路人阿姨没有说："你打球像迈克尔"；再或者他在美洲虎的最后时刻没能遇到慧眼识英雄的查理·贝尔。他的命运该如何书写？

杜兰特的选秀引发了一场激烈的讨论，人们都在谈论谁将会成为新的状元秀，究竟是杜兰特还是来自俄亥俄州大的中锋奥登。尽管许多分析专家认为奥登成为状元签的可能性更大，波特兰开拓者队依然表示有可能用状元签选择杜兰特。

当然，如果他没能够得到波特兰的垂青，他将会降临在西雅图，西雅图拥有当年的榜眼签。但总而言之，无论是天赋，还是努力，抑或是运气，杜兰特终于把十多年的汗水兑换成功，NBA在向他招手，梦想的曙光已经闪现。

其实在高中的时候，杜兰特就已经成为全美第一小前锋，高中生排行榜仅次于史无前例的格雷格·奥登，但是以前受到的挫折让他变得愈加谦虚。他依然静如止水，波澜不惊。每当有人找他签名的时候，他总悄悄地和身边的人说，自己仅仅是一个普通人。

正如高中教练所预言，从他进入大学的那一刻起，他就被大家不停地拿去和卡梅隆·安东尼作对比，人们会问他能不能像卡梅隆·安东尼那样登上人生的巅峰。"你们

第五章 / 梦想的曙光

知道吗？我并不认为那是什么压力。"杜兰特说，他身上背负着太多的期待，期待他能够带领球队夺得 NCAA 冠军。

"不光是我这么认为，每一位球员都要为球队付出自己最多的努力，每个人都会成为卡梅隆·安东尼那样率队勇往直前的领袖。""成为卡梅隆·安东尼，还是不会成为卡梅隆·安东尼？"这样的争论会一直延续到他进入 NBA 的那一天。

NBA 球探们的目光早已汇聚在他身上，他原本可以像科比、詹姆斯、霍华德那样提前进入 NBA，早早享受炫目的镁光灯、大把的美钞和全世界的关注。

但糟糕的事情发生了，2005 年，NBA 颁布了一条新规则，他们拒绝让高中生参加选秀，这让凯文·杜兰特和赛迪斯·杨等天才球员无法用最快的脚步跨进新世界。

在马里兰洛克维尔（Rockville）的蒙特罗斯基督学校，你能听到无休止的唠叨声，他们一直在讨论为什么要颁布这样该死的规则，因为他们学校有一个全美高中生排行榜第二的球员——凯文·杜兰特。

杜兰特自己也曾表达过不满："如果今年能参加选秀的话我想我会去，因为去 NBA 是我的梦想，为什么不是越早越好呢？"

但事实上，这条规则到如今都没有让人觉得他们是否是正确的。当人们都在谈论利弊的时候，却总看不到底层人们真实的一面。杜兰特高中的那些年，闪现出了一批非常出色的年轻人，其中有赛迪斯·杨和保罗·哈里斯等人。

但事实上，联盟的这一项规则改变到底是拯救了高中生球员还是害了他们呢？赛迪斯·杨在进入 NBA 之后中规中矩，但保罗·哈里斯则在高中联赛中叱咤风云之后，在 NCAA 里却令人失望，在 2009 年选秀大会中落选，最终在菲律宾联赛漂泊至今。NCAA 到底给了球员什么，又夺走了什么，谁也说不清楚。

但杜兰特不受任何外力影响，有时候你真的相信上天总是帮助他选定的人，无论在高中还是 NCAA，杜兰特都是天之骄子，压在他头上的，只有号称美国历史的传奇中锋——"格雷格·奥登"。

从最符合逻辑的角度分析，杜兰特在 2007 年 NBA 选秀大会上将会遇到的最坏情况，最多也就是在奥登之后的第二顺位被选中。这并不是说在第一位选择奥登的球队是看走了眼，来考虑一下：奥登，身高 2.13 米，体重 127 公斤，他已经几乎长到了极限，而杜兰特则还有很大、很大、很大的空间可以发展，不论从身高方面，还是从比赛方面。

02 绝不顾影自怜

2007/2008

阿兰·斯坦两年来一直担任杜兰特的个人训练师，直到杜兰特结束在蒙特罗斯基督学院的高中职业生涯。他是大名鼎鼎的 E.A.T.S.（精英运动员训练系统）拥有者。

"当凯文来到蒙特罗斯时，他才只有 84 公斤，在这儿的两年，我们帮他增加了 9 公斤肌肉，"斯坦说，他经常给凯文制订增重食谱，让凯文在家的时候也不停地喝功能饮料，吃香蕉、花生酱、酸奶酪、牛奶以及蛋白粉。"每天，我都要求他的父母监督他吃完这些东西，比赛需要强健的体魄，从食物里摄取能量是最快最直接的办法。"

"当他进入得州大学以后，那里的训练师又给他增加了另外 9 公斤体重，而凯文却没有因为增重而丧失灵活性，"斯坦说着，很得意，凯文已经证明了他的训练系统是多么的卓有成效。

"我觉得他最合适的体重应该是 109—111 公斤，不会影响他的其他素质。在我看来，这个孩子比其他大学一年级生长得更完全。只是他需要再大些，再壮些，进攻的时候再多些动作。大概到他二十二三岁的时候吧，凯文就会像一匹成年印第安马那样壮实有力了。到时候，谁还能防得了他？"

想想 NBA 中哪位球星和杜兰特未来的样子最像呢？恐怕还真难找到一模一样的。他现在的体型和活塞前锋泰肖恩·普林斯相仿，但凯文的尺寸更大，而且技术比普林斯还稍差一点。

另外，还有很多人拿他和另一个凯文相比较，而且，杜兰特和刚进入联盟时的加内特还真有点神似，但那时的"KG"可没有现在杜兰特那么多的进攻手段。你从没看到 18 岁的加内特面对防守者，在 25 英尺（约 7.62 米）外拔起跳投，不是吗？在三分线外，杜兰特可是一把好手。

"他是小詹姆斯·沃西，小特雷西·麦克格雷迪，"一位 NBA 球探说，"他的控球不如麦迪，但他可以像麦迪那样投篮。背对篮筐时，他的进攻和卡梅隆差不多。他的篮板能力和沃西一样。他不像加内特，至少现在不像，因为，进入 NBA 后，他不可能每场比赛都抢到 12 个篮板！"

杜兰特代表得克萨斯大学征战大学联赛

"他不能马上帮助选择他的球队，但奥登以及乔金·诺阿却可以做到，"这位资深球探继续说，"我并不是在否认他的天分以及勤勉，我也不是说他不会成为联盟中的球星，我只是说他将来会碰到一点小麻烦，特别是头两三年，因为他太瘦了。他会变得不同，凯文·杜兰特生来就是为了得分，当他退役的时候，他一定会带着很多很多纪录离开。"

　　"我不知道自己什么时候才能做好进入NBA的准备，"杜兰特说，"我感觉自己还在成长，我还不知道自己什么时候才能做好全部准备。篮球智商，我也不知道自己的篮球智商够不够高。我想这个赛季结束之后，我心里就有点谱了。"

　　2007年杜兰特刚满18岁，他就成了全世界注视的焦点，宣布参加选秀后，他接受了《时代》杂志的专访。当主持人问他是否为自己大一表现惊讶的时候，杜兰特依旧谦虚。

　　"是的，我在高中的时候从来没拿到过30分，也许第四年拿过，当我在大学拿到30分的时候我兴奋极了，就好像'嘿，伙计，我第一次拿到30分，这可是在大学啊。'但是真正的乐趣在于，我看到各种不同的防守，我们谈及很多球队，'噢，他不会对我们这么做'。"

　　杜兰特的谦虚勉励自己不断前进，他还只是个孩子，对很多纪录都充满着热忱。人们还是质疑他，一个身高达到2.06米的家伙竟然只有这么点体重，这样的身高不去内线拼搏而在得分后卫的位置上欺负矮个，他进入NBA后绝对干不了这样的事情。

　　他没有在媒体面前公然声称自己一定要取得如何如何的成就，而是将投篮和奔跑带进了训练馆。

　　即便如此谦虚，但是这个世界，总会有人充满恶意，各种羡慕妒忌恨都接踵而来。太多的人都不希望杜兰特变得越来越好，这其中甚至有一些是他的好朋友，这种事情令人恐惧和厌恶，却无法彻底摆脱。

　　杜兰特后来回忆道：他们甚至说，我讨厌你，你进入联盟做不了任何事情，你还没有准备好，你不应该离开大学。杜兰特听到这样的评价心底总会漾起一丝涟漪，"我只是想告诉他们，不要担心我，总有一天我会在你们面前展示我自己。"

　　但是说大话不是他的个性，就如同有一天，他在尝试挑衅对手，最终收获一份17投2中的成绩单一样，那个惨痛的教训使得他永远铭记——只能用实力去让别人记住自己。

　　除了这些糟糕的问题，凯文是个相当享受生活的人，这可是大学啊，一闲下来，他和队友们一样，听着iPod里利利·韦恩的歌。"这是我最喜欢的歌。"他跟着节奏点着

第五章 / 梦想的曙光　　　　　　　　　　　　　　KEVIN DURANT

●杜兰特为 NBA LIVE 拍摄宣传照

头，一边说。

"你最喜欢利利·韦恩的哪句歌词？能唱出来吗？"

"噢，当然，"杜兰特马上哼了起来，"虽然这个世界阴冷充满欺骗，但我还是抬头向天绝不顾影自怜（Although this world is cold and deceiving, I keep my head up like my nose is bleeding）……每个人都有一种惰性，惰性会导致人丧失进取心，这样会让关心我的人失望，知道吗？我不会让关心我的人们失望。我一直以来都刻苦训练，现在，努力得到了回报，我在大学打出了一片天地，但我知道，我还有很多工作要做，还有很长很长的路要走。"

不论杜兰特决定将要做什么，他说他都会在休赛期回到马里兰的家乡去看看。塔拉斯教练在等他，"鬼山"也在那里静静地等他。

糟糕的体测

2007/2008

对于杜兰特的质疑并不完全是空穴来风，他的确不够壮实，他的确体重偏轻，他的面相看起来就不像个巨星。

自卑和自尊的双重矛盾也曾在童年和少年时代对他纠缠不休，以至于他不愿回首面对那些糟糕的日子。

他不是科比、不是邓肯、不是奥尼尔、不是詹姆斯，甚至不是安东尼，杜兰特从小并不是别人眼里的未来巨星，因为他身边总站着很多比他更具有天赋的人，比斯利、劳森，甚至一些后来无缘进入NBA的人，这些人比他更具有巨星相。

即便是在AUU打出好成绩，即便帮助球队拿到了多个全国冠军，但是他依旧不能引起别人的注意，因为他的身边站着的还是上天入地无所不能的比斯利。

小时候，迈克尔·比斯利才是球队的核心，他能得分、能抢篮板，他的全能让主教练早早就认为，他会成为未来的NBA巨星。而杜兰特，因为他的高个子，更多的是被安排去抢篮板，但是，他骨瘦如柴的身体在内线毫无办法。

那时没有人会想到杜兰特会是未来巨星，大家甚至怀疑他到底能不能进入NBA。

一个人在压力下会走向两个极端，或是以过度自信应对别人的轻视或是越来越自卑，最终走向溃败。杜兰特也差点走向溃败，如果没有外祖母、妈妈、查尔斯、布朗、查理·贝尔的话，也许我们如今都不知道杜兰特是何人。

杜兰特在排除一切干扰，最终决定进入NBA的时候说："我想了很多，我爱我在得克萨斯的家，过去一年同他们一起打球我非常开心，这是一份伟大的财富，我通过大学结识了新朋友，理解很多诸如此类的事情。但是进入NBA一直是我的梦想，很长很长时间。现在，我有这样一个机会，我必须抓住它。"他终于冲破了所有的阻碍和质疑，紧紧抓住了自己的梦想。

格雷格·奥登，这个在全美传统中锋凋零的年代格外受到关注，人们称呼他是加强版的张伯伦，对他充满溢美之词，而他也成为杜兰特事业中的一道屏障。

在此之前，杜兰特无论如何都无法跨越奥登，当杜兰特籍籍无名的时候，奥登已经

第五章 / 梦想的曙光

成为焦点，当杜兰特在高中初露锋芒时，奥登已经牢牢掌握了全美第一高中生的称号，杜兰特在念完四年高中的时候，只能屈居第二……

而事情也是如此，当一边的奥登在体测中轻松地展示了罕见的野兽般身体素质时，杜兰特甚至不能推动卧推，更奇怪的事情发生了，他的原地垂直弹跳居然和姚明一个级别，只有60厘米。

全世界的人们突然想起这个家伙会不会成为水货。人们一直在猜测这个家伙会不会最终适应不了NBA的强度而成为一个可怜的酱油党，消失在历史的长河中。

但是杜兰特对此看得很开，"很多人都在说我不能卧推，如果推不动会让我的顺位降低，那么肯定是一件大事，但是他们说卧推不会让我顺位降低，那么我不会太在意这件事情。"

人们不断地为他找模板，麦迪、詹姆斯·沃西、拉里·伯德、卡梅隆·安东尼、加内特……但是人们总发现没有任何一个人像杜兰特。杜兰特拥有麦迪的投射技巧，他能像卡梅隆那样进攻，他抢篮板的时候像沃西，你能想象，这样的结合会成为一个怎样的球员。

前曼哈顿、圣约翰和新墨西哥州的教练弗兰·弗拉斯奇拉做出了更为耸人听闻的预测，这位ESPN的分析师甚至认为杜兰特是加内特和麦迪的结合体，他比加内特更好的地方在于，加内特的覆盖面在禁区，而杜兰特可以像蜘蛛人一样存在于球场的任何一个角落。"现在看杜兰特就像看早年的迈克尔·乔丹和魔术师约翰逊一样。"

"没什么是他做不了的。"当时活塞主教练的弗兰克赞美杜兰特说。

就连竞争对手奥登都赞叹不已，"他在场上拥有惊人的力量，你看着他瘦瘦高高的，你给他一肘，他能轻松做一个转身移动并取得进球，就像这样，苍天呐，他哪来那么多假动作。"

"这孩子就是未来，甚至是篮球运动的未来。"一个东部的管理层人员说道，"他比奥登更好，优于艾尔·霍福德，他比他们都要好，我认为他会成为巨星之一。"

"用卧推能力来考量一个球员是最不科学、最不现实、最愚蠢的做法，这就像批评一个体育记者不会写百老汇剧本一样。篮球就是篮球，不是拳击，不是举重，篮球的力量来自你的臀部、腿部和腰部，这和卧推毫不相干，一头棕熊的力量也很大，但是棕熊会投篮吗？"篮网体能教练理查德对此愤愤不平。

04 NBA，新的篇章

2007/2008

最终，2007年选秀大会如期举行，启蒙恩师查尔斯·克雷格估计错了，杜兰特坐在小绿屋里唯一的遗憾便是这个男人没有看到他教育出来的学生如今的成就。

选秀大会那晚，奥登大帝众望所归，他又一次压制杜兰特，这位未来的超级中锋荣升状元郎。杜兰特被超音速第二顺位摘走，成为2007年的榜眼秀。

当天超音速队中的核心雷·阿伦被交易至凯尔特人，换来5号新秀杰夫·格林。超音速将以杜兰特为核心进行彻底重建。

但事实上，抽签之前，就连超音速自己都没想到能抽到榜眼签，他们的目标是杰夫·格林，既符合自己可能抽到的顺位，也是自己喜欢的球员。

"他热爱篮球，而且不仅如此，他还希望自己能够成为伟大的球员。我们在选秀前考察了两个家伙（杜兰特和奥登），我们评估了他们，看他们的性格是否符合我们球队的气质，能否融入球队的文化，而他们两人都非常适合我们。"手持状元签的开拓者队总管凯文·普里查德如是说。

奥登是那种天赋过人的中锋。在选秀报告中，奥登被比作是乔治城大学的帕特里克·尤因，或者是休斯敦大学的哈吉姆·奥拉朱旺。

但是人们很难把杜兰特比作是其他人。要知道若非经过这么多年的勤奋苦练，他不过就是一名毫无特点的球员罢了。

6月28日，在万众瞩目的选秀大会上杜兰特被超音速队在第二顺位选走，成为当年的榜眼。就在杜兰特在选秀大会上被超音速选走后不到一周，得克萨斯大学对外宣布将收藏杜兰特的35号球衣。

这件35号球衣今后将连同T.J.福特的11号球衣，高挂在得克萨斯大学的主场弗兰克·欧文中心上空。

一个月后，杜兰特和耐克公司签下了一份七年6000万美元的合约，这也是仅次于勒布朗·詹姆斯的一份新秀球鞋合约。这样做也就是拒绝了阿迪达斯提供的一份7000万

第五章 / 梦想的曙光

美元的合同，杜兰特之所以选择前者是因为他一直以来都在穿耐克的鞋打球。

打过几场夏季联赛之后，杜兰特被选入美国男篮，并参加了全队的训练。一同参加训练营的都是 NBA 的全明星级球员——科比、勒布朗、波什、霍华德，等等。

尽管在某一场比赛中，杜兰特得到了 22 分，依然不能摆脱最终被裁员的命运。这次裁员的目的是为了精减人员，选出参赛的 12 人名单。

18 岁的杜兰特长着一副娃娃脸，就像 15 岁的孩子，但是全世界的人们，至少是看好他的人们都希望他像一个 28 岁的人一样去打球，人们猜测杜兰特也许会超越奥登，加入到勒布朗、安东尼和韦德等未来十年的领军人物中。

"这一切都太令人振奋了，太帅了，我已经准备好了。"杜兰特在被西雅图超音速选中后第二天说道。

那个夏天，褒贬不一的评价充斥着西雅图，而超音速在那个夏天继续做出了一系列动作，将他们原本的城市英雄雷·阿伦和刘易斯送走，转而树立杜兰特和格林为球队核心。

刚到西雅图的时候，杜兰特还没有选购房子，但是不管如何，他都会带上他的母亲和两个表兄弟。人们很好奇，为什么要带上表兄弟？杜兰特却似孩子一般说道，"我需要一些同龄人和我一起出去玩。"

事实上，当你询问任何一个记者关于杜兰特的交友范围的时候，你不会得到你所想要的答案，杜兰特的腼腆超出了你所能理解的范畴。

很小的时候他的所有时间都花在训练上，这让他甚至不懂得如何交友搭讪，这就是他为什么一直单身的原因。有趣的是，进入 NBA 之后，他已经成长为篮球巨星，但是他的腼腆依旧。

有一次，他在推特上试图同著名女歌手凯莉·希尔森搭讪，他原本以为他的主动搭讪会像屌丝与女神一样石沉大海，没想到他竟收到了对方更热烈的回应，这让他兴奋了很久，他似乎忘记了自己已经是一位超级巨星，或者说至少是超级新星。

如今，杜兰特已经学会了和"兄弟帮"威斯布鲁克、哈登、伊巴卡、梅诺等人一起购物、吃东西，讨论路过的哪个美女更好看，然后在推特上各种互动取乐，那时候球队最年长的奥利总会告诉他们，自己曾经的夜店王子般的疯狂夜生活，不过杜兰特表示自己更喜欢安静的生活。

挣扎中的最佳新秀

2007/2008

新秀赛季开始的时候,青年军超音速被打得找不到方向,杜兰特第一次感受到高强度的对抗,他发现自己冲进禁区很难做出舒服的动作,在外线投射也不像以往那么准了。

当时超音速主帅P.J.卡列西莫甚至将2.06米的杜兰特排在SG的位置,卡列西莫甚至开始疯狂透支杜兰特的进攻能力,他选择放手让杜兰特肆无忌惮地出手,给杜兰特无限的出手权,但是对于这个瘦弱的孩子在对抗上的弱势让他毫无办法。

糟糕的舆论铺天盖地将这个菜鸟淹没,杜兰特第一次遭遇到如潮水一般的批评,之前就不看好他的人们弹冠相庆,认为自己的法眼如炬、神目如电,一眼看穿他是一个水货,杜兰特这样的进攻能力强防守能力弱的人,一旦进攻打不顺畅那么他便不会有好的发展,似乎他的好运就要到此为止了,甚至有些媒体宣称他还不如来自中国的9号秀易建联。

那年,杜兰特"有幸"成为联盟里93个至少200次尝试三分投射的球员之一,很遗憾的是,这次他也是第二,只不过是倒数第二,命中率比他还差的是山猫队的费尔顿。就连当地的一些球迷都感到沮丧,这个家伙第一年能拿到20分很大程度上来自于他无限的出手权。

2007年10月31日,杜兰特第一次登上NBA的舞台。他全场得到了18分,5个篮板,3次抢断,但是球队最终输给了丹佛掘金队。

2007年11月16日,超音速客场挑战亚特兰大老鹰。杜兰特在第二个加时赛投中了职业生涯的第一个压哨球——这个关键的三分帮助他们客场带走了一场胜利。不要将目光局限在这个三分上面,要知道杜兰特整场比赛得到了21分,3个篮板,2次助攻,3次抢断和3次盖帽。

2007年11月30日,杜兰特率领球队击败印第安纳步行者队,全场得到35分。由他主防的年度进步最快奖有力竞争者小邓利维全场15投6中,得到14分。

仅仅一周之后,12月7日,杜兰特在击败雄鹿队的比赛中同样得到35分,此外还有8个篮板和5次盖帽,对面的扣篮王戴斯蒙德·梅森10投2中,得到6分。

2008年1月29日,球队主场迎战卫冕冠军马刺队。杜兰特在比赛最后34秒时命中

●杜兰特身穿西雅图超音速球衣出战

关键跳投，帮助球队结束 14 连败。

2008 年 4 月 6 日，在一场飙分大战中，超音速 151 比 147 击败丹佛掘金队，杜兰特独得 37 分 8 个篮板 9 次助攻 3 次抢断，遗憾地和职业生涯首次三双擦肩而过。数据不能显示的是，整场比赛杜兰特两次命中关键的三分球，帮助球队咬住比分，最终获得胜利。

终于，在 2008 年 4 月 16 日对阵金州勇士的赛季收官战中，杜兰特完成了自己职业生涯的首个两双——25 投 18 中，42 分 13 个篮板，此外还有 5 次助攻。

赛季结束后，他场均得到 20.3 分，在所有新秀中得分排名第一。除去得分以外，在本赛季所参加的 80 场常规赛中，他助攻 192 次、罚球 448 次命中 391 球，罚球命中率 87.3%，场均出场 34.6 分钟，排名新秀第一；同时杜兰特一共送出 78 次抢断，排名新秀第二，43% 的投篮命中率、场均 0.84 次封盖以及 59 粒三分命中都排在新秀中的第三位。

与此同时，他的得分、盖帽、抢断、罚球命中数和命中率在超音速队同样排名第一。他在 11 月、12 月、1 月、3 月、4 月均当选为月最佳新秀，而 20.3 分的场均得分也打破了由前超音速新秀鲍勃·鲁尘封了 40 年之久的队史新秀得分纪录。

作为一名新秀，整个赛季他的投篮命中率达到了 43%，场均 20.3 分。而新秀年的勒布朗·詹姆斯数据是 41.7% 和 20.9 分，卡梅隆·安东尼 42.6%，20.7 分。

这一年，杜兰特砍过 42 分，打破球队新秀赛季得分纪录，他绝杀过老鹰队，但事实上，

第五章 / 梦想的曙光

KEVIN DURANT

当你真正去观看每一场比赛的时候，你会发现这个家伙优缺点完全暴露。单季1366次出手，只有43%的命中率。

人们觉得，这个家伙只会投篮，他进入内线对抗的时候跌跌撞撞，站都站不稳。杜兰特在广大球迷的口中被称呼为杜铁神，因为他这个赛季的远投水平实在不够高明，他一个赛季出手了205次三分球，最终只命中了59个，命中率28.8%。

在杜兰特的世界里，他觉得全世界的人都在嘲笑他，这使得他有时候很难集中注意力，每天晚上有联盟顶尖的防守球员盯防。那些艰难的晚上，比杜兰特大不了多少岁的超音速总经理总不停地鼓励他，他身边不离不弃的依旧是家人、教练和朋友们。

有那么一个糟糕的夜晚，西雅图超音速队在主场以66比79大败给火箭队。当家球星杜兰特手感糟糕得可怕，17投仅2中，只拿到4分同时有5个篮板4次助攻3次失误。

本场比赛的糟糕表现让杜兰特创下了几个赛季纪录——命中2球平了赛季命中最低次数纪录（2月9日，对太阳12投2中）；4分创职业生涯最低得分纪录（此前6分）；命中率最低纪录。同时这也是他自2月9日对太阳只拿到9分后，首次得分不上双。

在那场比赛中，他吃了偶像麦迪一个大帽，又在砍下7分15个篮板，梦幻脚步玩得飞舞的斯科拉面前晕头转向，黯然失色，要知道，这只是个来自阿根廷的28岁

● 杜兰特身穿西雅图超音速球衣出战

的白人老菜鸟。

无论如何，在 2008 年，作为最佳新秀的最有力竞争者，杜兰特的个人数据可谓完美，场均轰下 20.3 分同时还有 4.1 个篮板和 2.2 次助攻。怪不得超音速队主教练为弟子拉票时，本钱如此之足。

"这个奖项根本不存在竞争，没有人能够威胁杜兰特，"卡列西莫说，"我只是希望强调，没有新秀能做到杜兰特目前能做到的事情，也没有新秀有机会做到他现在做到的事情。"

杜兰特最终获得了最佳新秀的称号，但是，当他拿到这个奖杯的时候他却怎么也开心不起来，这个日子也是他最爱的教练查尔斯·克雷格去世的日子——2005 年 4 月 30 日，一个杜兰特永远不能忘记的日子。

明眼人都能看得出来，西雅图手上攥着一颗稀世珍宝，只缺一点点时间把它打磨成和氏璧而已。但是还没有来得及品尝杜兰特成长的甜蜜，那年的西雅图超音速却似乎陷入了绝境，超音速的球迷不仅担心球队的发展，也在担心球队是否要搬迁俄克拉荷马。

盖雷特财团的本内特先生要迁走这支传奇球队。超音速此刻内忧外患，一片混乱。

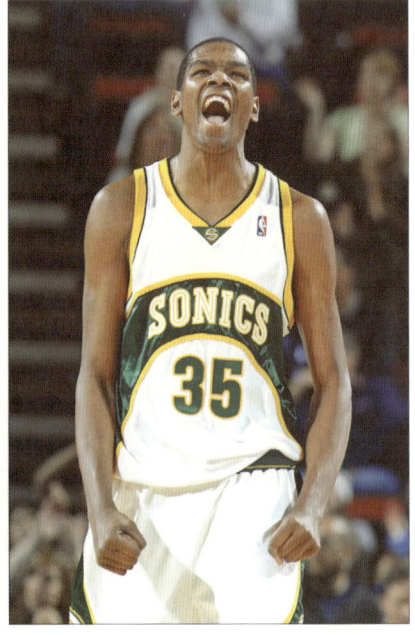

● 杜兰特获得 2007/2008 赛季最佳新秀奖

新生的雷霆

2008/2009

2004年新奥尔良飓风后，黄蜂队曾经迁居到俄克拉荷马一年，盖雷特家族看到了俄城已经具备拥有一支NBA球队的能力，于是他们开始收购被星巴克的颓势弄得捉襟见肘的舒尔茨旗下的西雅图超音速，经过一番狗屁倒灶的诉讼，留了笔慷慨的赔偿，迁走了球队，并成功地将超音速变成了雷霆。

最终的结局并不是杜兰特和球迷想看到的，超音速最终变成了俄克拉荷马雷霆队，超音速的球迷悲伤，而杜兰特则坐在更衣室的椅子上摆出奇臭无比的表情，他不希望离开他的球迷。也许唯一的好消息就是，他可能会成为雷霆队的"开国元勋"。

2008年9月3日早晨，俄克拉荷马的原超音速队召开新闻发布会，宣布了自己的新队名——雷霆。

这是西雅图球迷心中永远的痛，老板本内特出尔反尔，不但把球队迁出了西雅图，而且让"超音速"这个名字成为了历史。

其实这件事只不过是他们的第二选择，当年他们的野心更大。当今雷霆队的拥有者盖雷特家族，曾经一度计划买下马刺队，然后将这个队伍搬出圣城，如果一切顺利，现在的马刺早就被改名为纳什维尔多雷霆队了。

他们也确实一度掌握了马刺的大部分股权，万幸当年他们没有成功。多年之后，他们将从马刺陆续撤出的资本，转向了收购超音速队，盖雷特家族承诺会把超音速队留在西雅图，但没有几年，球队就迁到了他们的家乡——俄克拉荷马城。而且，盖雷特家族的上门女婿，雷霆老板本内特承认：他从不愿意拥有一支家乡以外的球队。

西雅图的记者曾经写了篇文章，惋惜他们的城市没有像圣安东尼奥人这么警觉，忽视了一条"冬眠的蛇"，他们再也不会拥有超音速了，那个手套和雨人的伟大球队，那个雷·阿伦和刘易斯的疯狂球队，这件事的影响一直持续到现在。

如果你认为西雅图和俄克拉荷马城的爱恨情仇到这里就结束的话，那么你就大错特错了。2008年10月，超音速队的著名球星，绰号"手套"的加里·佩顿在采访中明确表示，坚决反对雷霆队将他的球衣号码退役或悬挂在俄克拉荷马城的球馆内。

●杜兰特身穿雷霆球衣迎战魔术

而雷霆老板本内特则高调回应称佩顿的球衣爱在哪里退役就在哪里退役，雷霆队的第一件退役球衣，是属于杜兰特的。本就被钉上"西雅图叛徒"耻辱柱的本内特再一次被推上风口浪尖，成为千夫所指、万人唾骂的对象。

其实，早在西雅图人失去球队的前几年，祸根就已埋下并且一点点潜滋暗长。超音速球迷不难如数家珍地回溯那段历史：

2001年3月30日，"星巴克咖啡大王"霍华德·舒尔茨以2亿美元的价格买下超音速队；在随后的五年间，超音速队和西雅图市就租借钥匙球馆还是兴建新球馆的问题僵持不下；

2005年7月7日，超音速主帅内特·麦克米伦离队，球队成绩一落千丈，矛盾更加激化；

2006年2月1日，不到五年时间亏损6000万美元的舒尔茨以威胁卖掉球队的方式向西雅图市施压；当月，华盛顿州立法机构介入双方的拉锯战；全明星赛后，联盟总裁斯特恩前往州立法机构斡旋，要求动用税款修缮钥匙球馆未果；

2006年4月5日，超音速召开董事会，宣布将出售球队；

2006年4月13日，斯特恩对西雅图下达最后通牒，威胁将球队迁出城市；2006年7月18日，舒尔茨以3.5亿美元的价格将球队卖给了俄克拉荷马城商人本内特；

2007年11月2日，本内特公然宣布在超音速和钥匙球馆租约到期后把球队迁往俄克拉荷马城；接下来就是接近一年的争吵、口水、拉锯、扯皮、诉讼以及球迷的苦苦挽留；

2008年7月3日，西雅图市长格雷格·尼克尔斯妥协了，接受了本内特7500万美元买断钥匙球馆合同的要求，留给球迷的只有眼泪。

在西雅图人眼中，是斯特恩的只手遮天、舒尔茨的翻云覆雨、本内特的趁火打劫以及尼克尔斯的首鼠两端让他们失去了挚爱的球队，而在俄克拉荷马人眼中，相同的故事却有着不同的讲述。

2005—2007年作为黄蜂队主场，俄克拉荷马城球迷的热情给联盟留下了深刻印象，斯特恩不止一次表示如果联盟扩军，俄克拉荷马城将是优先考虑对象。

第五章 / 梦想的曙光

2006年7月18日,来自俄克拉荷马城的商人本内特买下了风雨飘摇之中的超音速;

2007年11月2日,本内特向家乡人民承诺将把超音速带回俄克拉荷马城;

2008年6月,本内特对西雅图市提起诉讼,要求提前解除钥匙球馆的租约;一个月后,本内特的坚持收到了回报,他不惜动用重金将超音速提前带回了俄克拉荷马城;

2008年7月4日,超音速队正式搬迁,俄克拉荷马城终于名正言顺地拥有了一支球队。

西雅图球迷何其无辜,在41年后失去了他们的球队;俄克拉荷马球迷又何其幸运,在暂别一年后又迎来了属于他们的球队。但见新人笑,哪闻旧人哭。

俄克拉荷马当地媒体都在大书特书,抒发着不尽的喜悦;而那一厢,西雅图球迷站立着看完了超音速在钥匙球馆的最后一场比赛,含泪目送球队离开。

这是新秀凯文·杜兰特和老将尼克·科里森身披超音速战袍的最后一场比赛,而他们两人也是现在雷霆队中唯一见证过这段往事的球员。西雅图满载着超音速41年的荣光和辉煌历史,尘封起来;俄克拉荷马城则终于翻开崭新一页。

当年盖雷特家族从马刺撤走资本的时候,老板本内特曾经找霍尔特要人,点名要波波维奇、布福德、普雷斯蒂其中的两个。马刺篮球运营主席兼主教练波波维奇自然不能给,总经理布福德也是多年的功勋管理层,马刺内部一合计,认为送出普雷斯蒂最合适。

普雷斯蒂年轻气盛,前途远大,有独当一面的能力,何苦把他埋没在人才济济的圣安东尼奥。与其年年看着别的球队来重金诱惑,还不如大大方方送他一个远大前程。

慧眼识英才,选秀造强队的大名鼎鼎的雷霆总经理——普雷斯蒂。威少、哈登、伊巴卡、雷吉·杰克逊、亚当斯,这些青年才俊,都出自这位年轻的总经理的大手笔。

他这选秀的眼光,堪比巅峰时期马刺选中了马努和帕克,而自他离开之后,马刺在选秀方面,再无亮点。

雷霆起初的阵容,几乎是照着马刺的模板打造的,杜兰特和邓肯一样低调稳重,拥有统治力,威少是比帕克攻击力更强的组织后卫,而得分后卫,他们选了和马努一样能组织能突破的哈登。波波维奇这一送,送出了一个强大无比的西部死对头。

不仅仅是普雷斯蒂,雷霆的总经理助理汉灵根原来是马刺的部门主管,就连雷霆的主教练布鲁克斯,他和现在老鹰主教练布登·霍尔泽一样,都曾是波波维奇招募的高中生,他迄今还保留着波波亲自写给他,签名过的招募信呢。

雷霆从一开始,就有着类似马刺的建队文化,小球市,大巨星,睿智而目光长远的管理层,还有万千无限忠诚的球迷。

07 低调的巨星，"吝啬"的富翁

2007—2011

他的身后从来不会跟着一堆追随者，也不会带着保镖到处走。他通常只是自己开着面包车去逛商场。他走到哪儿都喜欢穿着运动短裤，这样有人想跟他玩儿5打5时他随时都能奉陪。他的篮球、他的球鞋在车上随时就能拿出来。

说实话，再没有一个超级巨星是这样低调成长的了。在球队大巴上，他的电话响了，他拿起来后多半第一句话就是："嗨，亲爱的妈妈！"

他的队友都有点受不了了。罗耶尔·埃维这时总会用肘子捅捅他，说道："你没必要这么肉麻吧？好歹让我们容易接受一点，再不行或者你声音小点也好啊。"不过这就是他最真情的一面：从八岁开始杜兰特就习惯这样称呼母亲。

你觉得在22岁的时候就已经拿下两次得分王会冲昏他的头脑？你觉得带领美国队拿下2010年夏天的FIBA世锦赛会让他躺在功劳簿上睡大觉？你觉得带着NBA有史以来最年轻的季后赛球队闯进西部半决赛会让他自我膨胀起来？

是的，对大多数人来说可能是会如此，不过对于他来说，他大多数时候都像他的名字一样低调而不为人知。

之所以这么说是因为一次尴尬的小误会。2011年3月的时候，他、埃维和一个球队工作人员正在克利夫兰的一家商场里逛着，一个人忽然冲上来对他说："凯文·加内特！你是加内特，对吧？"

"我是叫凯文，"他很有礼貌地说道，"不过我不是加内特。"

就这样，凯文·杜兰特一点也不生气地走了。

由于经历了大规模的人事变动，加上老板本内特变卖球队的消息已经满城风雨，球队的士气受到了很大的打击，新的球员也需要一个漫长的过程来适应这支新的球队。

第五章 / 梦想的曙光

　　赛季结束，超音速的战绩相对上赛季不升反降，整个赛季只有可怜的 20 胜。但是球迷们看到了新的希望，那就是杜兰特。赛季结束之后，他仅仅休息了两个礼拜，就重新回到了训练房。赛季很长，他需要避免太累造成的疲惫和运动伤害，但是在假期，他的训练分量往往是赛季中的两倍。

　　新秀赛季结束后，杜兰特像个自闭症患者一样疯狂训练，他每天睁着眼睛的时候有超过一半时间在训练馆，他就像一个沉迷游戏的孩子一般。有一天晚上，雷霆经理萨姆·普雷斯蒂加完班准备回家，发现球馆更衣室里的灯一直亮着。

　　那个时候离训练结束已经两个多小时了。当萨姆·普雷斯蒂走进更衣室的时候，他看见喘着粗气的杜兰特在吃东西喝水，满身大汗地坐在椅子上。

　　自此，萨姆·普雷斯蒂更加相信，这个家伙会成为这个联盟最顶尖的球员。

　　杜兰特从来没有对自己满足过，新秀赛季，当杜兰特在场的时候，超音速每 100 回合场均要丢 113.4 分，当杜兰特下场的时候，超音速的丢分下降了 8.8 分之多。

　　次年，二年级生杜兰特的努力帮助球队有所改善，2009/2010 赛季里，杜兰特将 +/- 值变成了 +3.7，有些东西你永远都看不到，就好像杜兰特这五年里的成长，他出手比新秀赛季场均多了 2.6 次，命中率却上升了 6.6 个百分点，一个经常投射的家伙却能拥有接近 50% 命中率，这些都不是想想就能做到的。很多无形的东西会在这个世界里以其他方式告诉我们，这个家伙有多么的努力。

　　"他并没有改变，他也不会改变。"杜兰特母校得克萨斯大学力量教练托德·怀特说道。

　　"他以前是怎么样的现在也是怎么样的，因为他有一颗纯粹的心。"得克萨斯大学助理教练拉塞尔·斯普林曼说道。

　　2010 年 9 月 13 日，在土耳其世锦赛决赛上杜兰特全场 17 投 10 中，独得 28 分，最终率领美国队时隔 16 年又一次拿到冠军，他也当之无愧地当选为世锦赛 MVP。

　　在全部九场比赛中，杜兰特共得到 205 分，打破了美国球员世锦赛上的得分纪录，场均 22.8 分也让他成为美国队历史上的得分王。

　　2010 年夏天，尽管杜兰特在之前刚刚帮助美国国家队在世锦赛中夺得金牌并拿到 MVP，但是随后赛季休赛期，他便返回得克萨斯一个月，然后和他的前大学队友们一起训练上课。

　　某日清晨，踏着 6 点的钟声，怀特信步走进球馆，却发现整座球馆里，杜兰特早早

● 2010年9月13日，杜兰特率领"梦九队"赢得土耳其世锦赛冠军，并荣膺世锦赛MVP。

第五章 / 梦想的曙光

就已经开练了,训练服已经湿透,然后达迈·詹姆斯也来到球馆,还有加里·约翰逊。

但是整个得克萨斯只有怀特知道,每天清晨6点之前,一个2.06米的男孩早早就开始在这里练习了,而此时他已经是NBA联盟的得分王了,是NBA赛场上最闪耀的新星之一。

杜兰特每天都要做锻炼,然后去上课,去自习,累了会吃一些东西放松一下,然后回来继续训练。回到得克萨斯,自然要和之前的室友贾斯汀·梅森住一个公寓,每个夜晚,杜兰特都睡在狭窄客厅的气垫床上。

"我试图让他在客厅弄一张床,但是他告诉我,他不想去花那么多冤枉钱。"说这个话的是一个千万富翁,这并不是吝啬,而是节俭。

在俄克拉荷马城,你能听到的关于杜兰特的最差评价就是他从不打理自己的头发,后来的兄弟威斯布鲁克曾经在更衣室说过:"他甚至没有一把梳子。我不知道他是否清楚自己在镜子里是什么样子。"

杜兰特笑了:"每天早上我起来洗漱时,感觉不错嘛,我是有一点邋遢,有一些卷发,但是我想做我自己。"

在和耐克签订球鞋合同之前,杜兰特曾经拒绝了阿迪达斯一份价值7000万美元的合约。杜兰特说:"我知道那是很多钱。"但是在谈到这个话题时,杜兰特解释道他只是更喜欢耐克罢了,早上起来穿上它们,感觉非常舒服。

能与耐克签下合约让杜兰特感觉非常开心,对他来说,这种开心不是来自财富的增加,不是来自任何的逻辑,只是来自一种直觉、一种勇气、一种天性。

他总把钱花在值得的地方,2009年的夏天,他揣着一大笔钱回到了他成长的地方——老欢乐座椅休闲中心。

杜兰特捐出了25000美元,为中心修建了一个巨大的游戏房,里面有一个Xbox 360游戏机,一台55寸的大电视,甚至还有为走丢了不知要去何处而在此过夜的孩子准备的豪华沙发。

因为他的梦在那里起航,还会有更多的孩子去爬他爬过的山,去投他投过的篮筐,去他最爱的那一块地板上挥汗如雨,眼睛里放着光,听教练吼叫"这是杜兰特战斗过的地方",然后他们重温一个梦想,再造一个梦想。

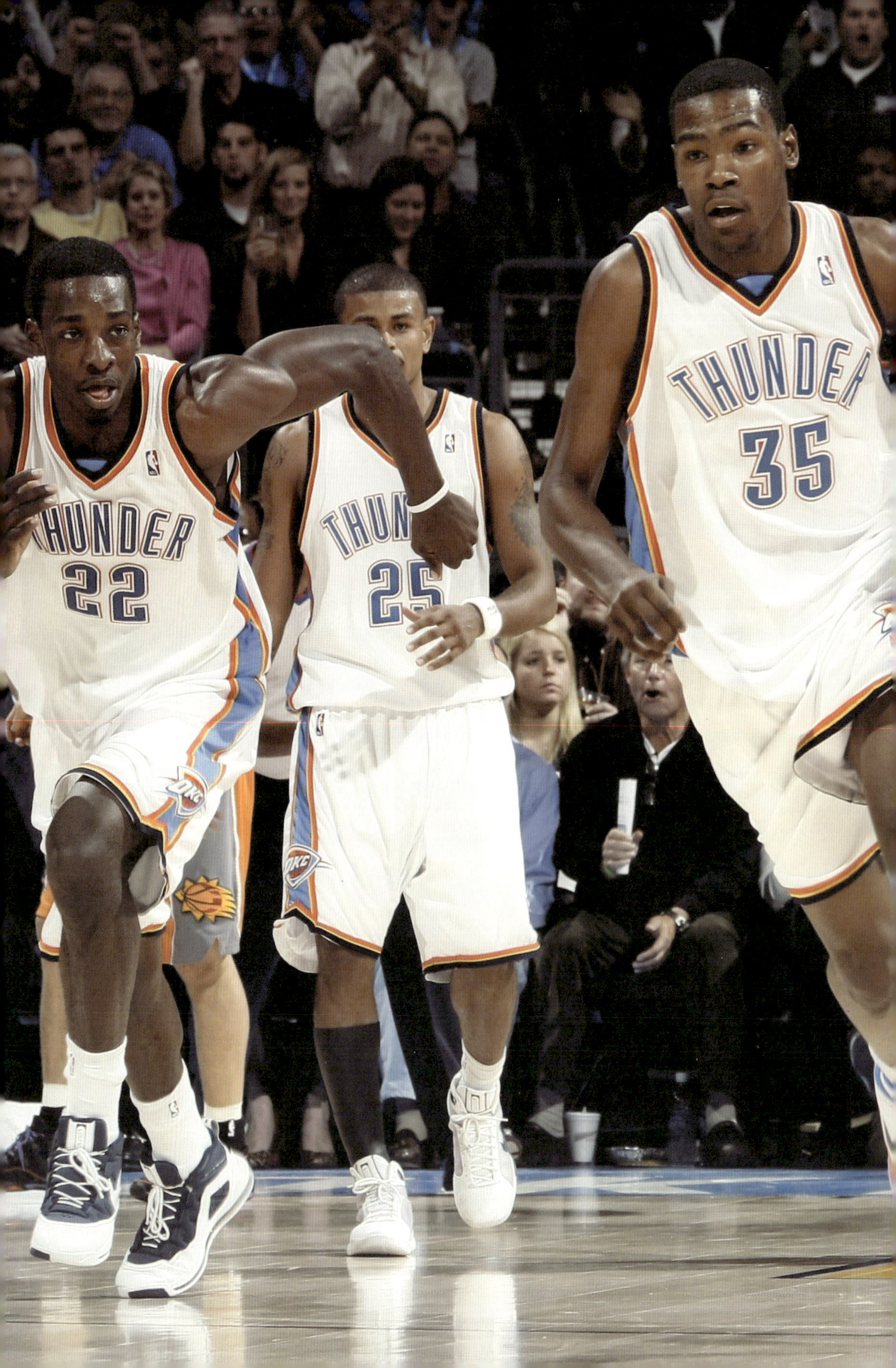
THUNDER
22
THUN
25
THUNDER
35

第六章
雷神养成记

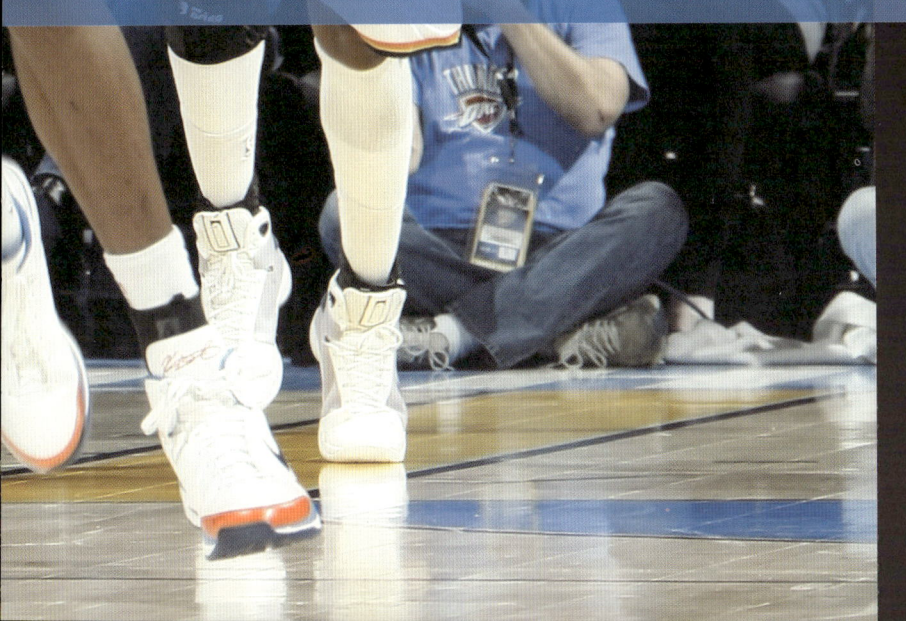

凯文·杜兰特正传

喧嚣之城的篮球图腾

2009/2010

凯文·杜兰特一开始必然无法想象：他将如何与一个新的城市建立起血脉相连的信任，而这座城市如此陌生，他们百年的历史中甚至从未拥有过一支 NBA 球队，他们本土出产的最出色的篮球运动员居然是 2009 年的状元秀——布雷克·格里芬。

这位飞天遁地的狮鹫兽如今已经是洛杉矶快船队当仁不让的新核心，在西部，他还是杜兰特季后赛中的强劲对手。

在 NBA 联盟，人们习惯于塑造自己的城市英雄，就好比布鲁斯·韦恩之于他的哥谭市。人们会守护他爱戴他，更是希望他能够给平凡人的生命带来梦想般的光彩，这在现实中，只有通过不断的胜利和总冠军戒指来实现。

外人很难理解俄克拉荷马城人民对这支雷霆队独特的热爱，以及对凯文·杜兰特的情有独钟。

他们从前或许并不看篮球，但从雷霆落户俄城之后，他们每个人都成了最死忠的 NBA 雷霆球迷。你们每个晚上可以在切萨皮克能源中心听到震耳欲聋的欢呼和噪声，他们身穿整齐划一的蓝白 T 恤，每一次杜兰特或者威少一条龙快攻的时候，所有老少爷们儿姑娘大妈都会如浪潮般站起来欢呼，直到他们一记暴扣把球砸进篮筐。

这不是繁华的洛杉矶，也不是纸醉金迷的纽约，这里没有灯火阑珊的夜色，也没有熙熙攘攘的名利诱惑，这是美利坚一个朴实粗犷的西南小城，只有着粗鲁而淳朴的西部人民。这是个雷暴和龙卷风的城市，也是个马蹄铁和啤酒的世界，这里的人们只是热血沸腾，简简单单爱着这项运动和他们的城市英雄。

无论杜兰特身处巅峰还是低谷，每一个赛季成功还是失败，他们都是他的死忠，从一开始就是，正如那个保安大叔所说——他就是我们的神，我们俄城所有孩子的榜样。

不用太久，他现在已经享受着那些史上巨星的待遇，如拉塞尔之于波士顿，如乔丹之于芝加哥，如科比之于洛杉矶，如邓肯之于圣安东尼奥，如德克之于达拉斯，如韦德之于迈阿密。

凯文·杜兰特，已经是这座城市的图腾。

第六章 / 雷神养成记

KEVIN DURANT

　　杜兰特刚来到俄克拉荷马城的第一个赛季，发生了一些趣事。一天早上他穿着球衣买吃的，一位大叔惊奇地问他："咱们俄城居然也有球队？"这是俄克拉荷马城历史上的第一支NBA球队。

　　有一次杜兰特去一家餐厅吃饭，一个年轻火辣的姑娘走了过来，大模大样地坐在他身边问："我好像认识你，你是个大人物吧？"杜兰特红了脸，腼腆地说："也许吧。"

　　那姑娘大大方方跟他合影，然后从头到脚打量了打量杜兰特，笑着离开了，这就是美国大西南的俄克拉荷马！

　　俄克拉荷马城是俄克拉荷马州的首府，而俄克拉荷马州属温带大陆性气候，年平均气温15.5℃，从西北向东南递增。四季分明，昼夜温差大。俄克拉荷马州一直给人以天气恶劣、不宜居住的印象，而这里的确以气象灾害频发享誉全美，洪水、干旱、地震、龙卷风、雷暴、滑坡和泥石流及沙尘天气等，不一而足，早在20世纪30年代，就因为频发的干旱和沙尘暴导致州内部分区域变成不毛之地。

　　俄州的主要自然灾害是强烈的暴风雨、冰雹和龙卷风。该州大部分地区位于龙卷风带，

年均有50多次龙卷风发生，是世界上龙卷风频发地区之一。其中俄克拉荷马城平均每年发生龙卷风的场次为101次。该州还有"尘土盆"之称，夏天也是雷暴多发之地，"雷霆"这个名字，就是由此而来。

俄克拉荷马城有一个别称——喧嚣之城。最初，这个称呼的来源是每年夏天接连不断的雷暴天气，而现在，这个称呼用来形容雷霆球迷。短短几年时间，切萨皮克能源球馆已经跻身为全联盟最吵闹的球馆，而雷霆的球迷也成为最聒噪、最疯狂的一个群体。

从市长、美国大兵到墙上的海报甚至街边的内衣店，徜徉于俄克拉荷马城街头不难感受到球迷们对这支球队的热情。

虽然建队历史只有短短5年，但雷霆的球迷们已经形成了一些让整个联盟都津津乐道的传统。由于雷霆球迷中大部分是从橄榄球迷"叛逃"而来，所以在看球的过程中也保留了橄榄球观赛的习惯——起立看球直到雷霆得分之后再落座。

另外一个传统就是季后赛统一T恤，从2010年雷霆第一次打进季后赛对阵湖人开

始,这个传统就已经形成了,当年那版"一同崛起(Rise Together)"的T恤,也成为不少雷霆球迷心中永恒的记忆。

虽然2010年雷霆首次闯入季后赛仅以2比4铩羽而归,但打那以后,雷霆再也没有缺席过季后赛,而季后赛T恤的传统也被保留了下来。或蓝或白或蓝白相间的整齐制服,是切萨皮克能源球馆季后赛的一道风景线。

与纽约、洛杉矶这些繁华的不夜之城不同,俄克拉荷马城是一座地地道道的"无夜之城",晚上9点之后这里几乎找不到一个还开门营业的餐厅。但在这里,仍然可以找到一些不错的地方厮混,而且是跟球员们一起厮混,比如位于闹市区东侧的"红砖小镇",这里是俄克拉荷马城最大,或者说"唯一"的娱乐中心。

由于临近切萨皮克能源球馆,球员们赛后都会来这里放松放松,而在比赛日的时候,大量买不到票的球迷会涌到这里来一起观看比赛。

和灯红酒绿的大都会不同,这里在没有雷暴和比赛的日子里,一直都是安静的;和

名胜古迹俯拾皆是的古城不同，这里的历史只是满目疮痍的废墟。

如果不是这支球队，俄克拉荷马城只是一座死气沉沉、前景黯淡的城市，因为一支红橙蓝相间、彩虹一样的球队，这座城市的天空亮了起来。秉承着雷霆"球队是一家（Team is One）"的理念，整个俄克拉荷马城，其实一直都蕴藏着浓浓的、温馨的、家的感觉。

相比于纽约鳞次栉比的高楼，俄克拉荷马城以低矮建筑为主，高层建筑不多，全市超过100米高的建筑只有六座，也是出于防范龙卷风的考虑。

即使拥有雷霆队这样一支NBA劲旅，俄克拉荷马州的第一运动依然是橄榄球，州内两所大学球队俄克拉荷马大学抢先队（OU Sooner）和俄克拉荷马州立大学牛仔队（Oklahoma State Cowboys）的关注度都在雷霆队之上。

按照本内特与西雅图的协议，搬迁到俄克拉荷马城的球队可以选择继承超音速的名称、队服和队徽，但如果有球队在将来迁往西雅图，本内特则需要将这一切无条件归还。

或许是因为担心这附加条款日后掣肘，或许本内特本就希望破旧立新，俄克拉荷马城最终选择了"雷霆"作为新球队的名称，同时，抛弃了超音速的墨绿土黄配色，选择了红橙蓝作为雷霆队的配色，因为蓝色是俄克拉荷马州的颜色，而红色和橙色则让人联想起俄克拉荷马州广袤平原上一抹壮丽的夕阳。

"雷霆"这一名称与俄克拉荷马州的自然气候息息相关，因为强对流天气影响，俄克拉荷马州经常遭遇雷暴天气，因此"雷霆"这一称谓能够体现出当地特色。超音速吉祥物史考熊的扮演者马克·泰勒成功下岗再就业，继续扮演雷霆吉祥物隆隆牛。

隆隆牛的原型是美洲野牛，这是俄克拉荷马州的代表性动物。在官方设定中，隆隆牛是一头离群的小野牛，在被雷暴劈中之后发生了基因突变，流落在俄克拉荷马城街头，被雷霆队收留，成为守护他们的雷霆之神。

● 雷霆吉祥物锤鼓助威

第七章
愈挫愈强

凯文·杜兰特正传

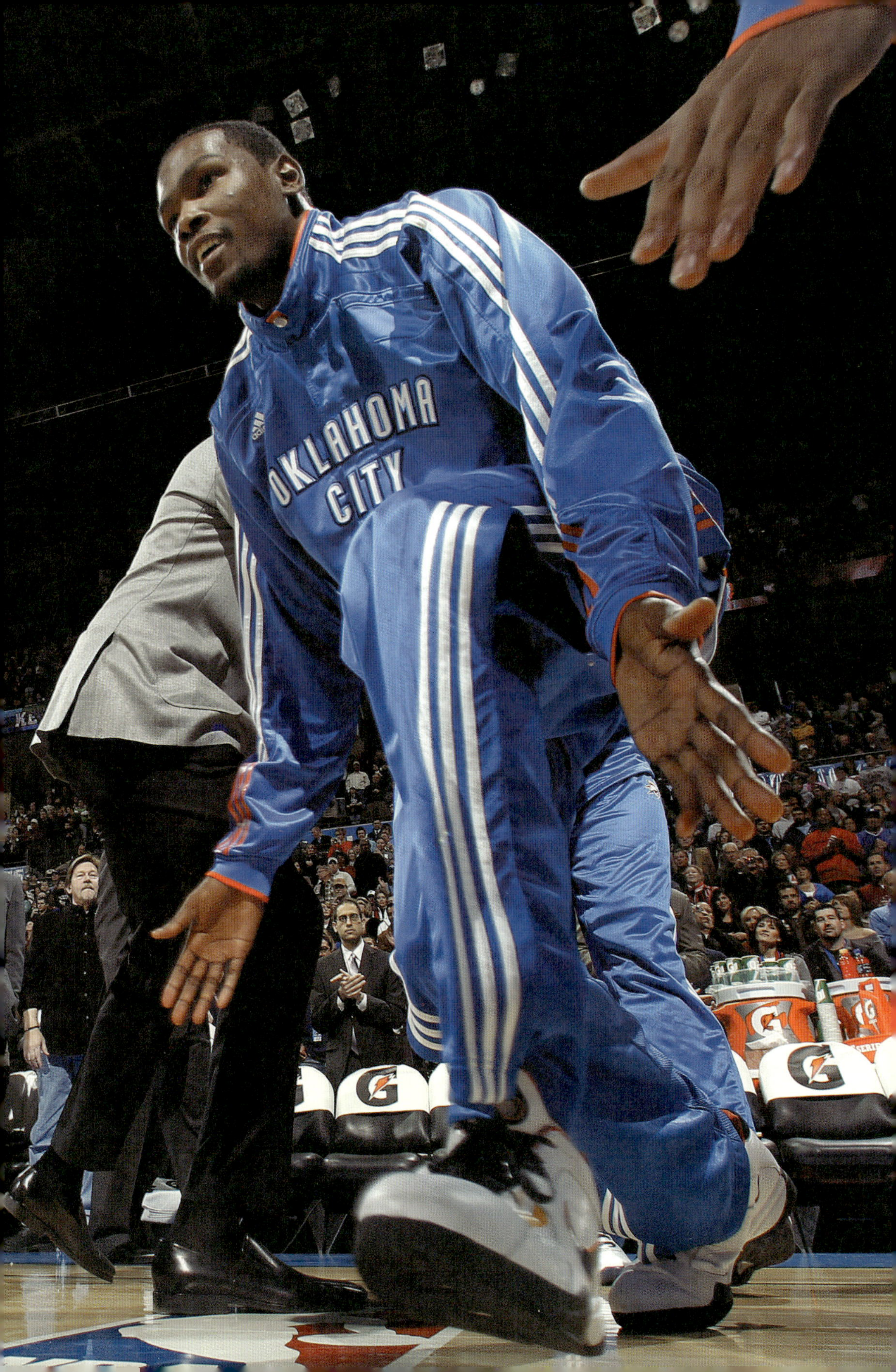
OKLAHOMA
CITY

新的教练

2008/2009

2008年的那个夏天，杜兰特在训练馆挥汗如雨的时候，球队除了搬到俄克拉荷马，改名叫雷霆，管理层还做了几个重要的抉择，普雷斯蒂在选秀大会上玩出了近十年来最漂亮的大手笔，雷霆队用4号签选择了来自UCLA（加利福尼亚大学洛杉矶分校）的控卫拉塞尔·威斯布鲁克，并且用24号签选择了来自刚果，效力于西班牙联赛的大前锋塞尔吉·伊巴卡。

所有人都没想到，这两位新秀将在日后的联盟中掀起多大的波澜，也不会想到，他们会和杜兰特一起，成为这支球队最核心的力量，而这支球队也迎来了新未来。

2008年8月中旬，杜兰特第二次入选美国国家队，但可惜的是，他在最后时刻（13进12）被梦八队裁掉，遗憾地无缘轰轰烈烈的北京奥运会。不过这次挫折只是他FIBA（国际篮球联合会）征战史上的一个小插曲，日后人们会明白，他将是世界篮球的翘楚。

2008年9月3日，雷霆组建完成，除了杜兰特、格林和尼克·科里森曾效力于超音速之外，其他球员均是新加盟雷霆队。这个二年级生，居然成了球队的开国功臣。然而雷霆建队后的第一场比赛就遭遇败绩，10月9日的一场无关紧要的季前赛，也是杜兰特代表雷霆参加的第一场比赛，他们以82比88输给森林狼，无缘开门红。

噩梦一般的开局就这么开始了，雷霆队史第一场常规赛，在主场以87比98负于雄鹿，杜兰特14投5中仅得12分。在接下来的比赛中，虽然杜兰特20投11中砍下26分，但雷霆仍以77比89不敌拥有姚明的火箭。11月3日，杜兰特砍下18分助雷霆主场88比85战胜森林狼，获得了队史上第一场胜利。但此后雷霆遭遇了漫长的14连败。

11月21日，悲剧的新生雷霆迎来了首次全美直播，这是一个万众瞩目的大日子，但他们并没有给球迷带来惊喜，在全美直播中以80比105惨败给黄蜂。

雷霆新赛季开局战绩仅为1胜12负，这是所有新生力量必须经历的阵痛，也是杜兰特必须蹚过的湍流险滩。杜兰特必须做出改变，球队也必须做出改变。14连败之后，当他们准备乘坐飞机奔赴客场比赛的时候，助教斯科特·布鲁克斯正要登上飞机，普雷斯蒂叫住了他："斯科特，卡列西莫不会指挥本场比赛了，你要做好准备。"

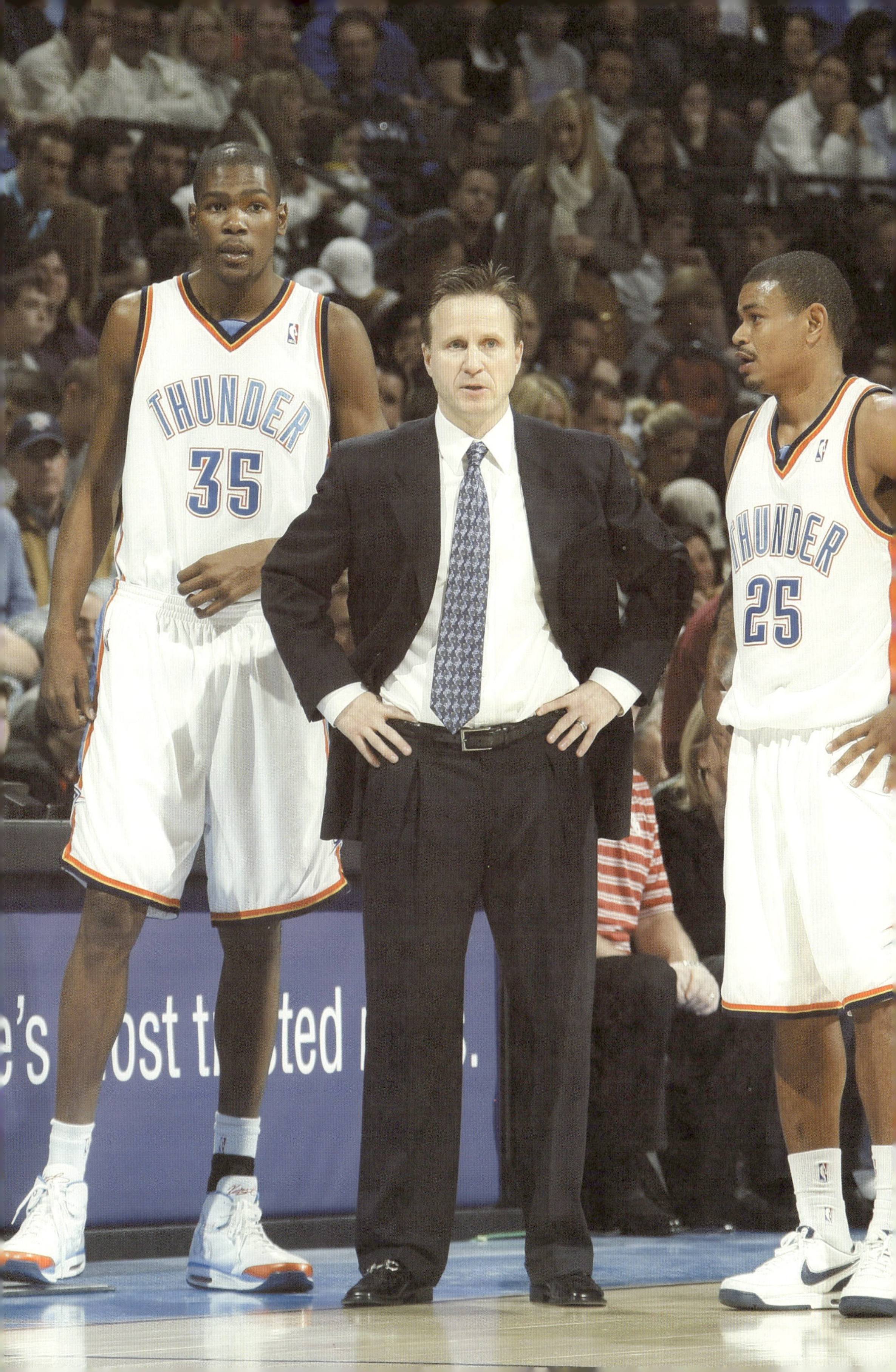
THUNDER
35
THUNDER
25

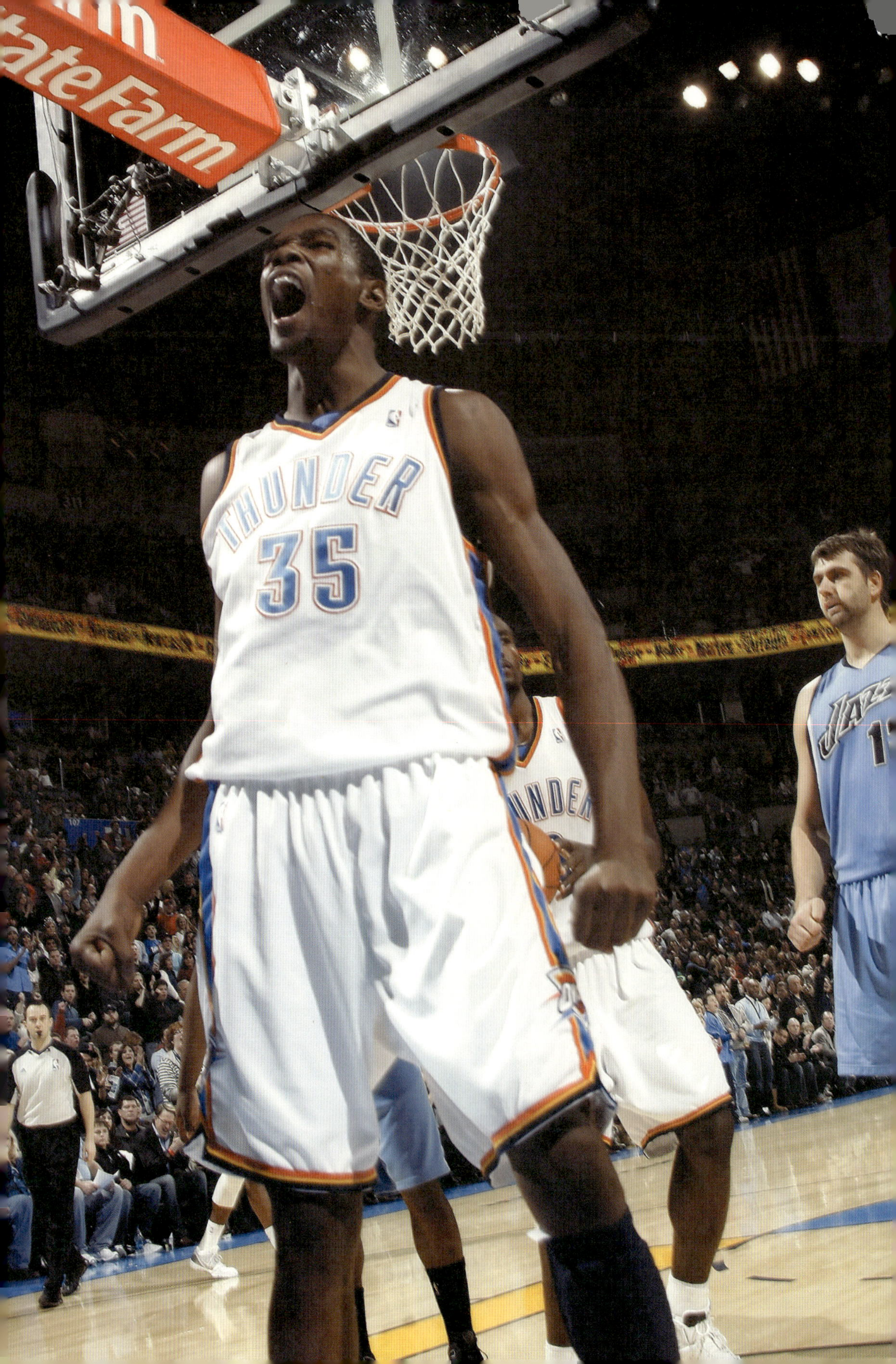
tateFarm
THUNDER
35

第七章 / 愈挫愈强

这是一个仓促而大胆的决定，主教练 P.J. 卡列西莫被解雇，斯科特·布鲁克斯临危受命，代理雷霆主教练，但沧海横流，方显英雄本色，布鲁克斯迅速从震惊中调整过来，这不仅是杜兰特的舞台，也是他的舞台。这个看起来文质彬彬、满脸书卷气的年轻助教，从此拿起了主教练的权杖，开始一展他和雷霆以及杜兰特共同的抱负。

布鲁克斯上任后的第一场比赛便做出重大改变，他让威尔金斯作为首发得分后卫，杜兰特改打小前锋。这一改变从根本上解放了杜兰特，使其不必在二号位上艰难地挣扎，每晚纠结于和小个子球员的缠斗，而他的身高臂展以及出类拔萃的运动能力，使得他在三号位上拥有无与伦比的优势，成为雷霆最凶猛的攻击火力，联盟几乎没有一个小前锋能够干扰到他的投篮，这便是"凯文福音"的开始。

布鲁克斯首次执教的那个夜晚，雷霆虽然再次不敌黄蜂，但整个球队看起来焕然一新，大家都表现出了前所未有的斗志和决心，精神面貌焕然一新。杜兰特 16 投 11 中砍下 30 分，他像甩掉了千斤重担一般轻松惬意。

2008 年 11 月末，拉塞尔·威斯布鲁克第一次作为首发控卫出场，这也是值得被雷霆历史铭记的一个晚上。这个出身 UCLA 名门的家伙像一头野蛮的公牛一般出现在球场上，横冲直撞，不可阻挡，表现极为抢眼。他和杜兰特同时站在场上的时候，人们已经开始联想这支球队的未来，这或许才是雷神真正的帮手。而杜兰特 16 投 8 中狂砍 30 分，雷霆以 111 比 103 战胜灰熊，成功结束 14 连败。不过这并不是真正的转折点，之后雷霆

依旧一胜难求。冬天即将过去，但人们依旧没有听到雷声，杜兰特和他的雷霆依旧在寂寞地蛰伏。

12月30日，雷霆输给太阳后，战绩仅为3胜29负，以创下NBA历史上同期最差战绩的方式结束了2008年。就当大家纷纷看好雷霆队刷新9胜73负的史上最差战绩时，他们却忘记了否极泰来这档子事，连败只不过是布鲁克斯和杜威组合磨合期的阵痛，他们在这个阶段查漏补缺，打磨出一整套适合他们的战术体系，将杜兰特的个人能力最大化。成功总是在蛰伏之后，挫折和失败不是绊脚石，而是升级的经验值，这也是杜兰特篮球生涯的不变准则。新的一年，杜兰特和这支球队已经悄然蜕变，准备一鸣惊人、一飞冲天。

2009年1月1日，新年新气象，杜兰特18投9中砍下25分，带领雷霆107比100力挫勇士结束连败，他们开始了一段截然不同的旅程。1月17日，继两天前114比93大胜爵士后，杜兰特以21投14中砍下32分的精彩表现帮助雷霆以89比79战胜活塞，雷霆队历史上第一次取得连胜。

2009年1月22日，雷霆与勇士展开苦战，两队在终场前杀得难解难分，最终杜兰特得到27分，威斯布鲁克轰下30分，而杰夫·格林终场前1秒压哨绝杀，雷霆以122比121战胜勇士取得了赛季第9胜，确保不会再遭历史最差战绩，同时，杜兰特、威斯布鲁克、格林的"雷霆三少"格局也出现雏形。

2008/2009赛季全明星赛前，杜兰特以场均24.8分在得分榜上高居联盟第六，但受到球队战绩影响，最终没有被选入全明星正赛。但他在当年的全明星新秀挑战赛上大放异彩，狂砍46分，率领二年级队逆转一年级队，毫无争议地荣膺MVP。46分的壮举也打破了2004年斯塔德迈尔创下的36分的新秀赛得分纪录。

全明星周末还发生了另一件有趣的事情，NBA官方举办第一届全明星HORSE大赛。HORSE是美国一种极为流行的投篮游戏，规则简单，如果一名参赛者要在HORSE的比赛中做出一个投篮动作并投进球，接下来的参赛者要在

第 七 章 / 愈 挫 愈 强

同样的地点投进，否则就要拿到 HORSE 五个字母中的一个。一名参赛者的淘汰倒计时从他得到"H"时开始，至集齐五个字母时结束。

不过那年的规则略有改动，参赛者们收集的字母是 GEICO——这是比赛赞助商的名字。这种投篮把戏对杜兰特来说，简直就是搔到了痒处，神乎其神的投篮技术让他占尽了上风。事实上，这场比赛中杜兰特才是第一个拿到字母的，但他却笑到了最后。而鹰队的乔·约翰逊，则是第一个被淘汰出局的。杜兰特最终战胜了 O.J. 梅奥和乔·约翰逊，夺得了全明星历史上第一个 HORSE 大赛冠军。这虽然是个无关紧要的小玩意儿，但杜兰特却在仅有的两届 HORSE 大赛中蝉联冠军，堪称天生的投篮手。

全明星之后，雷霆遭遇了一场艰苦的硬仗，杜兰特率队客场挑战黄蜂，他要面对贵为当世第一控卫的克里斯·保罗。杜兰特 27 投 16 中砍下职业生涯最高的 47 分，可惜雷霆终场前 2.7 秒被克里斯·保罗绝杀，以 98 比 100 遗憾告负。杜兰特也见识了这位同时代最强硬的小个子身上与众不同的领袖气质。

2008/2009 赛季很快在喧嚣和繁华中过去，最终漫天飞舞的是黄绿大战时飞舞的紫金和深绿。杜兰特望着总决赛舞台上的联盟第一人若有所思，这还不是他的时代，老一代的英雄们依旧壮心不已，牢牢把持着联盟的权杖和宝座，而杜兰特有的是时间。这一年，他和他的雷霆低开高走，他找到了适合自己的位置，领会教练的意图，从低谷挣扎出来看到了云天；这一年，他遇到了球场上最亲密的挚友和兄弟，他拥有了一个坚强的后盾和臂助；这一年，他还品尝到了伤病的滋味，他在对阵小牛的比赛中扭伤脚踝，缺战了接下来的八场比赛，这是他职业生涯中最严重的一次伤病，也是缺阵时间最长的一次，天佑俄克拉荷马。

在这个赛季最后一场常规赛中，雷霆以 126 比 85 大胜快船，杜兰特 15 投 8 中轻松砍下 26 分。同时斯科特·布鲁克斯经历一个赛季的试用后正式成为雷霆的主教练。雷霆队以 23 胜 59 负，西部排名第 12 的战绩结束了 2008/2009 赛季。虽然战绩惨淡，但雷霆队 3 胜 29 负之后打出了 20 胜 30 负的战绩，已经预示情况有所不同。人们似乎已经看到了地平线的闪光，天边隆隆的轻雷暗滚。

这并不能算是一个成功的赛季，但他们似乎打破了扣在头上的盖子，让人看到了满眼的希望。赛季结束时，杜兰特在进步最快球员投票中排名第三，前两位分别是丹尼·格兰杰和德文·哈里斯。

疯狂的起点

雷霆的弱点在于内线，他们并没有一个强力的内线防守大闸，也没有一个能够给杜兰特做出合格掩护的大个子，尽管科里森兢兢业业，上扑下挡死死捍卫着禁区，但他的天赋和技巧实在不足以成为杜兰特背后的那座山。

其实在2008/2009赛季，雷霆曾经有过得到泰森·钱德勒的机会。他们在一笔交易中获得泰森·钱德勒，但由于钱德勒体检未通过，雷霆取消了对他的交易。而这位伤病缠身的流浪中锋，在一年后成了小牛夺冠的功臣，并且荣获2012年最佳防守球员。他们就是这般和钱德勒擦肩而过。

但失之东隅、收之桑榆，与钱德勒失之交臂，却迎来了一位更为年轻、更为健康的刚果巨人。2009年7月6日，雷霆于2008年第24顺位被选中，当时在西班牙联赛效力的伊巴卡签约。赛尔吉·伊巴卡正式来到俄克拉荷马能源中心报到，从此之后，雷霆才拥有了真正的内线良将。而在6月26日的选秀大会上，手握3号签的雷霆选中了詹姆斯·哈登。普雷斯蒂像一个赌场上的老千，瞬间集齐了杜兰特、哈登、威斯布鲁克和伊巴卡这些日后威名赫赫的花牌，雷霆重建的主力架构基本构建完毕，而西部的新老豪强们，还没有嗅到危险的气息。

2009年6月26日，美国国家队公布了夏天集训的名单，这是杜兰特第三次入选国家队。此次集训的主要目的是考察新球员，以便为2010年世锦赛和2012年奥运会做准备。由于杜兰特在国家队集训期间表现极为出色，受到主教练赏识，再加上科比、詹姆斯等球星不参加2010年世锦赛，杜兰特已经铁定入围梦九队，参加2010年土耳其世锦赛，并很有可能成为球队的领军人物。

9月初，杜兰特首次踏上中国领土，造访香港出席一个商业活动，与球迷们亲切互动。

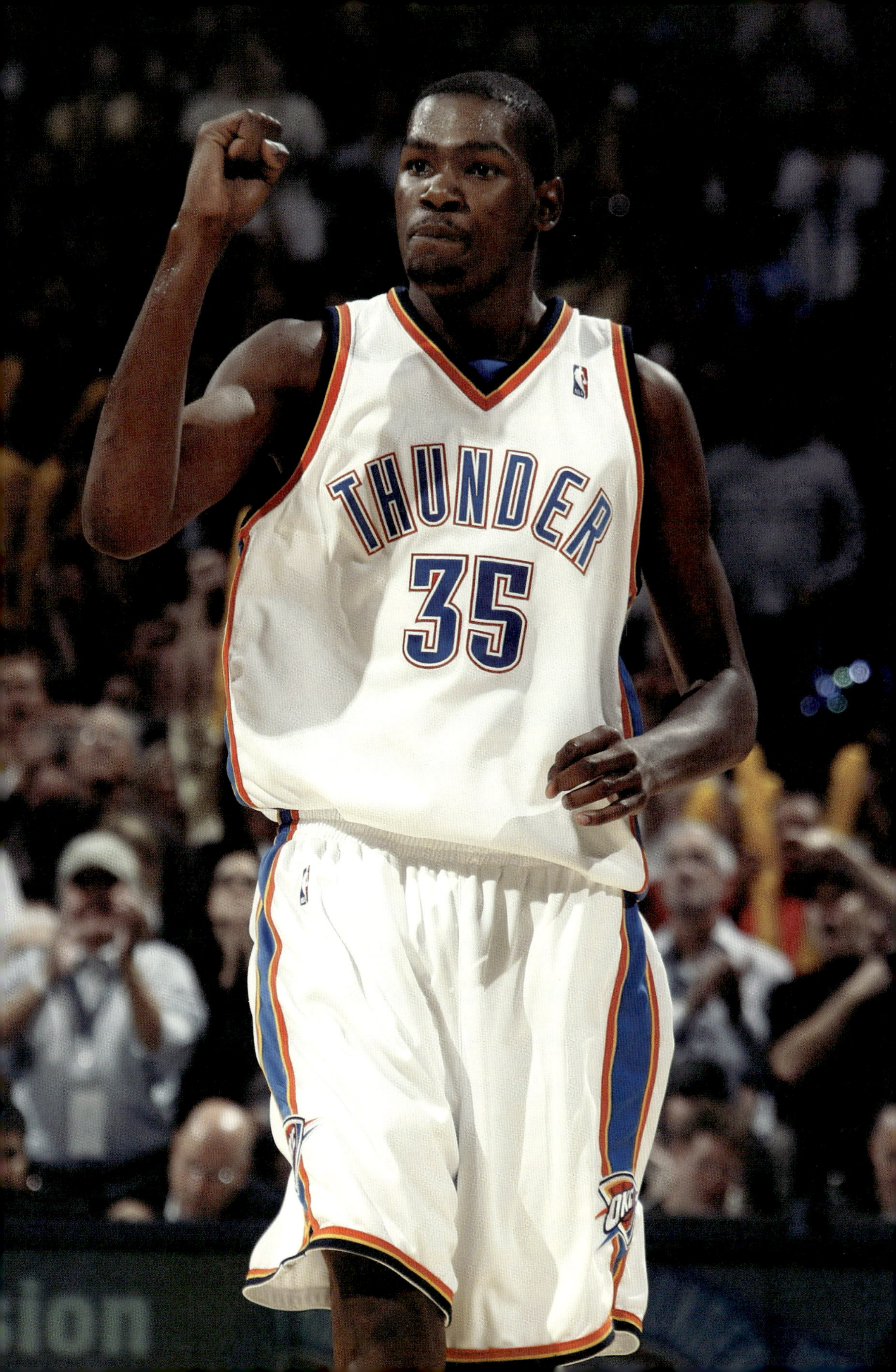
THUNDER
35

极杜年华

中国球迷第一次近距离接触了这位冉冉升起的联盟新星，从此这位谦虚低调、平易近人的大男孩便在许多中国球迷心中扎下了根，因为他是如此的与众不同。

然而在赛季开始的时候，杜兰特再一次遭到了 NBA 专家的质疑，这一回专家通过杜兰特在场上贡献值为负数说明杜兰特在"谋杀球队"。一向谦逊的杜兰特却一反常态，对这番指责做出了空前强硬的回应，他公开声称："我会一如既往，不会改变自己。"（事实上杜兰特用行动做出了完美的回答，在 2009/2010 赛季以后，杜兰特对球队的贡献值和效率值一直高居联盟前列。）今天，任何一个体育评论员再也不会质疑他的进攻方式和领袖能力，因为这都不算什么，人们质疑过他瘦弱的身躯能否适应 NBA 的对抗，人们质疑过他的出手选择和第一个赛季的命中率，最终这些质疑一个接一个被击碎，烟消云散。他从小到大，都是顶着不屑和质疑一步一步走到今日的。

10 月 21 日，雷霆和马刺的季前赛在杜兰特的母校得克萨斯州大学的法兰克·欧文中心球馆进行，这是杜兰特进入 NBA 后首次重返母校的球场。杜兰特当天砍下 23 分 9 个篮板，表现不俗，但雷霆仍以 102 比 119 负于马刺。

赛季正式开始后，雷霆主场迎战国王，杜兰特砍下 25 分 11 个篮板，威斯布鲁克取得 14 分 13 次助攻，两人双双得到两双，格林和科斯蒂奇也均砍下 20+，双子星闪耀，三少爷逞威，雷霆最终以 102 比 89 大胜国王，取得开门红。接下来杜兰特 25 分助雷霆 91 比 83 战胜活塞，雷霆以两连胜开局。这时候大家都开始发现，事情有所不同了。

但是谁都没有想到，这只是疯狂的起点，2009 年 12 月 23 日，杜兰特在对阵湖人的比赛中 19 投 11 中砍下 30 分，

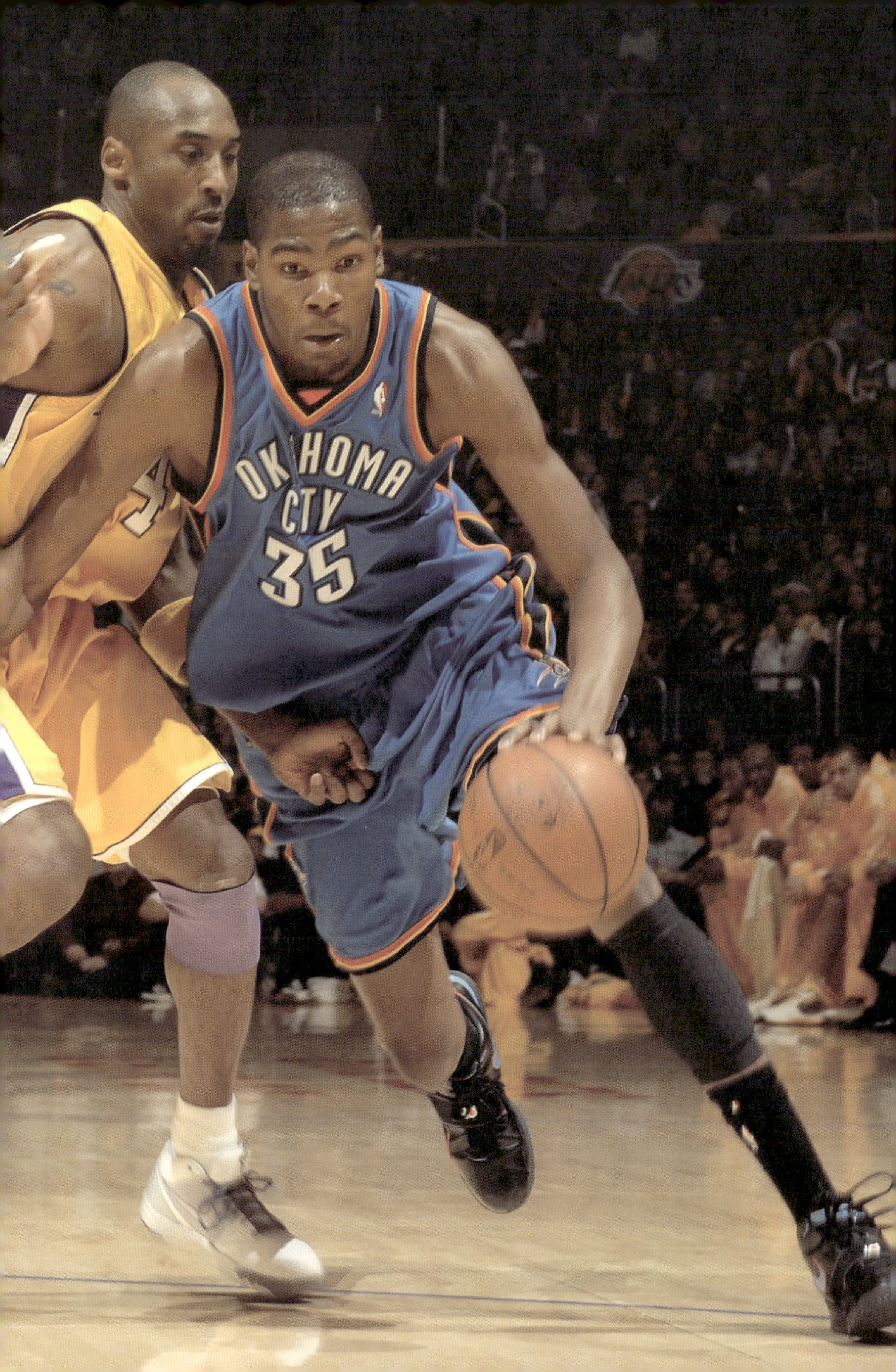
OKLAHOMA
CITY
35

开始了他连续 7 场 30+ 和连续 29 场 25+ 的疯狂表现。连续 7 场 30+ 创造了从超音速时代开始球队历史上的连续 30+ 纪录，而连续 29 场 25+ 的表现更是 NBA 联盟第二长的连续 25+ 纪录，仅次于乔丹的连续 40 场。但是别着急，奇迹还在后面。

12 月 25 日，杜兰特在 105 比 89 大胜篮网的比赛中拿下 40 分，赛季前 30 战共得到 845 分，成为继詹姆斯 (2005/2006 赛季、891 分) 和奥尼尔 (1993/1994 赛季、847 分) 之后，NBA 历史上第三位在 21 岁时能够在赛季前 30 场比赛中至少拿下 800 分的球员。2010 年 1 月 5 日，杜兰特职业生涯首次当选周最佳球员。这时候，雷霆已经不再是去年那个雷霆，而杜兰特也不再是那个文静低调的新秀了，他的目标不再是新生代的一流高手，而是那些金字塔顶端名垂青史的名字。

2010 年新年初，喜讯传来，杜兰特入选全明星替补，将首次亮相全明星正赛。在 1 月 30 日的比赛中，雷霆队以 101 比 84 战胜掘金，杜兰特发挥出色 19 投 12 中砍下 30 分，比赛中杜兰特跑掉了球鞋，但他奉献了一记惊世骇俗的"光脚盖帽"。雷霆从这场比赛开始，先后战胜勇士、老鹰、黄蜂、勇士、开拓者、小牛、尼克斯和森林狼，取得队史最长的 9 连胜。9 连胜过后，雷霆战绩一度高居西部第四。

2010 年的全明星新秀赛，已经三年级的杜兰特成为一年级队的教练，一年级队也战胜了二年级队。值得一提的是杜兰特的雷霆队友威斯布鲁克代表二年级队砍下 40 分，成为仅次于杜兰特 46 分的史上第二高新秀赛得分纪录，新秀赛史上第一第二高分，都是雷霆人。

而在全明星 HORSE 赛中，杜兰特战胜卡斯比和隆多，成功卫冕取得两连冠。由于此后全明星 HORSE 赛停办，杜兰特也成为全明星 HORSE 赛历史上第一位，也是最后一位，还是唯一一位冠军。杜兰特首次亮相全明星正赛，替补出场砍下了 15 分。

2010 年 2 月 21 日，雷霆客场挑战尼克斯，这是杜兰特又一次面对自己儿时的偶像——特雷西·麦克格雷迪，此时的 T-MAC 已经不复当年之勇，开始步入职业生涯的余晖，他浑圆的体形和被伤病折磨良久的腰背已经不足以支持他那飘逸迅捷的动作。最终雷霆依靠杜兰特的三分将比赛拖进加时，并在加时中以 121 比 118 取胜。杜兰特发挥出色砍下 36 分，麦迪同样表现抢眼砍下 26 分。这场比赛被视为麦迪和杜兰特之间的一次传承。两位修长飘逸的超级得分手，在落日和朝阳之间，互相致敬，交接了权杖。

2010 年 4 月 5 日，杜兰特 22 投 13 中狂砍 40 分，帮助雷霆以 116 比 108 战胜森林狼，雷霆取得本场胜利后获得西部最后一个季后赛席位，重建第三年就杀入季后赛。杜兰特

第 七 章 / 愈 挫 愈 强

KEVIN DURANT

凭借出色的发挥当选了 2010 年 4 月的"月最佳球员",这是他职业生涯首次获得"月最佳"。

2009/2010 赛季常规赛收官,雷霆击败灰熊,从而以 50 胜 32 负,西部第八的战绩杀入季后赛。杜兰特此战砍下 31 分,以场均 30.1 分成为 2009/2010 赛季的得分王。而杜兰特 21 岁 197 天的年龄更使其成为史上最年轻的得分王。

杜兰特职业生涯的第一场季后赛,便要面对如日中天的科比和上届冠军湖人,第一战杜兰特发挥平平,24 投仅 7 中,雷霆队以 79 比 87 不敌湖人。

季后赛首轮第二场,杜兰特砍下 32 分,但关键时刻出现失误,使雷霆 92 比 95 再次负于湖人,总比分 0 比 2 落后。季后赛首轮第三场,杜兰特砍下 29 分率领雷霆队以 101 比 96 战胜湖人,取得了雷霆队历史上第一场季后赛的胜利。此后双方各自赢下主场,比赛被拖入第六场。季后赛首轮第六场,杜兰特发挥欠佳,坐镇主场的雷霆队终场前 1 秒被绝杀,以 94 比 95 负于湖人,总比分 2 比 4 被淘汰。

杜兰特的第一次季后赛之旅以输给当年冠军结束。这是一件光荣的事情,毕竟,那是科比最后的黄金时代。

无论对杜兰特还是雷霆队来说,这都是一个轰轰烈烈的赛季,赛季结束后,杜兰特在进步最快球员的投票中名列第二,进步最快球员被火箭队的阿隆·布鲁克斯获得。

2010 年 5 月 6 日,NBA 最佳阵容公布,杜兰特以史上最年轻得分王的表现首次入选了第一阵容。杜兰特在 2009/2010 赛季 MVP 的投票中名列第二,仅次于勒布朗·詹姆斯,从此在 MVP 奖项上和这位联盟第一人开始了旷日持久的争夺。

6 月,杜兰特第一次来到中国内地,在一周的时间里造访了北京、成都和上海。他离中国球迷更近了。

FIBA 大魔王

2010/2011

2010年休赛期杜兰特与雷霆队提前续约，签下了一份五年8600万美元的大合同，从2011年开始执行，直到2016年夏天。为表示对球队的感激，杜兰特主动放弃了2015年的球员选项，这意味着只要雷霆不将其交易，杜兰特至少会为雷霆效力到2016年。

7月16日，杜兰特和队友格林、威斯布鲁克入选美国国家队（梦九队）。由于曾经参加2008年北京奥运会的"梦八队"大牌球星均缺席，杜兰特成为"梦九队"的头号球星，将率队征战2010年土耳其世锦赛。FIBA赛场即将迎来一位史上罕见的得分大魔王。

"梦九队"在面对小组赛第一个对手克罗地亚时尚属轻松惬意，杜兰特举重若轻砍下17分，梦九队以28分的分差大胜克罗地亚。但他们遇到南美劲旅巴西队的时候，却被逼得捉襟见肘、险象环生，"梦九队"发挥失常，一度被巴西的团队进攻和内线高度所压制，上半场落后，最终依靠杜兰特27分10个篮板的高效表现才以70比68两分险胜。

这是美国队本届世锦赛上最为惊险的一场比赛。这番硬仗过后，美国队脱胎换骨，迎来三连胜，全部轻取对手，锁定小组第一。

在土耳其世锦赛1/8决赛中，杜兰特砍下17分，美国队以121比66的悬殊分差狂扫安哥拉，55分也是本届世锦赛的最大分差。土耳其世锦赛1/4决赛，杜兰特砍下33分，率领美国队以89比79战胜俄罗斯队，顺利挺进四强。

杜兰特从这场开始发力，连续三场高分助球队获胜，成为美国队夺冠的首席功臣。他的身体天赋和技术特点使他成为FIBA赛场上绝无仅有的奇才怪杰，他拥有中锋的身高和后卫般的控球、投篮技巧以及超出常人的敏捷度。迅捷高效的进攻方式，使得对手对他防不胜防。

土耳其世锦赛半决赛，杜兰特发挥出色，砍下38分，率领美国队大胜立陶宛，时隔16年再度闯进世锦赛决赛。而杜兰特的38分也打破了2006年世锦赛上安东尼创造的35分的纪录，成为美国队在世锦赛历史上的单场最高得分。

土耳其世锦赛决赛，杜兰特得到28分，率领美国队战胜土耳其队，16年后重夺世锦赛冠军。杜兰特以优异的表现当之无愧地获得了世锦赛MVP。美国队也因世锦赛冠军

第七章 / 愈挫愈强

直接获得2012年伦敦奥运会的参赛资格。杜兰特凭借世锦赛几乎完美的表现锁定了两年后伦敦奥运会的参赛名额。

NBA新赛季开赛后，杜兰特凭借世锦赛上带领美国队时隔16年重夺冠军的完美表现获得了"2010年美国年度最佳运动员"的称号。

2010年12月26日，雷霆首次登上圣诞大战的舞台，杜兰特打出惊人的20投14中，狂砍赛季最高的44分，仅前三节就砍下40分，率领雷霆以114比106逆转掘金。

12月底，NBA公布了全明星投票第二轮计票结果，杜兰特高居前锋位置榜首，将极有可能职业生涯第一次作为首发参加全明星正赛。2011年1月初，杜兰特凭借着12月份场均29.4分的联盟最高分以及51.7%的命中率当选了2010年12月的"月最佳球员"，这是杜兰特职业生涯第二次获得这一荣誉。

2011年1月底，在雷霆对阵尼克斯的比赛中，杜兰特在最后时刻三分绝杀，率领雷霆101比98战胜尼克斯。这是杜兰特职业生涯的第二次绝杀。而在雷霆118比117险胜森林狼的比赛中，杜兰特打出47+18的大号两双。47分平了杜兰特职业生涯最高分，而18个篮板更是创下职业生涯的最高篮板数。

然而就在全明星赛前夕，杜兰特发出一条惊天动地的微博，声称"要喝斯嘉丽·约翰逊的洗澡水"，这句名言被媒体和球迷疯狂转载和评论，直到今日球迷们还在津津乐道"洗澡水"的香艳典故。其实这并不是杜兰特真的要喝洗澡水，只是美国俚语中表达喜欢的方式。其真实意思是"斯嘉丽·约翰逊，我是你最痴迷最狂热的粉丝"。

2011年全明星票选，杜兰特在西部小前锋中高居榜首，首次以首发的身份入选全明星正赛。杜兰特兴奋地表示自己的梦想终于实现，并感谢了球迷的投票。除了将首发参加全明星正赛以外，杜兰特还将参加全明星的三分大赛。在全明星三分大赛中杜兰特发挥严重失常，仅得6分，在所有参赛选手中垫底出局，还险些打破乔丹5分的最低纪录。

但杜兰特毕竟是杜兰特，HROSE大赛停办了，他居然又找到了新的乐子，NBA全明星周末找来了《吉尼斯世界纪录》的工作人员，试图让全明星们创造新的世界纪录。今年NBA想出的主意是"60秒内两人携手投入三分球数量的纪录"，游戏规则是，两人站在三分线外的固定点上投篮。其中一位投入三分球之后，另一位才允许出手，如此交替往复，计算60秒内两人总共投入三分球的数据。

皮尔斯和阿伦两位老哥们心有灵犀，两人携手竟然在60秒内投入了13个三分球！

《吉尼斯世界纪录》的工作人员立即为两人颁发了"世界纪录"的奖状，两人笑逐颜开，合力捧起奖状并合影留念。不料好事多磨，小牛球星德克·诺维茨基和雷霆新星凯文·杜兰特在场边看到了皮尔斯、阿伦获奖之后，表示相当不服。前两者立即登台，要求挑战刚刚创立的"世界纪录"。令人诧异的是，平常没有在一起合练过的诺维茨基和杜兰特竟然在60秒内携手投入了15个三分球！这样一来，皮尔斯和阿伦刚刚到手的奖状，90秒之后就不翼而飞，来到了诺维茨基和杜兰特的手中。杜兰特和诺维茨基相视一笑，英雄惜英雄，可他们却没有想到，两位老少得分大杀器会在西部决赛中兵戎相见。

2011年全明星正赛，杜兰特发挥出色，砍下34分，并在最后时刻连续砍分，助西部以148比143取得胜利。但全明星MVP授予坐镇主场并砍下37分的科比。

雷霆队在3月取得了14胜2负的佳绩，并先后取得三连胜、六连胜、五连胜。雷霆也依靠3月的疯狂表现杀进西部前四，并一举锁定季后赛席位。2011年3月17日，雷霆客场挑战热火，杜兰特全场贡献29分7个篮板6次助攻，率领雷霆以96比85战胜热火，在职业生涯对阵詹姆斯六连败之后终于第一次取得对阵詹姆斯的胜利。

杜兰特携手詹姆斯当选2011年4月东西部最佳球员，这是杜兰特职业生涯第三次当选"月最佳球员"。最终杜兰特率领雷霆，以55胜27负，西部第四，西北赛区冠军的成绩第二次进入季后赛，并获得了季后赛首轮的主场优势。杜兰特也以场均27.7分卫冕得分王。

2011年4月21日，杜兰特以其非凡的场上能力以及对待媒体谦虚低调的态度被评选为"最具媒体口碑的球员"，被授予"魔术师"约翰逊奖。

2010/2011赛季的季后赛是个神奇的过程，马刺遭遇黑八，湖人在辉煌过后，瞬间坍塌在小牛的三分雨下，而从不被看好的小牛，却靠着诺天王最后的巅峰狂舞和一干老将的壮怀激烈，接连完成不可能的任务，让专家和评论员们惊掉了眼镜。

杜兰特率领雷霆大比分4比1击败掘金，晋级第二轮。这是雷霆队历史上取得的第一个系列赛胜利，第一次进入季后赛第二轮。

而西部半决赛，他们面对刚刚完成黑八奇迹的孟菲斯灰熊，这是一支坚韧顽强、内线优势明显、防守极其强悍的球队。灰熊防不住杜兰特和威少的外线进攻，但雷霆也无力阻止灰熊内线的疯狂肆虐。整个系列赛比分犬牙交错，过程惊心动魄。

第一场比赛，坐镇主场的雷霆没能抵挡住灰熊的内线攻势，虽然杜兰特砍下33分，

但雷霆仍以 101 比 114 不敌灰熊，系列赛 0 比 1 落后，并丢掉了主场优势。西部半决赛第二场，雷霆以 111 比 102 战胜灰熊，将总比分扳为 1 比 1 平。

随后的第三场在灰熊主场，雷霆再次以 93 比 101 负于灰熊，总比分 1 比 2 落后。西部半决赛第四场，是这个系列赛拼杀得最惨烈的一场，此前 1 比 2 落后的雷霆客场作战，全场受到压制，在落后的情况下由杜兰特和威斯布鲁克先后三次将比赛拖入加时。最终在第三个加时中，雷霆一鼓作气，以 133 比 123 赢下灰熊，将总比分扳为 2 比 2 平，并重新夺回主场优势。

此后双方各自赢下主场，比赛被拖入抢七。生死之战中，杜兰特发挥出色，25 投 13 中砍下 39 分，率领雷霆以 105 比 90 战胜灰熊，从而以 4 比 3 淘汰灰熊，历史性地挺近西部决赛。

西部决赛中，杜兰特碰上了 NBA 历史上伟大的个人秀之一——德克·诺维茨基狂飙巨浪一般的个人进攻，以及史上最强大的小牛队，这群老男孩的决心无可阻挡。杜兰特和他的雷霆尽管在很多情况下处在优势地位，但杀神附体的德克总能神奇地在比赛的最后时刻抹平比分，包括那场季后赛单场 48 分的狂飙，金鸡独立后仰跳投成了雷霆所有防守者的噩梦。

4 比 1，小牛进军总决赛，第二次杀入季后赛的雷霆，最终成为小牛那段"老兵传奇"的注脚。而小牛则再接再厉，在总决赛中战胜热火，最终夺冠。虽然杜兰特和雷霆队没能再前进一步，但雷霆队重建仅四年，第二次季后赛就打进西部决赛已经创造了历史。

NBA 公布了 2010/2011 赛季的最佳阵容，杜兰特凭借出色的表现再次入选第一阵容，这是他连续两年进入第一阵容。

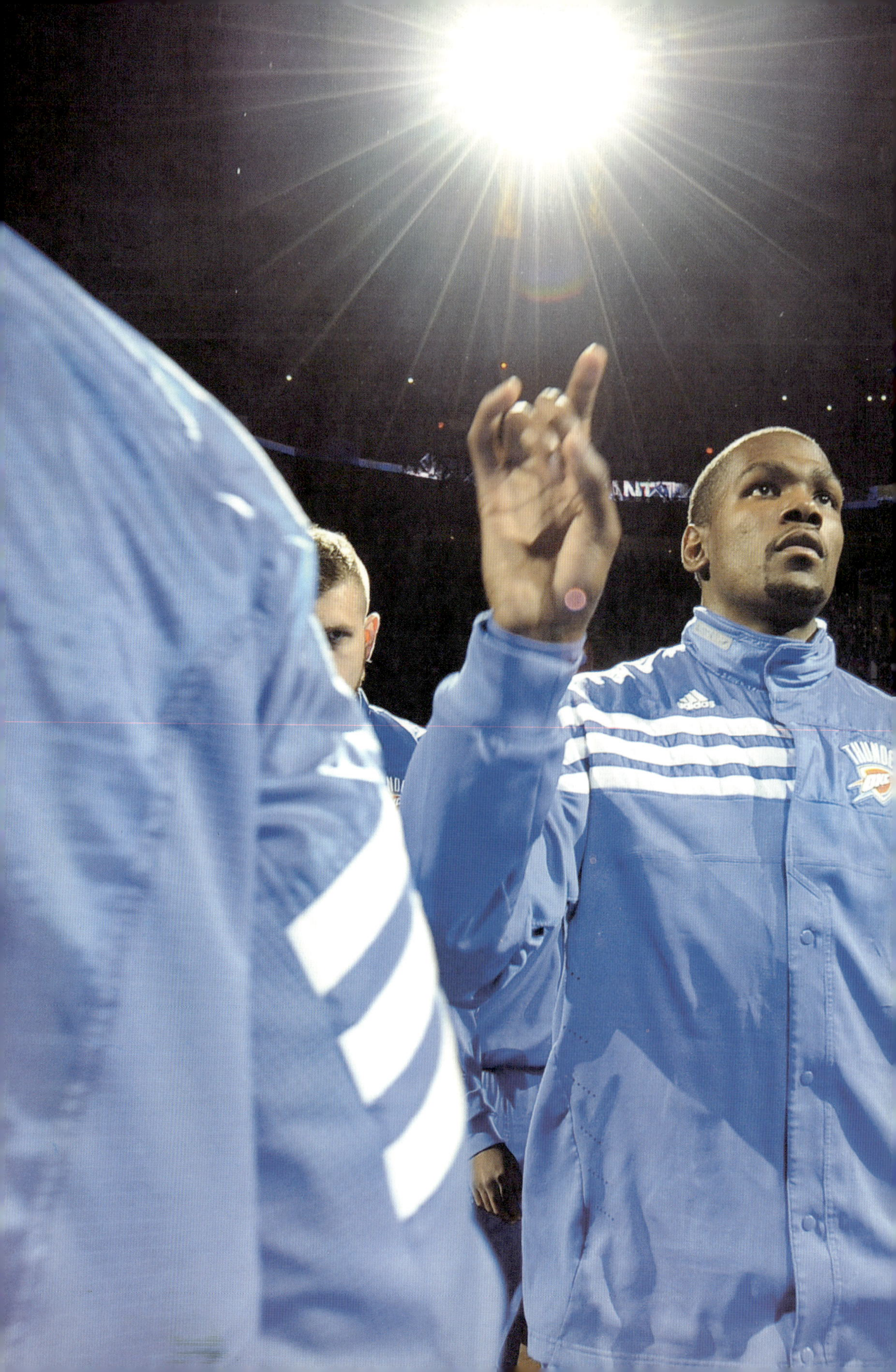
adidas

第八章
不甘人后

凯文·杜兰特正传

01 缩水赛季

2011/2012

2011年夏天，由于旧的劳资协议到期，劳资双方的谈判存在巨大分歧，没有达成协议，NBA正式陷入停摆。8月，这是杜兰特第二次来到中国，在一周的时间内先后造访了广州、武汉和天津三座城市。

由于雷霆打进西部决赛，这让更多的人认识并喜欢上杜兰特，杜兰特在中国受到了热烈的欢迎。尤其是在武汉，还和刚刚获得亚洲第一个大满贯的李娜同台竞技。

在这个漫长的休赛季中，杜兰特除了继续保持刻苦的训练，也过了一把好莱坞艺人的瘾，他高调进军影视圈，与华纳兄弟公司签约，将为华纳兄弟公司拍摄一部篮球励志题材的电影——《雷霆万钧》。

除了拍电影，精力旺盛的年轻巨星还兴致勃勃地回到了街球场，重温当年的岁月。杜兰特携手詹姆斯、保罗、安东尼等球星参加了一场有着"SF圣战"之称的慈善赛，最终杜兰特率领的古德曼联盟以141比149不敌詹姆斯、安东尼和保罗率领的梅洛联盟，但杜兰特手感极佳，独砍59分闪耀全场。

上赛季雷霆在西部决赛中不敌小牛让威斯布鲁克饱受质疑，而他与杜兰特不和的传闻也被媒体炒得火热。但杜兰特在接受采访时明确表示自己和威斯布鲁克非常适合，不存在任何问题。"我们都是非常好胜的球员，特别是我和他，我们每天都在享受训练的过程，我们都希望让对方变得更好。我们有时会出现分歧，而这是所有优秀球队的优秀球员会碰到的事情。"

2011年11月26日，劳资双方在经过长达15小时的谈判后终于宣布达成协议，结束了持续时间达149天的漫长停摆。假如一切顺利，新赛季将会在美国时间12月25日正式拉开帷幕。在推迟了两个月后NBA终于重新开赛，2011/2012赛季不得不成为又一个缩水赛季，仅有66场常规赛。

雷霆的第一场常规赛被安排在圣诞夜，与魔术展开又一个圣诞大战。杜兰特发挥出色，全场19投11中砍下30分，率领雷霆队以97比89战胜魔术，取得开门红。2011年的最后一场比赛，雷霆与上赛季将自己淘汰出局的小牛狭路相逢。直至终场前1.4秒，

第八章 / 不甘人后

雷霆仍以 101 比 102 落后，在最后 1.4 秒，杜兰特果断出手三分命中，绝杀小牛，这是杜兰特职业生涯中献出的第三次绝杀。本场比赛杜兰特砍下 30 分，开局连续 4 场砍下 30+ 的分数。常规赛第五场，杜兰特发挥不佳仅入账 12 分，但雷霆仍以 107 比 97 战胜太阳，取得了一个 5 战全胜的完美开局。4 月，杜兰特再度与詹姆斯分享了 2011 年 12 月最佳球员，这是杜兰特职业生涯第四次获得"月最佳球员"的荣誉。

2012 年 2 月 20 日，这场比赛是雷霆队历史上最激动人心的一场比赛。雷霆队经过加时以 124 比 118 战胜掘金，杜兰特狂砍 51 分，打破了保持三年之久的 47 分的得分纪录，职业生涯首次拿到 50+。此外威斯布鲁克也砍下 40 分，伊巴卡更是拿下三双。雷霆队三人在同一场比赛中砍下 50+、40+、三双的数据，创造了 NBA 前所未有的历史。

全明星票选中，杜兰特得票依然高居西部小前锋位置的第一名，蝉联全明星首发。队友威斯布鲁克也进入全明星替补阵容。全明星三分大赛中，上届比赛发挥失常垫底出局的杜兰特卷土重来，在预赛砍下 20 分，顺利进入决赛。

决赛中杜兰特和勒夫同为 16 分，两人进行加赛。加赛中勒夫 17 比 14 战胜杜兰特，杜兰特遗憾地与全明星三分赛冠军擦肩而过。全明星正赛上，杜兰特发挥出色狂砍 36 分 7 个篮板，率领西部以 152 比 149 战胜东部，杜兰特也因赛场上的精彩表现首次获得全明星 MVP 这一殊荣。

PLAYER
MOST VALUA
WEST
35
ALLSTAR
2012

OKLAHOM
CITY
35

35
DURANT

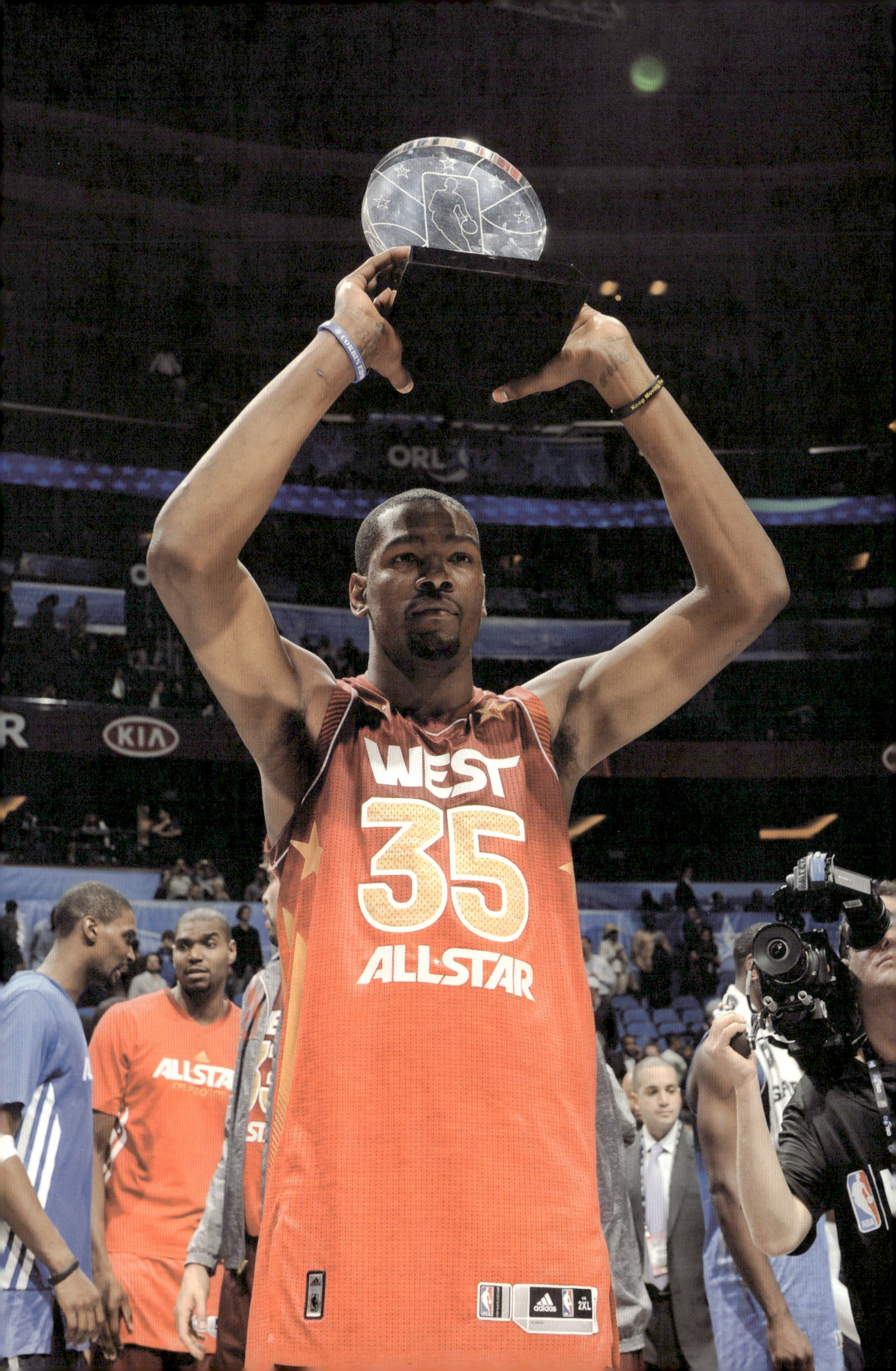
WEST
35
ALLSTAR
KIA
ALLSTAR

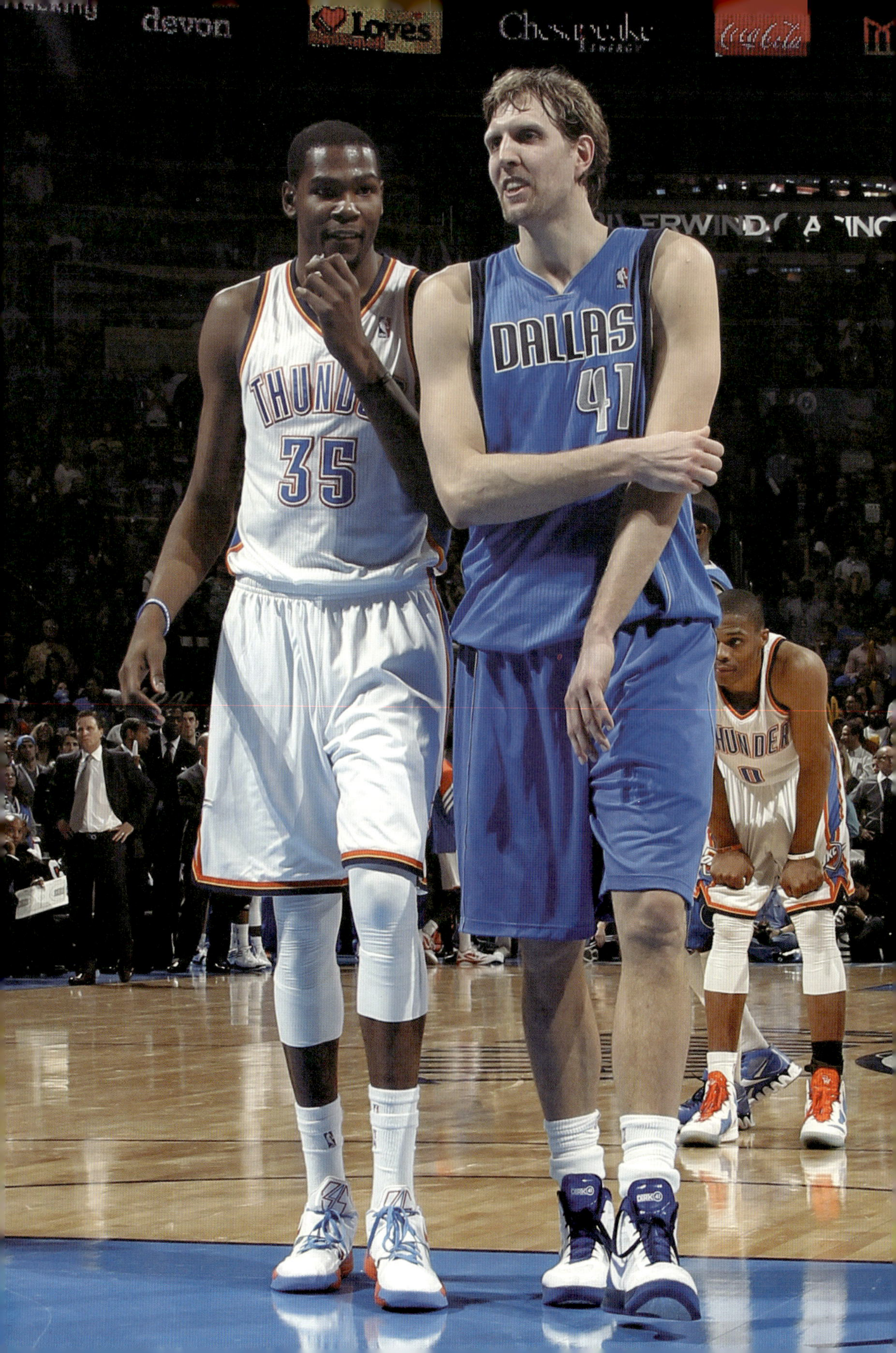
devon
Loves
DALLAS
41
35

第八章 / 不甘人后

2012年5月25日，NBA公布了2011/2012赛季的最佳阵容，杜兰特再次入选第一阵容，这是他连续三年入选常规赛最佳阵容的第一阵容。

3月，雷霆在10天之内两次与热火交手，被看作总决赛的预演，受到许多关注。3月26日在雷霆主场第一次交手，杜兰特发挥出色砍下28分，率领雷霆以96比85战胜热火。4月5日在热火主场第二次交手，虽然杜兰特仍然发挥出色砍下30分，但热火"三巨头"集体发威，以98比93战胜雷霆。双方在常规赛阶段1比1战平，事实上，这就是总决赛的预演。这一年，杜兰特在MVP评选中再次获得第二名，詹姆斯获得自己的第三个MVP。

常规赛最后一场，杜兰特23投12中砍下32分，率领雷霆战胜掘金，从而以49胜17负，西部第二的战绩连续第三年杀入季后赛。杜兰特凭借最后一场的32分力压科比和詹姆斯，再次蝉联得分王。杜兰特从2009/2010赛季开始已经连续三年拿下得分王。

季后赛首轮第一场，雷霆再次与小牛队和德克·诺维茨基狭路相逢。由于库班打散了冠军队伍的原班人马，而诺天王的健康状况也急剧下降，一年之内，胜负之势已然逆转。此时的雷霆队和杜兰特在西部根本无人可敌，年轻和天赋统治了一切。他们以4比0将上届冠军横扫出局。时隔仅仅一年，雷霆便完成了快意复仇，昂首挺进第二轮。接下来，他们又在第二轮中4比1淘汰了两年前的劲敌洛杉矶湖人，以季后赛8胜1负的战绩挺进西部决赛，面对西部第一的老师傅圣安东尼奥马刺队。此刻马刺先后横扫了爵士和快船，以8胜0负的更好战绩等待着年轻的雷霆。

西部决赛第一场，杜兰特砍下27分10个篮板的两双，雷霆与马刺激烈争夺到最后时刻，最终雷霆以98比101惜败，系列赛0比1落后。西部决赛第二场，尽管杜兰特17投10中砍下31分，但雷霆队还是未能适应马刺的防守，以111比120告负，系列赛0

比 2 落后，晋级形势不容乐观，全世界都在为马刺美妙的团队进攻叫好。但雷霆三少自此重燃斗志，用个人进攻和强硬的防守攻击马刺的软肋，完成了 4 比 2 的惊天大翻盘。

总决赛上，全世界终于可以有幸目睹杜兰特和詹姆斯的巅峰对决了，总决赛第一场，杜兰特以 20 投 12 中砍下 36 分的精彩表现率领雷霆队以 105 比 94 战胜热火，取得了总决赛的第一场胜利，总比分 1 比 0 领先。

第二场，虽然杜兰特 32 分的表现依然出众，但雷霆在主场 96 比 100 被热火逆转，总比分被扳为 1 比 1 平，丧失了总决赛的主场优势。第三场移师热火主场，雷霆以 85 比 91 告负，总比分 1 比 2 落后。

第四场，威斯布鲁克以惊人的发挥狂砍 43 分，杜兰特也有 28 分入账。但年轻的雷霆队在最后未能抵挡住热火的反扑，98 比 104 再次告负，总比分 1 比 3 落后。最后一战，虽然杜兰特砍下 32 分 11 个篮板的两双，但经验不足的雷霆队仍以 106 比 121 负于热火队，从而以总比分 1 比 4 输给热火，无缘总冠军。

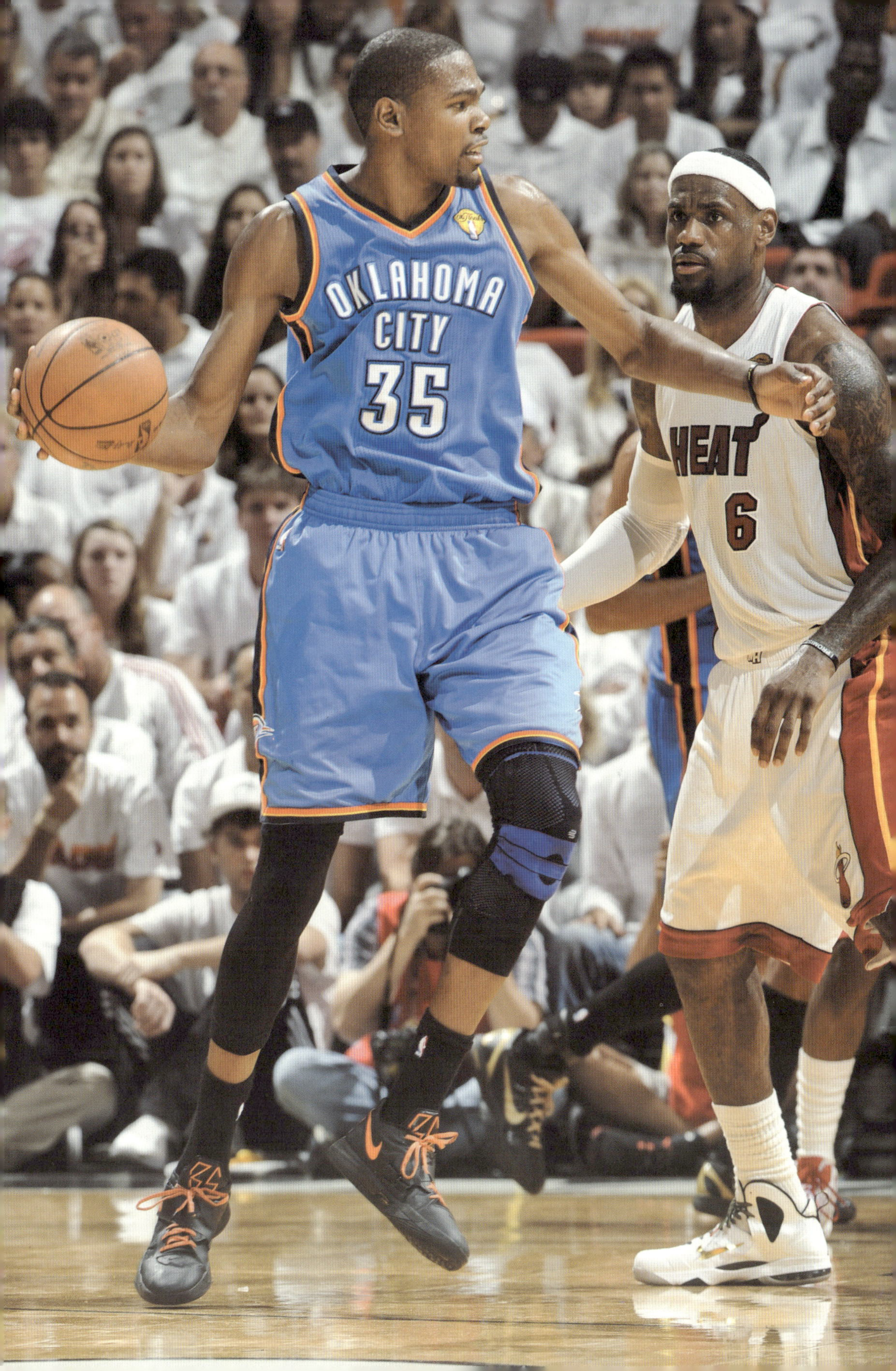
OKLAHOMA
CITY
35
HEAT
6

02 西部第一

2012/2013

2012年夏天，杜兰特和罗斯、格里芬一起登上了NBA 2K13的封面，这是他第一次登上顶级篮球杂志的封面，杜兰特坦言梦想成真，因为他从小就是个游戏迷，握住手柄就根本停不下来，但是技术一般，打输了游戏之后往往恼羞成怒，把手柄摔出窗外。

9月，美国国家队公布了最终的12人名单，杜兰特再次入选美国国家队（梦十队），队友威斯布鲁克和哈登也一同入选，代表美国国家队征战伦敦奥运会。杜兰特又开始了他在国际赛场的叱咤风云之旅。

小组赛第一场，美国队迎战首个对手法国队。杜兰特奥运首秀表现抢眼，砍下全场最高的22分外加9个篮板，率领美国队以98比71战胜法国队取得开门红。

小组赛第二场，美国队对阵突尼斯，杜兰特砍下13分10个篮板的两双数据，助美国队以110比63轻取突尼斯。此后他们又轻松战胜了尼日利亚队，杜兰特砍下14分6次助攻，接下来梦十队将迎战立陶宛和阿根廷两个强大的对手。

在和立陶宛的比赛中，梦十队下半场两度落后，最终才以99比94险胜立陶宛。杜兰特全场拿下16分4个篮板2次助攻，并两度投中关键球助美国队取胜。8月7日，美国队在小组赛最后一战中凭借着第三节42比17的高潮以126比97大胜阿根廷队，以五战全胜的成绩小组第一出线。杜兰特本场比赛狂砍28分4个篮板4次助攻3次抢断，其中三分球10投8中，彰显极佳的状态。

梦十队1/4决赛的对手是澳大利亚队。1/4决赛中，美国队凭借第四节的发力以119比86大胜对手晋级四强。杜兰特本场表现一般，但仍然砍下14分5个篮板。

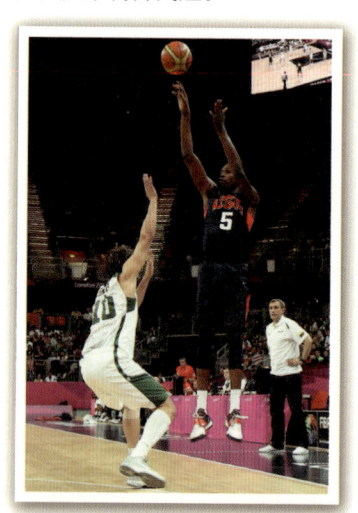

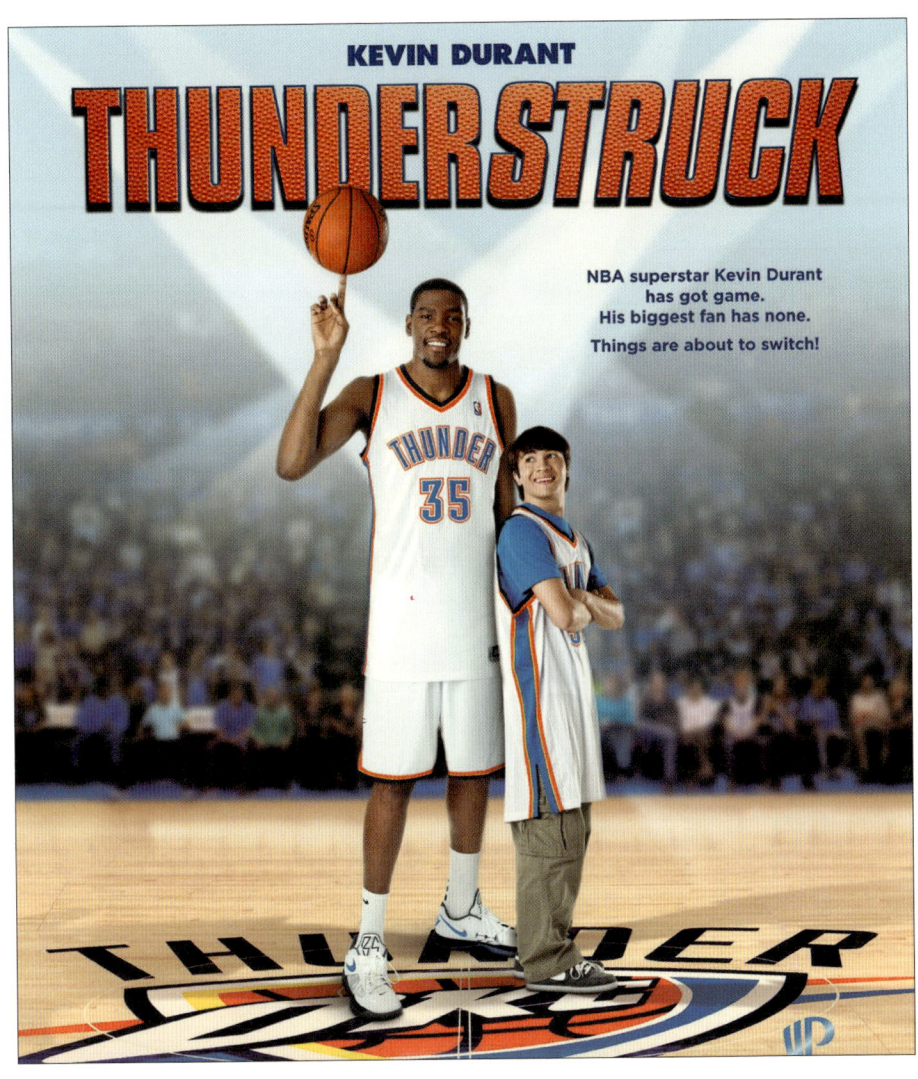

奥运会半决赛，美国再次与阿根廷狭路相逢。杜兰特三分球10投5中砍下全场最高的19分，助美国队以109比83再次取得大胜，昂首挺进伦敦奥运会决赛。

奥运会决赛，美国对阵西班牙，杜兰特发挥出色，单节12分，全场狂砍30分9个篮板，打破了美国队历史上单届最高得分纪录以及场均得分纪录，率领美国队以107比100战胜西班牙，为美国代表团夺得一枚奥运金牌。这也是杜兰特首获奥运冠军，弥补了4年前北京奥运会被裁掉的遗憾。

8月中，是奥运会如火如荼的季节，杜兰特主演的电影《雷霆万钧》发布了90分钟的宣传片，杜兰特的母亲以及WNBA著名球星坎迪斯·帕克也将友情客串，吸引了众多球迷的关注。8月20日，杜兰特主演的电影《雷霆万钧》正式上映，杜兰特出席了电影的首映礼。

8月27日，杜兰特第四次来到中国，分别造访了上海、西安和香港三座城市。在上海还组织了一场小型的球迷见面会，回答了许多球迷的问题，并和球迷分享了自己打篮球的经验和体会。10月，杜兰特获俄克拉荷马城市政厅批准，将在俄城的布里克顿地区开一座风格独特的餐厅。他希望餐厅能成为俄城的地标性建筑，并于11月1日参加了餐馆的奠基仪式。

10月末，雷霆三少缺了一角，雷霆将哈登交易到火箭，换来了马丁、兰姆、塔比特等人。刚刚形成的杜兰特、威斯布鲁克和哈登的"雷霆三巨头"格局被瓦解。杜兰特对哈登的交易表示极大的震惊，甚至在一年以后仍然对哈登被交易感到心痛。

11月新赛季正式打响后，雷霆揭幕战面对马刺，刚刚失去哈登的雷霆尚处在磨合阶段，虽然拼尽全力，但帕克在最后时刻贡献绝杀，雷霆最终以84比86惜败马刺，无缘开门红。本场比赛杜兰特18投9中贡献23分，职业生涯总得分达到了10000分，成为史上第二年轻的10000分先生。只可惜比赛的失利让杜兰特的里程碑变成了里程"悲"。

12月，杜兰特凭借稳健的表现再度与詹姆斯一起被评选为当月的"月最佳球员"，这是杜兰特第五次获得"月最佳球员"的荣誉。12月20日，杜兰特23投14中狂砍41分助雷霆以100比92战胜老鹰，取得队史最长的12连胜。雷霆在这一波12连胜中先后战胜了76人、山猫、火箭、爵士、黄蜂、篮网、湖人、步行者、国王、马刺和老鹰，并成功登顶联盟第一。

2013年1月3日，雷霆迎战篮网，在最后五分钟两队战平，但此后雷霆突然失去火力，最终以93比110惨败。杜兰特在比赛中连续吃到两次技术犯规，职业生涯第一次被驱逐出场。这事麻烦大了，杜兰特在场上吃T（犯规）过多被外祖母芭芭拉·戴维斯警告：别在场上骂骂咧咧的。杜兰特表示会收敛自己的脾气。

1月19日，杜兰特在雷霆加时战胜小牛的比赛中砍下52分，再创职业生涯得分新高。而在西部榜首之战中，杜兰特在开场6投1中后手感爆发，之后13投11中，全场砍下32分，率领雷霆以109比97战胜快船，登顶西部榜首。

2月，雷霆主场迎战热火，首节即陷入被动，被热火拉开10分以上的差距。虽然雷霆后程发力苦苦追赶，仍以100比110不敌热火，遭遇对热火的六连败。杜兰特砍下40+8+5，第四节更是单节砍下22分，但仍未能逆转成功。

2013年全明星票选结果揭晓，杜兰特在前锋位置得票高居西部榜首，从而连续三年

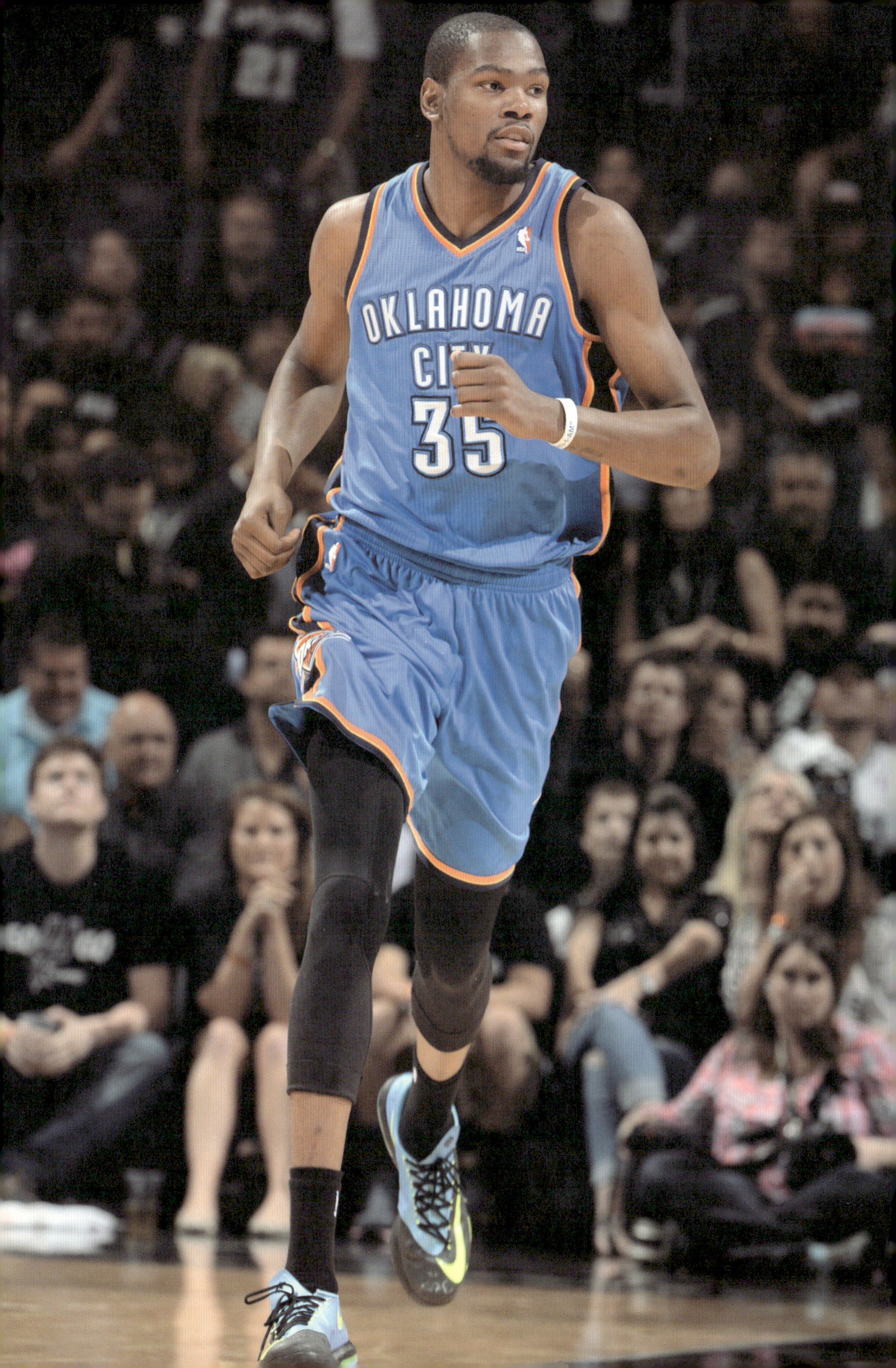
OKLAHOMA
CITY
35

入选全明星首发。全明星正赛中，杜兰特24投13中砍下全场最高的30分，帮助西部全明星以148比143战胜东部全明星。杜兰特参加四届全明星正赛分别砍下15分、34分、36分和30分，成为全明星历史上第一个连续三届砍下30分的球员，并以四届总得分115分的成绩打破了四届全明星总得分的历史纪录。

4月，杜兰特和安东尼的得分王之争进入白热化，在两人的直接对话中，安东尼砍下36分，杜兰特砍下27分。尼克斯125比120战胜雷霆的同时，得分王也正式易主。安东尼成功从杜兰特手中抢到得分王头衔，极有可能职业生涯第一次荣获"得分王"称号。

常规赛收官战，杜兰特休战。最终雷霆以104比95战胜国王，以60胜22负的战绩登顶西部第一。虽然杜兰特未能第四次加冕得分王，但他在2012/2013赛季投篮命中率为51%，三分命中率为41.6%，罚球命中率为90.6%，成为历史上第六位180俱乐部(投篮50%+三分40%+罚球90%)成员。

季后赛首轮，杜兰特率雷霆以4比2淘汰火箭，却在第二场比赛中损失了最得力的臂助拉塞尔·威斯布鲁克，雷霆队宣布威斯布鲁克半月板撕裂需要进行手术，这意味着威斯布鲁克赛季报销，仅剩杜兰特一人支撑的雷霆队基本丧失夺冠希望。

在西部半决赛中，杜兰特失去了最好的火力支援，尽管天神附体一般击败了火箭，但他的负担无比沉重，疲态已现。

西部半决赛第一场，杜兰特发挥神勇砍下35分15个篮板6次助攻，并在最后时刻投准绝杀，雷霆以93比91战胜灰熊，取得了1比0的领先。西部半决赛第二场，杜兰特继续发挥出色，21投11中拿下36分11个篮板9次助攻的准三双。但关键时刻出现致命失误让雷霆以93比99告负，总比分被扳为1比1，丢掉了主场优势。

西部半决赛第三场，杜兰特拿下25分11个篮板，连续三场比赛拿到两双。但关键时刻罕见地出现两罚不中，雷霆81比87再负灰熊，总比分1比2落后。更加令人担忧

第八章／不甘人后

的是，缺乏队友有效支援的杜兰特明显独木难支，打到最后时刻逐渐体力不支。西部半决赛第四场，尽管杜兰特投中关键一球将比赛拖进加时，但加时赛雷霆最终以97比103告负。西部半决赛第五场，杜兰特手感不佳，虽然坐镇主场，但失去威斯布鲁克的雷霆全场被灰熊压制，拼尽全力以84比88告负，从而以总比分1比4被灰熊淘汰出局，止步西部半决赛，灰熊队复仇成功，雷霆的2012/2013赛季到此结束。本赛季雷霆常规赛登顶西部第一，但内线的软肋制约了雷霆的发挥，而威斯布鲁克的意外受伤使得雷霆的冲冠之旅在第二轮就戛然而止。

2013年杜兰特第三次在MVP评选的投票中获得第二名，MVP再次被詹姆斯获得。杜兰特连续四年入围第一阵容。杜兰特接受体育画报采访的时候曾这样说过："我这一生中一直都是第二，高中的时候我是全美第二好的球员，选秀的时候我是二号秀，MVP投票中我三次都是第二名，总决赛里我还是第二。我已经受够了当第二的日子，我不会以第二为目标，我受够了。"

"詹姆斯，他是一个难以置信的、让人惊讶的家伙，他在四年内三次夺得了MVP。他是我的挚友，我很替他高兴。"杜兰特说，"当然，我也很渴望能获得MVP，但我现在能做的就是不断进步，希望自己能尽快获得一座MVP奖杯。"

MVP

2013 / 2014

2013年夏天，杜兰特的恋情终于曝光，杜兰特正与效力于WNBA明尼苏达山猫队的莫妮卡·怀特热恋中。两人在高中时期便已认识，那是在麦当劳高中全明星赛上的浪漫故事。

5月，俄克拉荷马州遭遇龙卷风袭击损失惨重，杜兰特第一时间在推特上为受害者祈福，并向灾区捐款100万美元。而威斯布鲁克更是拄拐前往灾区探望。

6月，杜兰特正式与说唱天王Jay-Z旗下的经纪公司签约，成为Jay-Z旗下的第一位篮球巨星。

7月，杜兰特再一次来到中国，访问了上海、沈阳和台北三座城市，与球迷进行了热烈的互动。在上海不仅再次举办了小型球迷见面会，还继2011年武汉以后再次与李娜同场竞技。据美国NBA新闻网站报道，截至2013年7月，杜兰特共有63份商业赞助合同，超过科比和詹姆斯，居NBA球员榜首。

在经历了休赛期一系列的商业活动之后，2013年9月29日，杜兰特迎来了他的25岁生日。这是他进入NBA的第七个赛季，他该为新的人生、新的目标做准备了。但这个赛季，一切都不容易，虽然亚当斯、杰克逊和兰姆渐渐成长起来，但威斯布鲁克还没有从膝盖的伤病中复原，杜兰特依旧要像从前一样，扛起所有的担子，首发控球后卫不在，他甚至要试着向詹姆斯学习，做一点组织前锋的事情。

毕竟，他是一个纯粹的得分手，得分、组织、篮板和防守一把抓的事情，他还是第一次去尝试。但我们在2012/2013赛季就可以看出端倪，杜兰特已经开始展现"全能"的潜质了，场均得到28.1分、7.9个篮板、4.6次助攻、1.3次封盖、1.4次抢断这种事情，看上去就很像是詹姆斯的手笔。

2013/2014赛季，常规赛第一战，对阵犹他

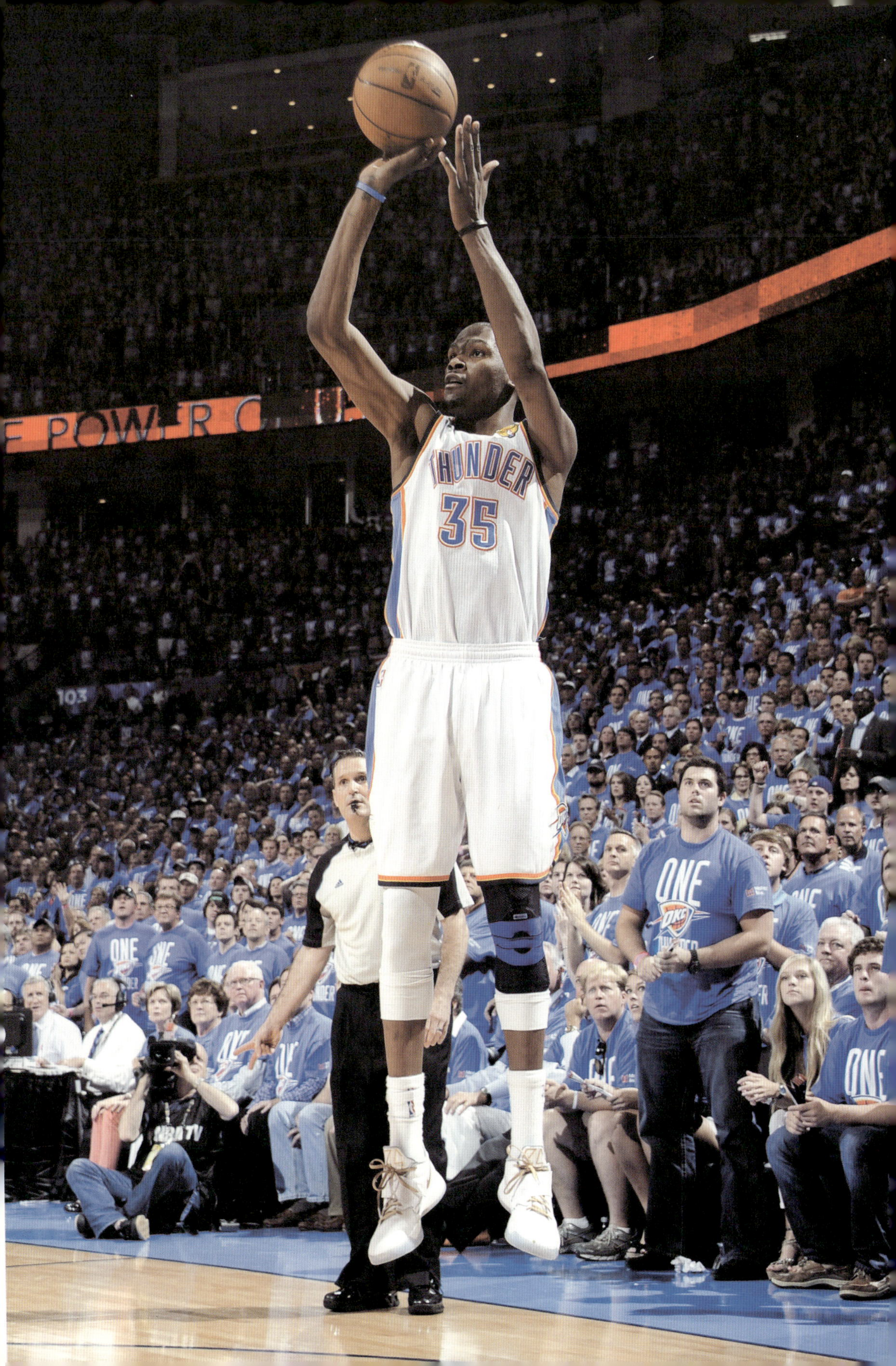
POWER
THUNDER
35
ONE

爵士，没有威少，杜兰特狂砍42分，罚了24个球，以101比98艰难取胜，结果没来得及喘口气，便在第二战中以81比100惨败给森林狼。按捺不住的威斯布鲁克在第三战中就匆忙复出，看得出他要为杜兰特分担压力的迫切心情，然而几周前他刚刚完成二次手术，膝盖内的积水还没有抽干净，然后我们看到他在赛场上像钢铁战士一样一条龙战斧劈扣。

2013年12月26日，圣诞大战，雷霆送给尼克斯史上最惨的123比94主场大败，威少轰出14分13个篮板10次助攻的三双数据，然而好事多磨，赛后，威少膝盖又出了问题，他进行了第三次手术，直到全明星赛后才复出。

2014年新年之后，整个NBA都成了杜兰特一个人的独舞。年初没有多少人看好雷霆，ESPN的专家甚至预言雷霆的战绩由于威少的受伤会滑落到西部第五，事实上，雷霆一直未曾掉出西部前二。1月，杜兰特54分大胜勇士，屠杀开拓者，连续三分逆转森林狼，绝杀老鹰，逆转热火。

不仅如此，杜兰特连续25+的纪录一直延续，威少的受伤，反而激发了他作为领袖的责任感和成长潜力。1月23日，雷霆以111比105战胜西部第一的马刺，杜兰特连续9场30+，最后时刻杜兰特的三分雨，看得波波维奇喟然慨叹、徒呼奈何。而在此后战胜76人的比赛中，杜兰特已经连续10场30+，威少在场边穿着西服看得喜笑颜开。

在威少缺阵的33场比赛里面，杜兰特场均33.2+7.2+6.3，24胜9负，胜率高达73%，这是高居全联盟第二的胜率！其中包括1月的一波十连胜！

杜兰特更是打出了职业生涯最精彩的疯狂1月，整月的数据是35.9+6.1+6.1，12胜4负，投篮命中率54.9%，成为后乔丹时代第一个打出单月场均35+6+6的超级巨星。但这远远不是终点。

2月21日，钢铁铸造的威少伤愈归来，却遇上了有备而来的詹姆斯和迈阿密热火。詹姆斯拿出了全部能力和杜兰特较量，他大开大阖冲击内线，手感也好得惊人，本场比赛的詹姆斯，无论内外线都无法限制。最精彩的一幕，莫过于詹姆斯左侧45度直面杜兰特，一个小幅后撤步晃出空间，后仰三分命中，而几天前的全明星周末，同一个位置，杜兰特两个大幅体前变向，晃飞詹姆斯，潇洒三分飙中。这一场比赛的詹姆斯，就是冲着杜兰特来的。

因为杜兰特1月的超神表现，NBA官方最新推出的MVP实力榜上，杜兰特的名字

第八章 / 不甘人后

KEVIN DURANT

被排在了首位。诸如欧文、约什·史密斯等球员，在讨论 MVP 的话题时，也都把杜兰特放在了前面。这对詹姆斯来说，是前所未有的挑战，杜兰特这是冲着联盟第一人去的，联盟第一人当然要做出回应。

然而青山遮不住，毕竟东流去，即便是詹姆斯，也无法阻挡属于杜兰特的时代，场均贡献 31.5 分 7.8 个篮板 5.5 次助攻 1.5 次抢断，命中率为 51%，其中得分、助攻、抢断和命中率均是生涯最高，得分整整高出第二名 4 分。杜兰特出战 81 场常规赛，砍下 2593 分，599 个篮板，445 次助攻，101 次抢断，62 次盖帽，目前生涯总得分达到 14809 分，并以场均出手 20.84 次成为 NBA 历史上唯一一个出手低于 21 次得到 32 分的球员，连续 41 场 25+ 打破了乔丹的连续 40 场 25+ 的纪录！并且拿下了个人职业生涯第四个得分王。

这一次，MVP 是他的。

在近七年的职业生涯里，杜兰特一直都在追寻着属于自己的梦想，而这一次，他终于抵达第一个彼岸——拿到人生中的第一座 MVP 奖杯，2013/2014 赛季，他击败了最强劲敌詹姆斯，在教练、队友、亲人和无数粉丝面前举起了伟大的小铜人奖杯，也打破了皇帝对 MVP 的垄断，詹皇的无敌时代告一段落。

这是杜兰特生涯第一次荣膺常规赛 MVP。在 MVP 的票选中，杜兰特一共得到了 1232 分，其中得到了 119 张第一选票。MVP 票选一共

137

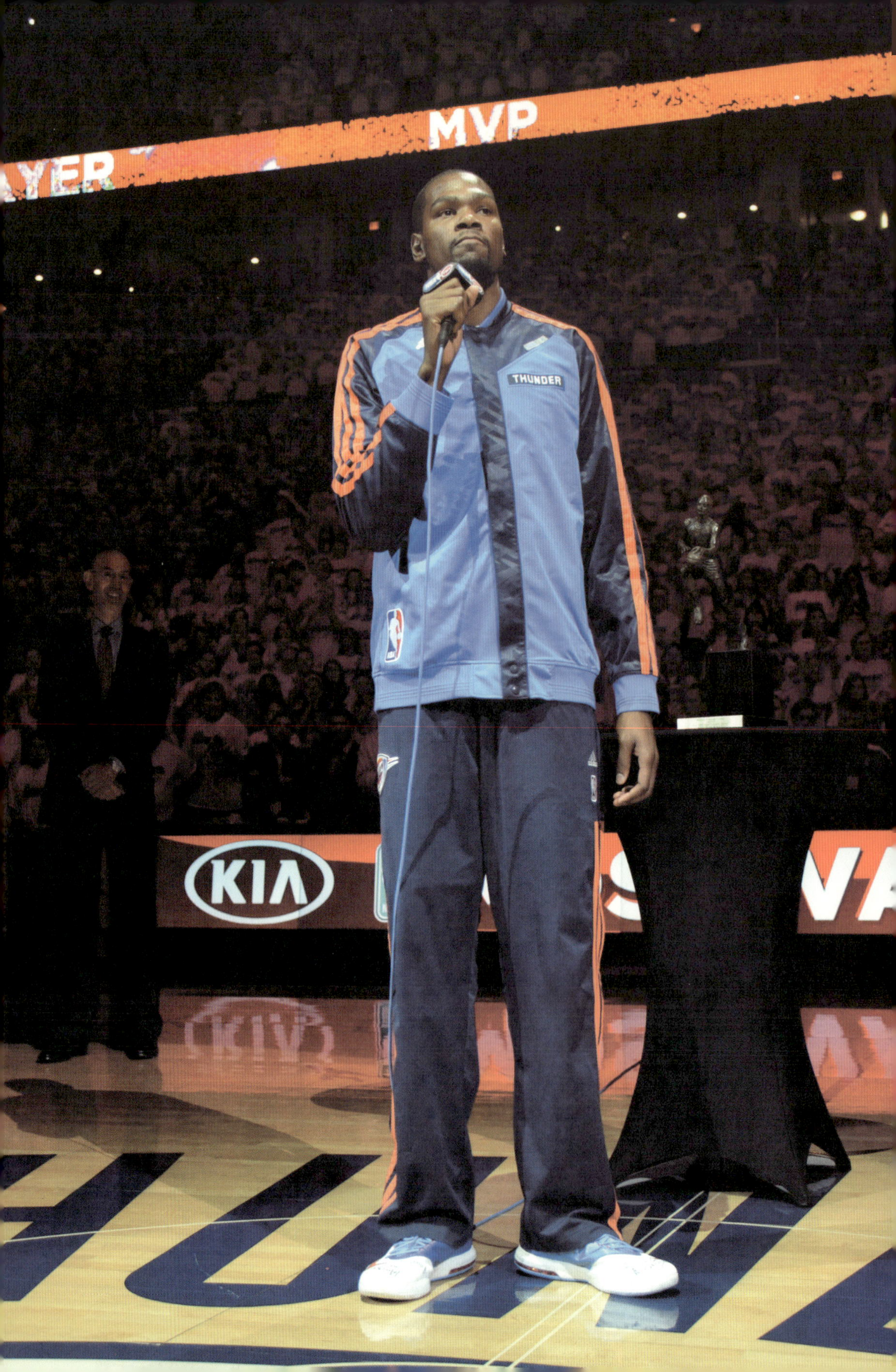
MVP
AYER
THUNDER
KIA

KEVIN DURANT

有125张,其中124票来自美国和加拿大的体育记者和播音员,1票来自NBA官方网站。就连勒布朗·詹姆斯也表示心悦诚服:"杜兰特配得上这个荣耀,他就是本赛季的MVP。"

最终,杜兰特在他26分钟充满真诚、谦虚、丰盈的爱的MVP获奖视频上,放上了个人独有的标记。完达·杜兰特哺育了一个好孩子,一个想要成为伟大男人的人。杜兰特告诉自己的母亲:"我们本不该出现在这里,是您让我们相信,您使我们不致流落街头,您把衣服穿在我们身上,您把食物放在桌上,您确保了我们的温饱,自己却饿着肚子去睡觉。您为我们牺牲了太多,您才是真正的MVP!"此刻,他是华盛顿特区的骄傲,更是俄克拉荷马的骄傲,他赢得了所有人的心。

04 新的起点

2014

  与光彩夺目的常规赛相比，杜兰特的 2013/2014 赛季季后赛之旅却有些黯然失色。虽然整体数据看起来依旧夺人眼球，但是对比起常规赛的神勇无敌就略显逊色了，最重要的不是发挥和数据，而是心态的起伏变化。

  首轮战灰熊就遭受了前所未有的阻力，面对托尼·阿伦的贴身逼抢下三路的防守，杜兰特显得束手无策，这位在常规赛大杀四方的进攻利器得分王一直被托尼·阿伦用令人窒息的一波又一波防守遏制住，和过往那几年的季后赛相比，杜兰特在这个系列赛里经历了不同寻常的挣扎。他甚至被一家当地报纸称为"不可靠先生"。

  球队一度以大比分 2 比 3 落后，常规赛时不可阻挡的雷霆此刻岌岌可危，因为他们即将面临被淘汰的命运，假如他们的老大杜兰特还在打盹的话。

  就在饱受质疑的时候，杜兰特终于在沉默中爆发，在第六场生死战中大杀四方，在孟菲斯人严密的防守下不断地攻击到篮筐，各种绕掩护的中投，似乎一切又回到了常规赛"杀神杜"的节奏，杜兰特在这场比赛中贡献 36 分 10 个篮板，帮助球队扳平大比分。

  在首轮最后的抢七战里，杜兰特一扫前五场的颓势，18 投 12 中其中三分 5 投 5 中砍下 33 分还有 8 个篮板，带领球队晋级。杜兰特首轮场均 29.9 分 9.6 个篮板 3.4 次助攻，更可贵的是面对铺天盖地的批评以及球队被淘汰的绝境，杜兰特很好地站了出来，尽到了领袖的职责，带领大家杀出了绝境。

  次轮对决保罗和格里芬的快船，杜兰特终于找到感觉，他火力全开，系列赛场均砍下 33.2 分 9.5 个篮板和 5.3 次助攻，命中率高达 47%。杜兰特在这个系列赛的亮点除了打出了 MVP 级别的表现之外，还有第四节的超高效发挥。

  雷霆最终一路兵不血刃击沉了快船，时隔一年之后昂首挺进西部决赛。这次他们的对手是冠军马刺，可惜球队却传来了一个噩耗，内线大将伊巴卡被保罗绊倒导致腿部肌肉受伤，有可能缺席西部决赛。

  两年前，雷霆 0 比 2 落后之后连扳四场惊天逆转当时已经 22 连胜的马刺，而本赛季雷霆更是横扫马刺，西决冤家聚首马刺更添一份积怨，而雷霆却折损了内线大将伊巴卡。

前两场雷霆继续被马刺碾压，第一场惨败 17 分，第二场更是狂输 35 分创造雷霆季后赛最大的输分纪录。连续两场的溃不成军导致伊巴卡不得不带伤复出，尽管接下来在主场连扳两场追平大比分，但是伊巴卡再次因为腿伤而神奇不再，而马刺也因为替补迪奥连续两场的出色发挥带走雷霆重夺西部冠军的梦想杀进总决赛。

威少最后一战打出了 34 分 8 次助攻 7 个篮板 6 次抢断 7 次失误 5 次犯规的神奇数据，最后时刻杜兰特忍着脚踝的伤痛奋力点出篮板，威少接到皮球又是三分线外一个干拔，磕框不中，杜兰特懊丧着双手掩面，双子星终于败在了老当益壮的马刺脚下。

他们也许不知道马刺带着多大的怨念来打这轮系列赛，自 2007 年夺冠以来，波波维奇和"GDP"（吉诺比利、邓肯、帕克组合）已经七年没有摸到总冠军奖杯了，他们剩

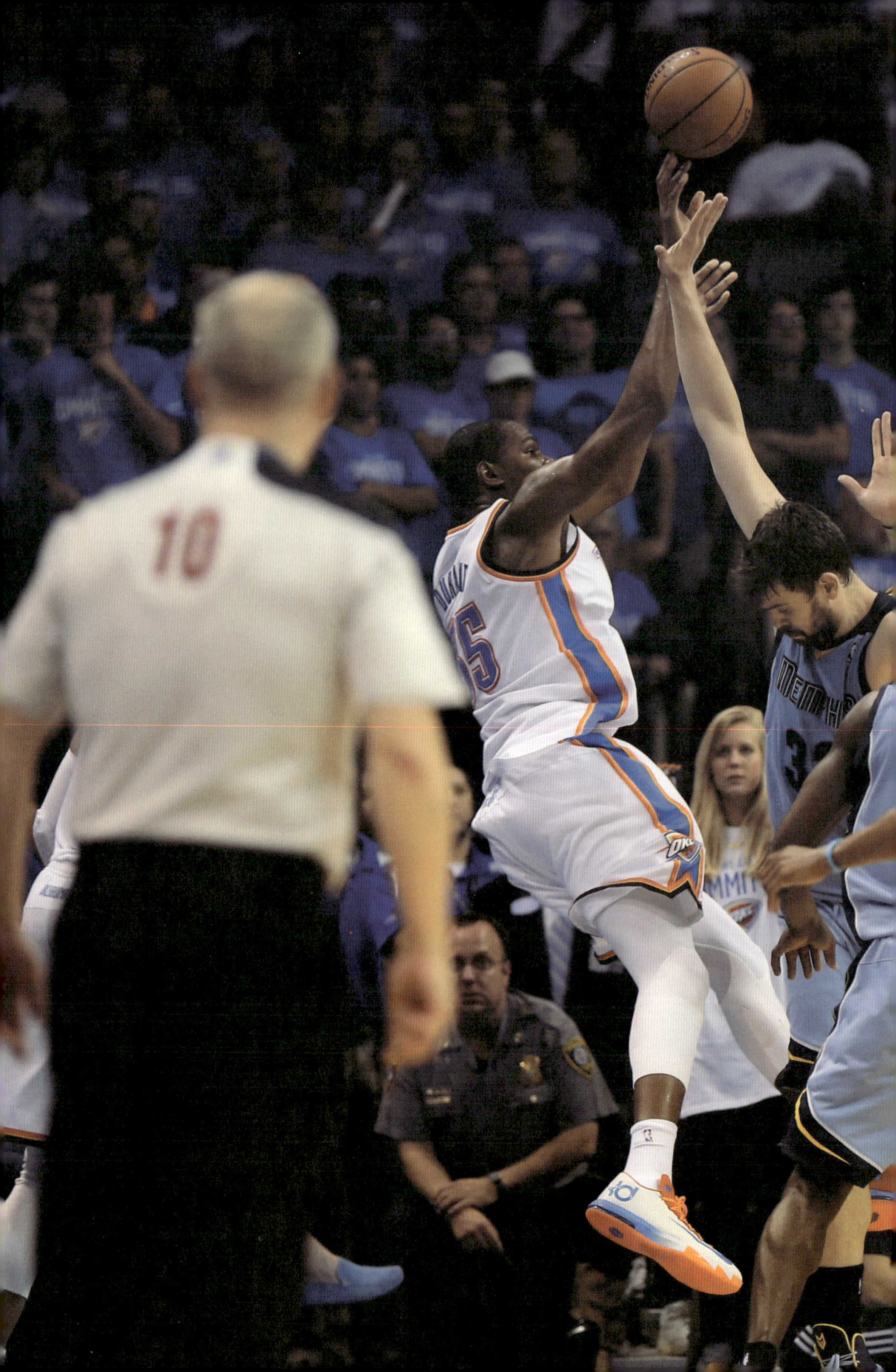
10

传奇解码

神之逆天

比赛还剩13秒,雷霆93比98落后灰熊5分,比赛似乎失去悬念……威少高位持球,准备吊传左侧边线顺下的杜兰特。托尼·阿伦作为顶级外线防守悍将,发现了威少的传球,顺势抬臂挡下。威少弯腰扑球,跟跄抛给底角的杜兰特,"KD"接球敬拜,遭小加索尔凶猛扑阻,顿时失去重心,但杜兰特还是在后仰的过程中拧腰扭正身体,强行将球投出。

然后,球进,哨响,加罚!杜兰特在比赛最后13秒完成了超神3+1!这一球直接打得小加垂头丧气,站在原地久久说不出话。随着肯德里克·帕金斯补篮命中,雷霆和灰熊进入了加时。而杜兰特的逆天打四分,无疑是雷霆进入加时的最大推动力。

下的篮球时光屈指可数,有句话叫作:"那扇门正在关上。"邓肯38岁,马努37岁,2013年他们离最后一个冠军只差一个罚球和一个篮板。人越老,心越烈,咽不下这口气。2012年西部决赛,在同样的场地上,马刺2比0领先后被雷霆三少冲得七零八落,连扳四场。

当年在大家感叹"马刺的传球美如画"的时候,马刺莫名其妙地连输四场,倒在了总决赛门口,邓肯那年35岁,吉诺比利34岁,白发苍苍的波波维奇在场边怒吼:"我们需要打得肮脏一点!"那时候输掉西部决赛,大家都觉得马刺的故事结束了。

这一次他们有机会卷土重来,自然是做足了准备,非要报一箭之仇不可。马刺年轻气盛的三年级生伦纳德却说——"我不关心西部决赛的对手是谁,我只想和最强的球队交手",两年前,他作为一个菜鸟第一次杀进西部决赛,快攻扣篮扣飞,抢篮板失误出界,防守端被杜兰特残忍地打爆。这一回是他连续第三次杀进西部决赛了,这一回他再次挑战天下得分第一的小前锋杜兰特。

马刺从上到下,从老将到新人,都做足了准备,而雷霆这一场比赛,明显低估了对手,应变不足,小个子阵容出奇制胜不成反而成了败笔,更没有想到波波维奇能使出迪奥、邦纳首发这样的怪招。

季后赛的杜兰特就像一个孤独的剑圣,锋芒震慑着全联盟的防守者,但雷霆却陷入了困境。若论个人技术和得分能力,杜兰特傲视全联盟,论单打独斗,他可称天下第一。青衫磊落,一剑横空,试看白刃血纷纷。他不像詹皇那般霸道,也不如科比那般华丽,可他就是风度翩翩,气定神闲,犹如"弑君者"詹姆·兰尼斯特,当然也有着一份单挑高手固有的寂寞和孤独。2.06米的杜兰特能完全像一个后卫一样在外线游走变向,一个挡拆拔起就投,防守者甚至来不及反应,那球就脆生生入网,他的身高和臂展使得皮球

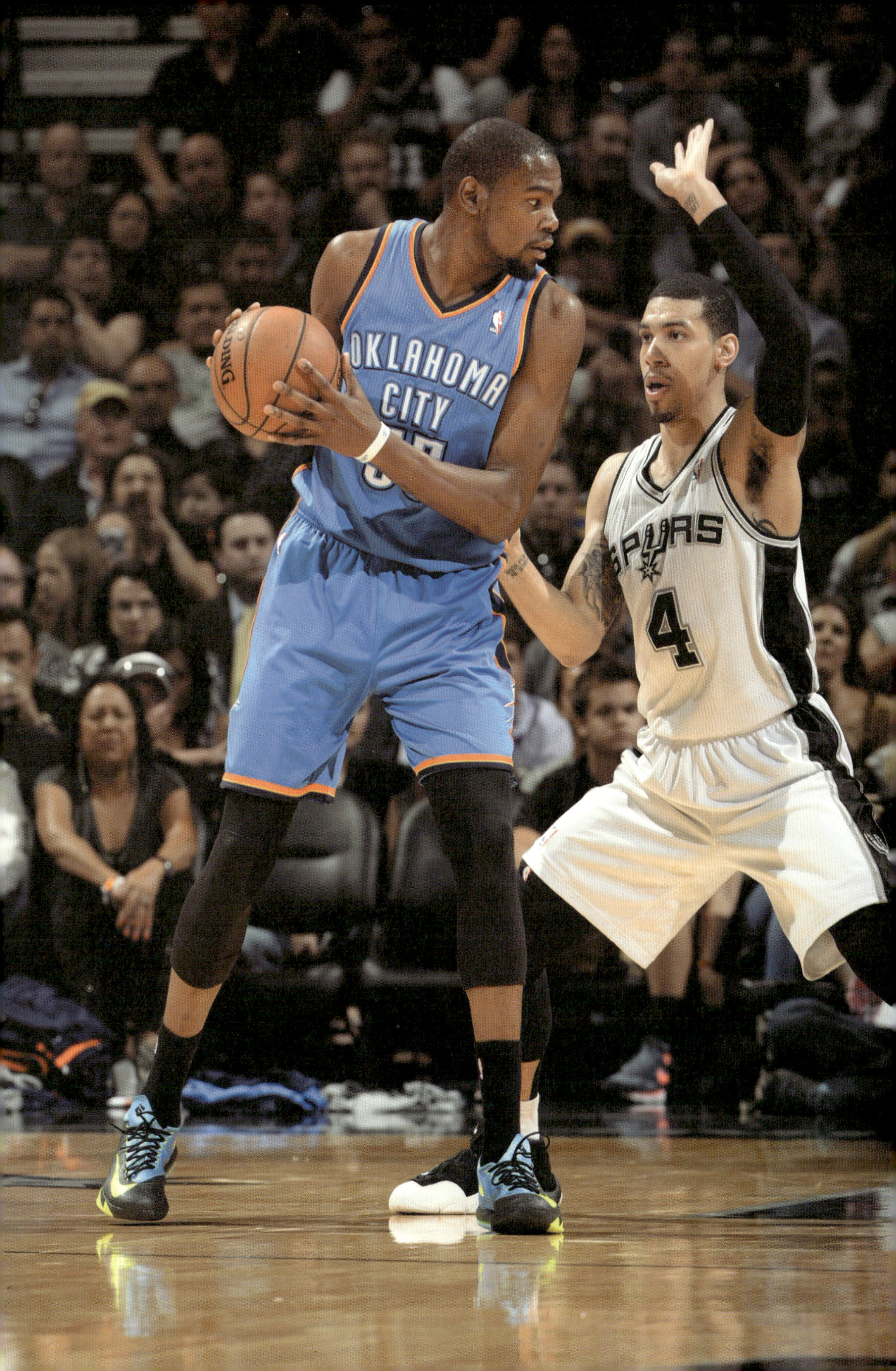
OKLAHOMA
CITY
SPURS
4

的出手点令人绝望，你努力起跳伸手只能摸到他的腋窝。快攻中他像八步赶蝉一样迈开长腿直杀篮下，对于幅度如此巨大的变向突破，防守者也只能目瞪口呆。

他比威少多了冷静和睿智，却少了几分好勇斗狠的横劲，统筹全局、组织球队也非他所长，所以他陷入了与马刺团队篮球的苦苦缠斗。得分和MVP，都不是他最终的追求，铁王座上的皇冠才是他的终极梦想。若要真正成为联盟第一人，就要把手中的剑，化作剑一般的决心和意志力。

雷霆虽然未能跨过马刺这座高山，杜兰特也未能和詹皇顺利会师总决赛，决战紫禁之巅。但他们惊才绝艳的天赋依旧在我们眼前不断闪现，这是一支令人印象深刻、难以忘怀的球队。这是一支热血沸腾、充满激情的球队，杜兰特最后时刻拉杆上篮反超比分，忍着脚踝的疼痛飞身跃起点出那个前场篮板；威少一次次奋不顾身杀入篮下，把自己抛在空中去博得罚球；伊巴卡每一分钟为大家守护篮下，封盖马努和帕克的突破；雷吉·杰克逊拼到六犯离场；费舍尔最后一刻还在倒地救球。

整个球队，从巨星到替补，从老将到新人，每一位都是雷霆军团中无畏的战士，他们不曾被强大的马刺带来的精神压力所击垮，他们用天赋和激情做武器，和马刺的智慧和经验战斗到了最后一刻。胜利属于神奇的马努和伟大的邓肯，但未来属于不屈不挠的新生雷霆，他们七战击溃了内线强大的灰熊，六场打败了快攻联盟第一的快船，又和团队篮球的一代宗师马刺苦战六场，逼得马刺机关算尽，雷霆这个赛季，虽败犹荣。

虽然没有赢得最终胜利，但这依然是属于杜兰特的一个伟大赛季，他终于从一位依靠个人能力大杀四方的战将，变身为一名把球队扛在肩头的领袖。杜少常规赛场均贡献32.01分7.38个篮板5.49次助攻1.27次抢断，第一次从詹皇手中抢走MVP。

而季后赛中，他面临着灰熊和快船的强力挑战，遭遇了无比艰难的困境，乃至俄城媒体送给他"不可信赖先生"的头衔。然而他在困局中崛起，在逆境中奋进，先后击败灰熊和快船，与联盟第一的马刺鏖战六场，29.8分8.9个篮板4.2次助攻1次抢断1.2次盖帽。新科MVP用自己的冷静无私、坚韧卓绝的表现，为自己添上了有担当负责任的注脚，他是雷霆的牢不可破的基石，也是雷霆值得依赖的未来，绝不可低估杜兰特的决心和毅力。

性格内敛的杜兰特，心如坚冰，行如飘风，攻如暴雨倾盆，一时的挫败算不了什么，他依旧要扛着球队前行。他有着联盟最强大的进攻能力，有着最同心协力的兄弟，青春没有失败，25岁，石佛的五指山下，或许又是杜兰特的另一个新起点。

OKLAHOMA
CITY

OKLAHOMA
CITY
35
OKLAHOMA
CITY
0
OKLAHOMA
CITY
2

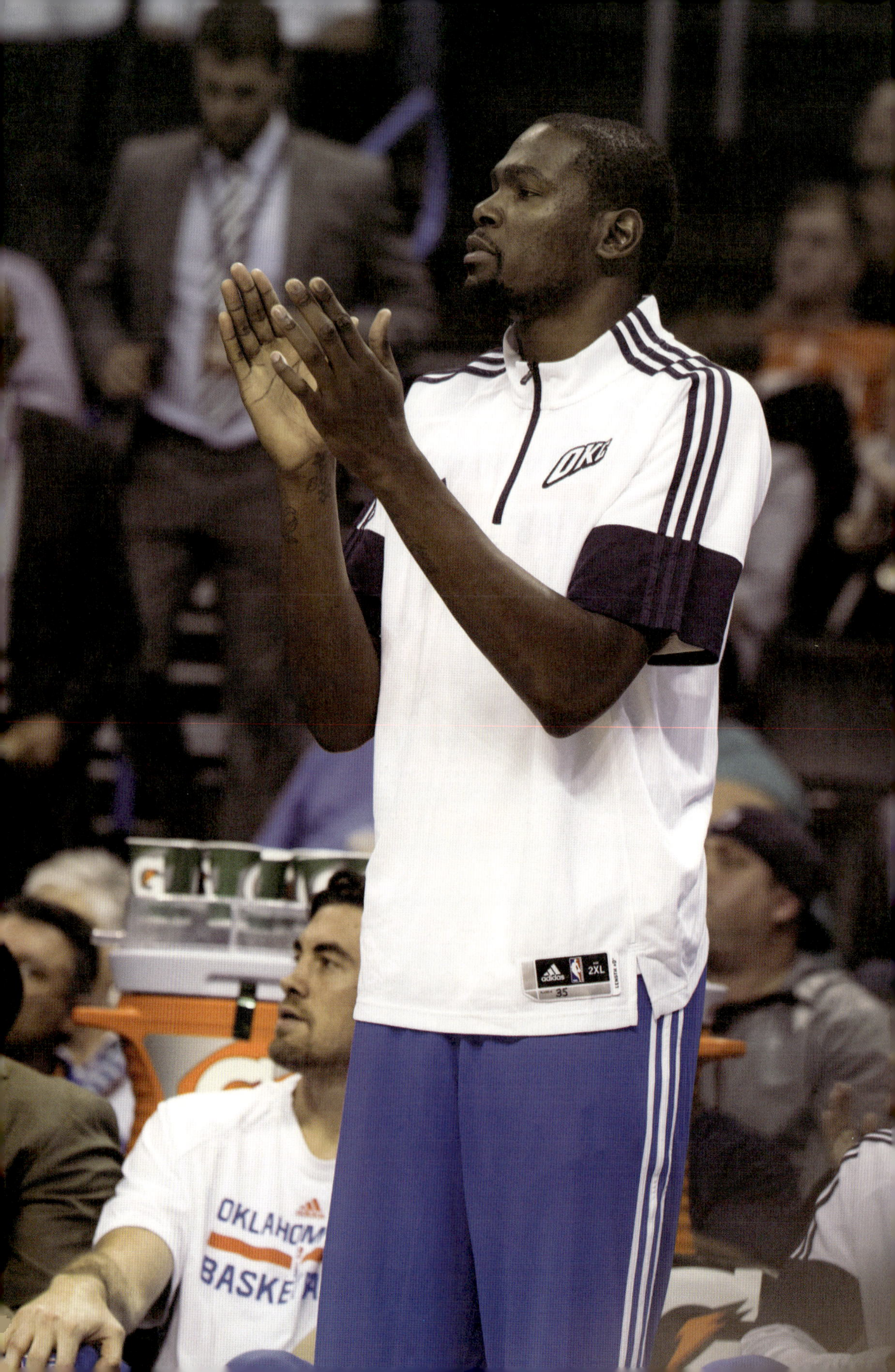

OKC
2XL
35
OKLAHOM
BASKE

第九章
福祸相依

凯文·杜兰特正传

01 清醒的看客

2014

轰轰烈烈的 2013/2014 赛季就这么过去了，俄克拉荷马城的喧嚣如夏日的雷暴渐渐平息，切萨皮克主场狂热的牛仔们也带着遗憾和不甘各回各家，蓝白色的炽热狂潮平息在休赛期的闷热和平淡之中。

凯文·杜兰特，上个赛季常规赛最大的赢家，西部决赛的失败者，目送着一年之前的手下败将、38 岁的老邓肯再度杀入总决赛，去迎战他生命中最大的对手——勒布朗·詹姆斯，作为一个旁观者和看客去观察历史第一大前锋与当今联盟第一人的终极对决，也是联盟最强大的团队战术与联盟最好的天赋之间的争锋。

但他没有料到，迈阿密三巨头的烈火只燃烧了两年，前一年，他们还能与马刺七场大战做生死之搏，而这一回，他们在老家伙们的智慧和执念面前一溃千里，甚至没能表现出能和雷霆相提并论的斗志和决心。4 比 1，连续三场惨败让迈阿密的霸气瞬间烟消云散，詹姆斯挥手告别了帕特·莱利和德维恩·韦德，回到了他当初起航的地方。

以杜兰特的智慧，他能把这场总决赛从头到脚看个透彻，是非对错逃不过这位天才的眼光。热火比雷霆的天赋更胜一筹，詹姆斯尚在巅峰，对比赛的控制力远在他之上，德维恩·韦德的经验和球商，绝不下于他的好兄弟威少，通力协作四年的冠军之队，磨合良久的战术套路，却依然敌不过马刺根本停不下来的战争机器。杜兰特读透了这一切——马刺的球星只是团队的零件，所有人都服务于战术；而热火的球星则是团队的灵魂，所有战术都服务于三巨头。

马刺做的事情是联盟独一无二的境界，其他人和球队做不到。普雷斯蒂照着他们的模样搭建了一个金字塔，却还没有那个功力赋予雷霆同样伟大的灵魂。这个伟大的事业，将会落在杜兰特身上。无论是勒布朗·詹姆斯，还是蒂姆·邓肯，他们做到的，杜兰特也将会做到。

当那个不苟言笑、相貌平平、眉眼间神似邓肯的 90 后小伙子被亚当·萧华喊起名字，在礼花和彩带下从比尔·拉塞尔手中捧起 FMVP 奖杯，在飘飞的香槟酒水中痛哭流涕的时候，杜兰特想到了许多事情，2014 年的 MVP 和 FMVP，分属两个低调、淡定的年轻人，

第九章 / 福祸相依

这个比他更年轻的孩子,出身比他更平凡,比他更懂得韬光养晦。然而这一次,科怀·伦纳德在马刺最艰难的时刻从沉默中站了出来,图穷匕见,长虹贯日,杜兰特依旧记得他面对自己时强悍的单兵防守,和神兵天降一般的个人进攻。此后,敌人不只是詹姆斯一个。

然而,在总决赛后,在各大媒体都把伦纳德捧在云霄里的时候,甚至说他强过保罗·乔治的时候,杜兰特不再沉默,他说:"科怀·伦纳德不会比乔治更强大,他的崛起,依赖于马刺强大的团队配合。"他和两位崛起的新星都交过手,深知他们的能力如何,杜兰特还是那么坦率真诚、直言不讳,就像他上个赛季不惜得罪科比和韦德,张口就说:"詹姆斯·哈登才是联盟第一得分后卫。"一就是一,二就是二,杜兰特从不会隐瞒自己的真实想法,就像他常开玩笑说:"关于威斯布鲁克,我爱他,但也常常恨不得掐死他。"

最大的对手詹姆斯回家了,人们不禁对杜兰特产生同样的猜想,但杜兰特表达了对于"2016年回华盛顿"的看法。

"我每天都会谈论雷霆,这才是我关心的。未来是什么样子,我不知道,所以我不会和你说那些我不知道的事情。日子要一天一天地过,我很享受这里的生活,我很享受和队友们的关系,我喜欢球队前进的方向。这不是官方辞令,这是事实。"

"我待在这里七年了……我在这座城市里长大。当在一个地方待久了,你就会想要成为这个地方的一分子。更何况我已经成为这里的一分子,度过了那么多美好的时光,这已是我生命中很大的一部分了。所以我不会敲着时钟大喊'啊,7月快来啊,我等不及要离开了'。我从不会这样想。"

"我爱俄克拉荷马,我总是想我在这座城市里不仅仅是一个篮球运动员那么简单。当我进入联盟时,我告诉自己这座城市接纳了我,我也要接纳这座城市,我们要一起成长。"

02 退出国家队

2014

这个夏天和从前不同，整个 NBA 的年轻一代们都没有闲着，因为 2014 年西班牙篮球世界杯正在等着他们。这又是一次"梦之队"扬威世界的时刻，杜兰特是这支队伍的旗帜和老大，这位土耳其世锦赛、伦敦奥运会的头号功臣、FIBA 赛场几乎天下无敌的大杀器，将会再次带领球队冲击世界冠军，捍卫美国篮球的最高尊严，NBA 赛场上的失落，原本可以在世界杯中找回。

杜兰特再一次加入了"梦之队"，全身心投入到国家队的训练中，他在"老 K"教练的指导下，一招一式重温学院派篮球的精髓，似乎回到了高中和大学那一段简单而快乐的时光，然而一场灾难突如其来地发生了。

2014 年 8 月 2 日，拉斯维加斯，"梦之队"对抗赛，一次简单的快攻追防，保罗·乔治为国效力的梦想在一声脆响中断裂。他落地时右脚踩中摆放欠妥的篮球架，猛烈的冲击力使得他的右小腿瞬间反向折断成 90 度，情形十分惨烈，在场人员无不掩面失声。而前一天，乔治还在和杜兰特玩快乐的一对一斗牛。

这一幕，令人想起了篮球场上许多残酷的片段，利文斯顿断裂的膝盖，凯文·威尔刺破皮肤的断骨，罗兰德扭成直角的断腿。

美国男篮主帅迈克·沙舍夫斯基当即宣布本场比赛提前结束，全体球员围在一起为乔治祈祷。乔治被担架抬出场地的时候，表情依旧平静，这位印第安纳的硬汉全程一声不吭，没有惨叫，没有落泪，没有翻滚挣扎，他安安静静地离开了球场和"梦之队"。

这件事情瞬间引发了联盟的舆论地震，老板、总经理和球星们开始纷纷讨论该不该派 NBA 球星参加国际比赛。第二天，更惊人的事情发生了，四届得分王、新科 MVP、"梦之队"最大牌球星凯文·杜兰特已经宣布，将退出 2014 年国家队，缺席西班牙世界杯，理由是他的身体和情绪问题。

"他觉得自己在精神和身体上感到极度疲惫。"美国篮协主席杰里·克朗基罗说，"他跟我和'老 K'教练都进行过沟通，告诉了我们他目前的困扰。他选择离开训练营，是因为他觉得自己无法实现对于球队的承诺。"

第九章 / 福祸相依

杜兰特本人谈到自己退出国家队时表示,这是一个艰难的决定,因为他非常希望代表国家队征战。

职业球员参加国家队比赛,这在世界范围内是个稀松平常的事情,世界篮坛到处都是这样的球员,NBA是一个娱乐化商业化的职业联盟,而国家队的荣耀是独一无二的。即便是在自由世界,爱国主义依旧是天下人的主流价值观,即便在NBA,每场比赛之前也会奏起《星条旗永不落》。

但NBA球队和老板们不会这么想,在他们看来职业球员是球队的宝贵财产,领着巨额的薪水理应为球队负责,每年82场常规赛乃至季后赛的剧烈消耗,强度不可谓不大,休赛期应是放松身体、保持训练、储备体能、恢复健康的最佳时刻,新赛季还要指望着他们卖票挣钱,甚至冲击季后赛和冠军。休赛期拖着疲惫的身体参加国际比赛的风险太大,如果受伤,那就得由俱乐部和老板来买单。这对投资方来说,的确不公平不厚道,国家队投入的是感情和荣耀,而俱乐部除了感情和荣耀,投入的可是真金白银。球员可以视国家荣誉高于一切,但也不能对不起老板的付出,这也是人之常情。

杜兰特这次退出,没有任何值得指责的地方,因为在他之前,乐福、格里芬和伦纳德均已相继退出,疲惫的2014年让巨星们都开始爱惜自己的身体与未来。而"梦之队"却并没有受到任何影响,好兄弟詹姆斯·哈登接过了领导权,"梦之队"再一次所向无敌,顺利夺得了世界冠军。杜兰特的好队友,西班牙队的伊巴卡被记者问到——有没有在世界杯上想念杜兰特时,伊巴卡连忙回答:"不,不,不……没人想要和凯文对抗。谁想和他对抗?当然没有了,我看了2010年土耳其世锦赛的决赛,每次他投篮,人们就开始哭。不……不……不。"

耐克大合同和"琼斯骨折"

2014

尽管杜兰特没有参加世界杯,整个夏天,除了推特上的几声感慨,参加冰桶挑战,和自吹自擂朋友圈中游戏技术第一,他并没有像前几个赛季那样高调地出现在球迷和媒体面前。

但杜兰特的名号已经是联盟的金字招牌,谁都知道,这是一只全世界都看涨的牛股,那些眼光长远的体育玩家们,豁出去也要把未来押在他身上。在 2014 年,再看不出杜兰特代表着什么,再不抓住机会,就会眼睁睁失去未来。

如晴天霹雳一般,Under Armour(美国体育运动装备品牌)给杜兰特提供了 10 年 3.25 亿美元的巨额合同,阿迪达斯也在暗中联络杜兰特。在签约 Jay-Z 之后,杜兰特已经结束了和佳得乐的合同,接受其他的代言。在这个历史的关键时刻,耐克没有错过机会,他们匹配了 Under Armour 给杜兰特的报价,因此杜兰特将留在耐克旗下。

耐克匹配的这份报价为 10 年 2.65 亿—2.85 亿美元。耐克之前和杜兰特 7 年 6000 万美元的合同即将到期,他们最初曾给杜兰特提供了一份每年约 2000 万美元的报价。在 UA 开出巨额报价后,舆论认为耐克不会匹配。但耐克官员完全没有犹豫,他们在美国时间周六通知杜兰特及其经纪公司,他们将匹配这一报价。杜兰特和耐克的新合同年薪将高于他和雷霆的合同(2 年 4120 万美元)。据 SportsOneSource 统计,杜兰特的签名鞋产生了 1.75 亿美元的收入。

不只是美元的问题,大名鼎鼎的 2K 游戏公司,更是在他们次世代新作 NBA 2K15 上使用了杜兰特做封面人物,在 NBA 2K 新游戏的评分系统中,只有四名现役球员的总评在

KEVIN DURANT

90 以上，而杜兰特的评分为 95，在现役球员中仅次于勒布朗·詹姆斯。

此外，杜兰特还公开表示他对阿伦·艾弗森的尊敬，他说："阿伦·艾弗森是我们这个时代球员的标杆，并改变了我们的打球方式。"而他对前辈的尊崇，也带来了前辈的称许，艾弗森回应了杜兰特——"继续做好你现在正在做的事情，不要让任何事情阻拦你做自己。"

雷霆在这个夏天一直没有停止招兵买马、打磨阵容的脚步，他们选中了球风强硬，堪比亚当斯的内线硬汉麦加利，并且引进了锋线悍将安东尼·莫罗。雷吉·杰克逊如火箭般成长。威斯布鲁克、杜兰特都在夏天得到了不少的休息时间，全队的人员和状态，都要好过上个赛季。

但谁也未料到，几场季前赛，竟然让杜兰特遭遇了前所未有的伤病，七年以来，身材瘦削的杜兰特像一个刀枪不入的铁人，伤病这种事情，一般不会发生在他的身上。

10 月 11 日，在雷霆与掘金的一场季前赛中，杜兰特底线大幅变向，直杀内线，单臂抡球就要暴扣，掘金阵中一条白影斜刺里扑出来，凌空按下了杜兰特的暴扣，那是俄罗斯中锋莫兹科夫，巨大的体重和力量差距把杜兰特掀翻在地。12 日的训练中，杜兰特告诉球队他感觉自己的右脚不是很舒服。雷霆队大惊失色，随即进行了研究和检查，目前来看，杜兰特被诊断为琼斯骨折（Jones fracture）。

"琼斯骨折"发生在脚掌第五跖骨的一个很小的部位上，那里的血液循环较少，因此治疗恢复上也更加困难。跖骨骨折可能会是应力性骨折，或者是一次尖锐并干脆的折断。跖骨骨折发生的原因包括运动过度、重复应力或者直接外部创伤。这种伤病并不常见，同时也比直接撕裂骨折要更难治疗。这种伤病的传统治疗方式是接受手术，而以往 NBA

中受到这种伤病球员的恢复周期大概为6—8周。

　　这种情况的发生不能怪罪于一场比赛，一次训练，或者是积劳成疾，悲剧总是随机发生的。萨姆·普雷斯蒂说——这是一种常见伤病，他说琼斯骨折治疗"是一种近年来在NBA球员中颇为常见的外科手术"，琼斯骨折确实并非什么疑难杂症，也不是能够损害职业生涯的难缠伤病。自2007年杜兰特进入NBA以来，他在常规赛的上场时间几乎冠绝全联盟，遑论连年征战季后赛和频繁在国家队服役——他太累了。自从那次脚踝扭伤休息七天之后，杜兰特从未遭遇过如此长时间的休战。

　　这次伤病对杜兰特和雷霆来说都不是小事情，他上个赛季以场均32分的表现冠绝联盟，并且在过去五年内四次获得得分王。两个月的恢复期将使他直到12月中旬才能重归赛场，那离季后赛还很远。所以这场伤病对于雷霆来说并不是世界末日。假如球队不得不克服开赛期的慢热，这伤病确实可能会影响雷霆的常规赛排位。事实上，伤病已经像流感一般在雷霆全队中蔓延，这不是一个好的兆头。但只要他们能够撑过两个月，撑到杜兰特归来，未来依旧值得期待。

　　老对手吉诺比利说："杜兰特的这次受伤，对其他雷霆球员来说，或许是一件好事情。"他们积累了太多的青年才俊，杜兰特休战之后，无论是佩里·琼斯、兰姆、莫罗，都有机会站出来磨炼自己的能力，展示自己的天赋，但最大的看点是威斯布鲁克，他将会成为全世界的焦点，在球迷面前真正展示一下他的领袖天分。

　　对于杜兰特自己而言，琼斯骨折并不是一个挥之不去的困扰。从比尔·沃顿到姚明，都已经证实了脚底的这种伤对职业生涯的影响。杜兰特如此年轻，身体如此健康，一般来说，只要经过良好的治疗和耐心的康复训练，小脚趾根部的骨折极有可能痊愈，而我们的MVP也有着极大的可能满血复活。但是对于如此珍贵的一名球员，雷霆队不可能完全不担忧他们的财富和未来，联盟也不得不担忧他们的品牌和脸面。

　　2014/2015赛季，得分王、MVP或许都会和杜兰特无关了，但在惋惜和期待之外，我们还应该看到一点别的，我们现在看到的杜兰特，才是最真实的杜兰特，他不是神坛上的偶像，他会失败，他会受伤，他也会失落，有血有肉，真实自然，就像我们身边的朋友和兄弟。他说过："我只是一个职业球员，并不是超级英雄。"

　　一次又一次的起起落落，在他生命中早已不是新鲜事，他从贫困和艰难中走到今日，早已磨炼了耐心和斗志，重回巅峰，只是时间问题。詹姆斯该担心的事情，马刺该担心的事情，依旧值得担心。

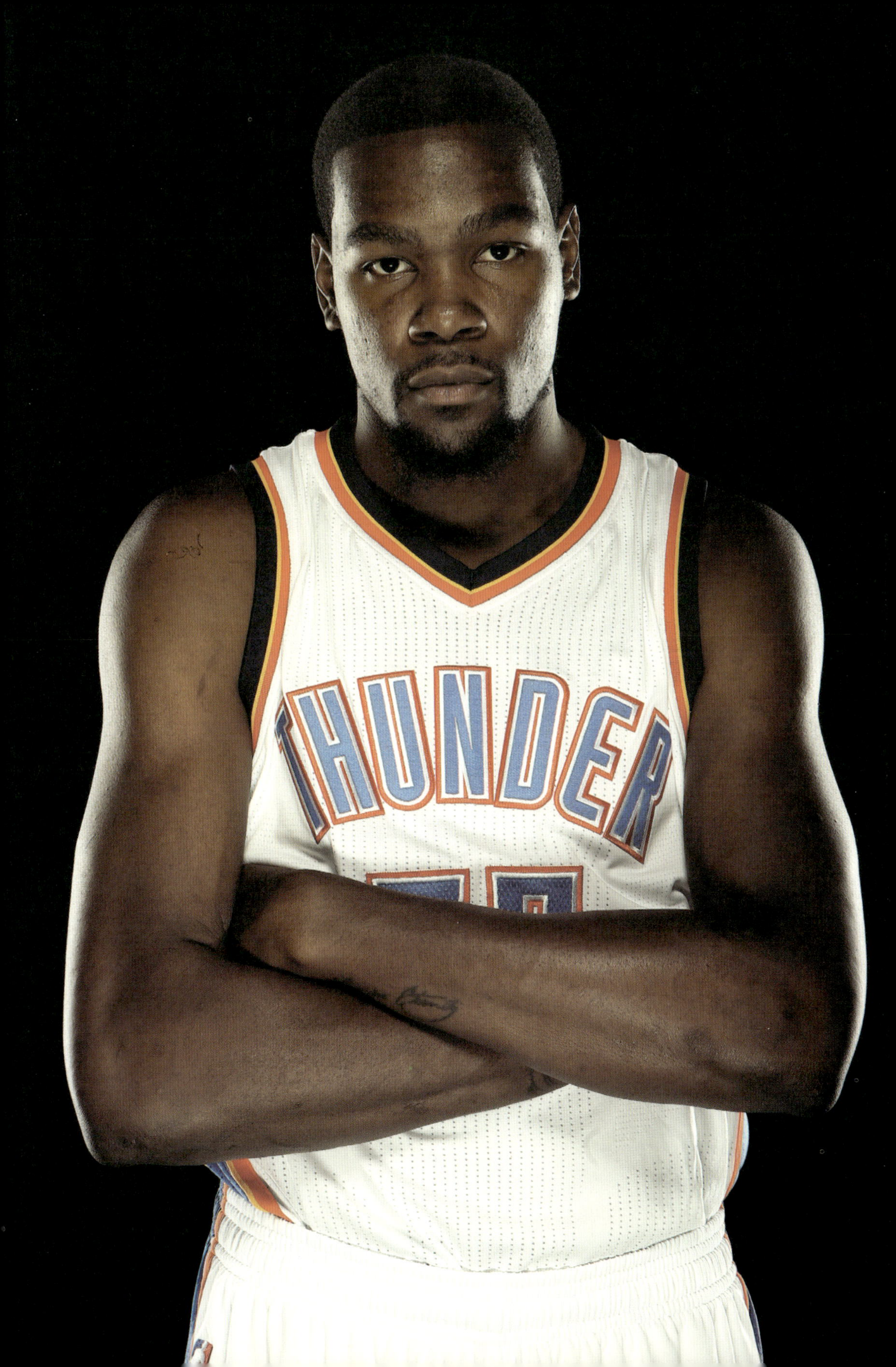
THUNDER

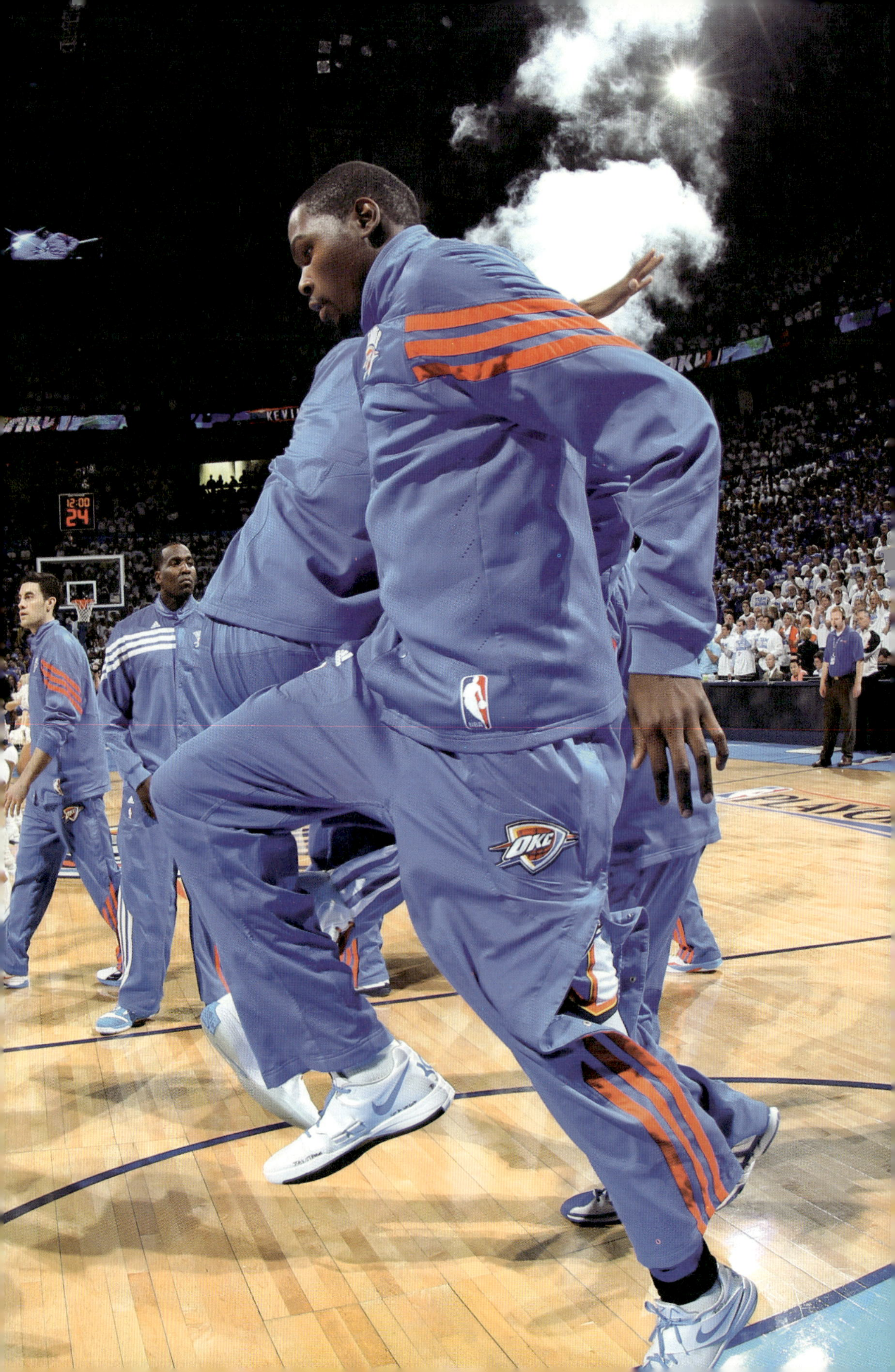
12:00
24
OKC

第十章
再起玄黄

凯文·杜兰特正传

01 伤病阴霾

2014/2015

凯文·杜兰特早就说过："我不是超级英雄，我只是一个普通球员。"在MVP、得分王拿到手软之后，杜兰特放缓了他的脚步，去重新观察自己和整个世界。2014/2015赛季初的那次"琼斯骨折"，让他像2013/2014赛季的威少一样受困于零零碎碎的小伤病。

在看着2014/2015赛季的威少大杀四方的同时，杜兰特大部分时间都坐在场下为自己的兄弟鼓掌欢呼，并且替他去抵挡场下的流言蜚语，在那个时候，雷霆战绩不佳，人们对于拉塞尔·威斯布鲁克比赛方式的质疑是此起彼伏的，人们一直在问，为什么威少受伤的赛季，杜兰特可以拿下MVP、拿下得分王，可以连续40场得分25+，可以带队杀进西部决赛；而杜兰特受伤，威少一人带队的赛季，球队却跌跌撞撞进不了季后赛？所以，许多时候，杜兰特面对媒体，总是不顾一切站出来力挺他的兄弟，他说："人们总是误解拉塞尔，但他是雷霆队为了胜利愿意付出最多的人。"兄弟同心，由此可见一斑。

然而就在那个伤病纠缠，七零八碎的赛季中，杜兰特也会打出精彩的表现，2015年1月1日，雷霆在主场经过加时以137比134战胜太阳。杜兰特出场40分钟，轰下44分10个篮板7次助攻，这是NBA常规赛历史上第四个在出场时间小于40分钟，还能拿到这样数据的球员。剩下三位分别是迈克尔·乔丹、拉里·伯德和布雷克·格里芬。然而这样伟大的表现对于一个崩溃的赛季来说，只是杯水车薪，杜兰特的伤伤停停，不但影响了球队的战绩，更是危及了他自己的职业生涯。到了2015年3月的时候，他终于撑不住了，做了右脚骨移植手术。

这已经是那个赛季的第3次手术了，2014年10月，杜兰特的右脚因"琼斯骨折"做了手术，之后又做了2次相关小手术修复一些附带的问题，第3次手术是2015年3月31日进行的。正是那次手术，杜兰特也提前结束了整个赛季的比赛，整季他一共只打了27场比赛，当时预计杜兰特需要4至6个月的恢复时间。当时医生发现杜兰特右脚骨头又出现了一道裂缝，第3次手术是对他的右脚进行了"尺寸扩大"处理，这样一来就能够让他的骨头最大化变宽，以避免他的脚再出现伤病问题。

杜兰特使用了一种有争议的骨头移植材料，之所以说有争议，是因为这种材料目前尚未得到美国食品及药物管理局的允许用来促进脚部骨头扩张性生长。

第十章 / 再起玄黄

"他们往我的脚里填充了一些骨头移植物,粘在那个区域的上部,两周内就完全愈合了,"杜兰特说道,"但后来,他们又往里面填了一些其他的东西,好让它平滑些,厚一些,可费了一番工夫。"

杜兰特当时的心思都在比赛和球队的战绩上,每次伤刚刚好,就急着复出,一上赛场就全力以赴,所以,这伤病如影随形地缠上了他,让他整个赛季都无法脱身,杜兰特自己也没想到在第一次骨折痊愈后又出现了骨头裂缝,这让他也很惊讶。"他们往我的右脚里填充东西后,右脚的那一侧就像额外多出来一层骨头一样,这就是为什么还要花更多的时间来恢复的原因,你要让它强健起来。我还可以选择别的手术方案,但这种手术是最安全的。"

洛杉矶的手术专家罗伯特·克拉帕自信满满,他认为杜兰特第3次手术就好像给裤子加了一条背带一样,经过一年恢复时间,受伤的第5根跖骨会达到历史最强健的状态。"杜兰特会像洛佩兹兄弟、大加索尔、乔丹,还有很多经历了跖骨骨折的球员一样,健康归来,继续打球,他会以一个更强有力的姿态回归,而且不会再出现类似的伤病了。"

借他吉言,2015/2016赛季,那个无所不能的犀利得分手杜兰特,那个MVP级别的超级巨星杜兰特,终于在隔了一年后杀回来了。

归去来兮

2015/2016

可惜的是，当杜兰特卷土重来之际，联盟已经风云变色、山河迥异了，这已经不再是杜兰特和詹姆斯双雄争霸的场面，而是斯蒂芬·库里异军突起、独领风骚的赛季。那个相貌清秀的小个子，已经用他神奇的三分球和出色的团队战绩，牢牢霸占了NBA的所有头条。在2015、2016两年间，无论你喜欢还是不喜欢，都得眼睁睁看着斯蒂芬·库里投出那些如远程精确制导导弹一样的三分球，那疯狂的场面，即便是巅峰的杜兰特也稍有不如。

不但如此，他曾经的兄弟和队友，詹姆斯·哈登也渐渐成为全联盟前五的领军人物，马刺那个面无表情的小前锋科怀·伦纳德，也成为人们眼中的"邓肯接班人"，这是一个群雄并起的大时代，杜兰特受伤一年，年轻人就纷纷站出来抢班夺权了。中生代的詹姆斯已经处于巅峰的尾巴上，马刺年轻的FMVP+DPOY科怀·伦纳德夏天又丰富了自己的进攻技能库；詹姆斯·哈登也在渐渐摆脱开局的低迷，一次次迎来数据的爆炸；布雷克·格里芬依旧是全联盟最好的大前锋，"浓眉哥"戴维斯偶尔也能证明自己ESPN"琅琊榜"第一人的价值；威斯布鲁克依旧能够打出爆炸式的数据和赛场表现；就连凯尔·洛瑞都迎来了数据和战绩的双丰收；当然最让人倍感振奋、热血沸腾的事情，莫过于保罗·乔治的满血复活和王者归来。沉舟侧畔千帆过，病树前头万木春，杜兰特的危机和挑战来了。

2016年2月8日，美国职业橄榄球超级碗旧金山现场，斯蒂芬·库里现身场边打鼓，接受万众欢呼，而同为MVP的凯文·杜兰特也来到了超级碗现场，他独自坐在场边玩他的摄影设备，茕茕孑立，形影相吊。

这就是2015/2016赛季，他和库里遭到的待遇，杜兰特写道："我是凯文·杜兰特，今年27岁，以打篮球为生。"那个赛季，几乎每个人都被淹没在库里和勇士的光芒之下，人们往往被库里神奇的投射所折服，有人问我："如果库里拥有杜兰特的身高臂展，那会是多么可怕？"我想了一会儿说："那不就是杜兰特吗？"

许多人大概不知道那个赛季的杜兰特到底有多么优秀，那是因为我们已经习惯他的神勇和高效，见得多了，就不以为怪了。若不是那个赛季的斯蒂芬·库里光芒万丈，我们会发现，凯文·杜兰特依旧是MVP级别的超级巨星，他依旧锋芒正盛，威不可挡。

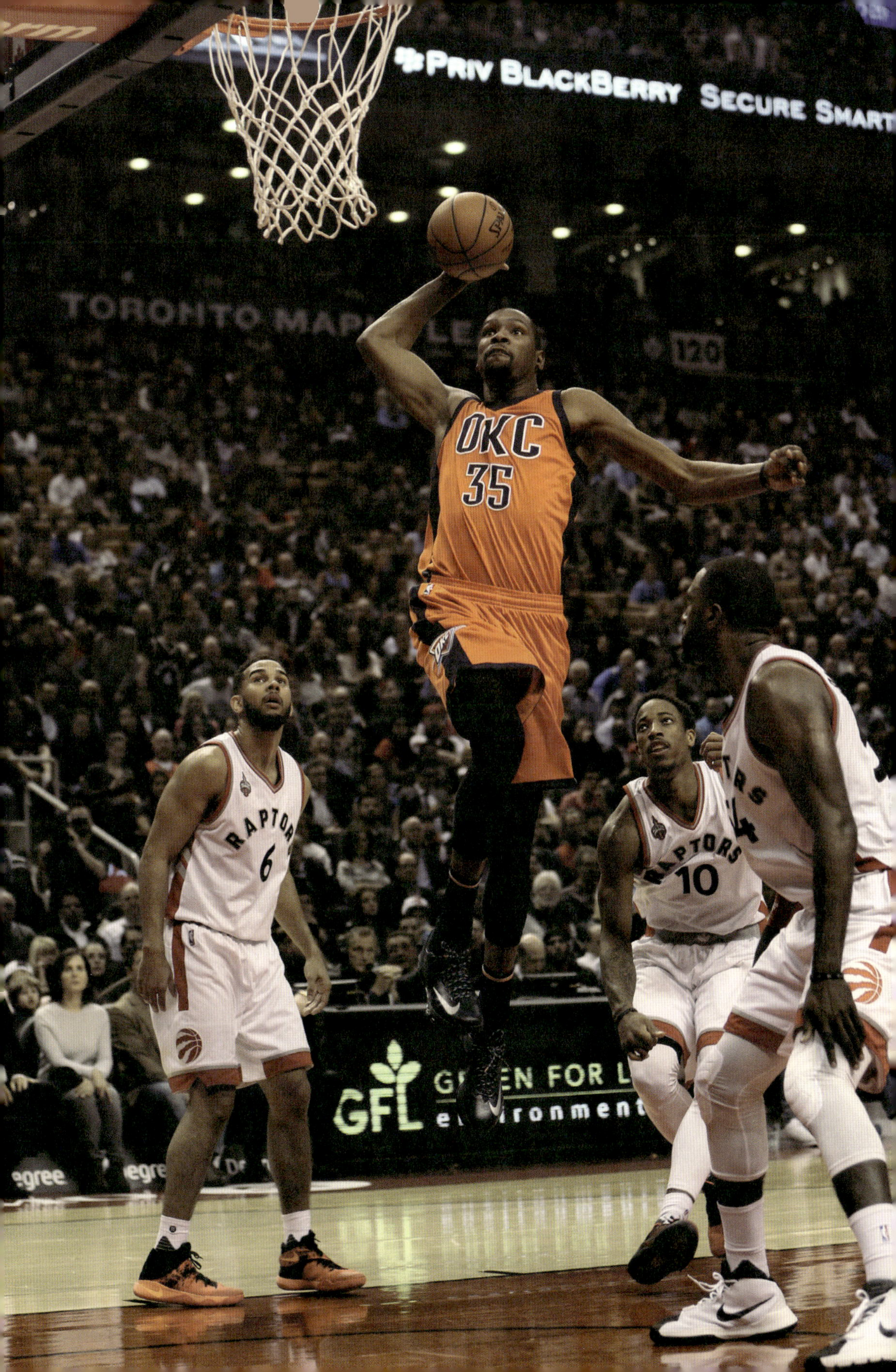
PRIV BLACKBERRY SECURE
OKC
35
RAPTORS
6
RAPTORS
10
GFL

藏锋一季

2015/2016

　　在 2016 年 2 月 7 日，输给勇士的那场比赛中，凯文·杜兰特打了 40 分钟，25 投 12 中得到了 40 分 14 个篮板 5 次助攻 2 个盖帽。这是生涯至今，杜兰特首次打出单场比赛至少 40 分 14 个篮板 5 次助攻 2 个盖帽的数据。联盟上一位打出至少 40 分 14 个篮板 5 次助攻 2 个盖帽的球员是 2007 年 4 月 7 日的文斯·卡特，那场比赛卡特 28 投 16 中得到了 46 分 16 个篮板 10 次助攻 3 个盖帽。这种数据，那个赛季的杜兰特是不会轻易打给你看的，只有超级强大的对手，能把他逼到绝境的对手，才能让"死神"陛下全力以赴。

　　那场比赛，几乎是那个赛季常规赛最具有观赏性的比赛，双方都竭尽全力去限制对手，去释放自己，无论是"雷霆二少"还是"水花兄弟"都打出了极高的水平。当然，勇士靠他们以库里为核心的团队，把传球和投射演绎到了极致，杜兰特打出了那个赛季最精彩的个人表演，但最终无力回天。然而他并不气馁，并不忧心，他依然期待着下一次的交锋，在提到马刺和勇士这两个老冤家的时候，他说："我们不会害怕这两支球队，我们会打好我们的比赛，这个更衣室里没有人会害怕，我们必须打好比赛。打出我们想要打出的比赛，我们必须打好比赛，我们不会躲避任何人。"

　　2016 年，四届得分王、前 MVP 杜兰特已经 27 岁，他已经比唐斯、奥卡福这些孩子多打了 10 年篮球，在这个残酷而又荣耀的联盟中，他竟然已经是一名老兵。

　　杜兰特感慨："我在逐渐变老，但与此同时我觉得我仍然年轻；我仍然在学习；我仍然在尝试弄清楚，当我作为一名篮球运动员时，我到底是谁。"

　　中国的圣贤曾对着流水感慨："逝者如斯夫，不舍昼夜。"光阴的短暂让我们来不及追思和回味，以

第十章 / 再起玄黄

至于当杜兰特已经打了10年篮球的时候,在我们心目中,他还是那个青涩而又腼腆的孩子,那个容易被我们遗忘的超级得分手,本世纪最伟大的巨星之一。

2015/2016赛季杜兰特场均得到27.7分、8.1个篮板和4.5次助攻,投篮命中率为51.7%,三分命中率为40.4%,罚球命中率为89.5%。他的得分表演非常稳定,很少像库里、哈登那样一场高分暴走,一场低分酱油,杜兰特的得分曲线很平稳,在整个上半赛季,杜兰特得分在20—29之间的比赛有26场,得分在30—39之间的比赛有8场,得分在超过40分的比赛有1场,这还是他强行压制自己出手欲望的结果。

为了团队的胜利,为了充分发挥威少的作用,杜兰特并未像从前那样大开大阖,释放自己所有的能量,大部分时候,我们并没有见到那个全副武装、全力以赴的杜兰特,他就像那柄绝世神兵,神光内敛不出鞘,但照样斩金截玉,吹毛发断,所向披靡。

我们的眼光总被金州勇士和库里所吸引,因那些神奇的三分球而沉醉痴迷,却忘了,杜兰特也是这个星球上最好的持球三分手之一。2015年2月6日以来,杜兰特已经连续41场比赛有三分进账,超越了加里·佩顿以及布伦特·巴里共同保持的连续40场比赛有三分进账的纪录,位列超音速/雷霆队史第一。如今他的三分球能力,即便是直面斯蒂芬·库里,亦无愧色。

除了双加时和因伤退场外的34场比赛,杜兰特的得分全部在20—34之内,可见他状态的稳定,简直稳定得可怕,冷若霜雪,波澜不惊。我们看着库里得分如砍瓜切菜的时候,杜兰特照样得分如砍瓜切菜;我们看着库里三分神鬼莫测的时候,杜兰特的三分依然神鬼莫测。不同的是:杜兰特每场比库里少出手两次,命中率完全相同,都是51%,得分少了3分,篮板多了2个,助攻少了2个。

2015/2016赛季,杜兰特真实命中率排名全联盟第3,PER值同样是第3,也是MVP赛季以来最高水平,仅次于库里和威少。这已经是非常伟大的表现了,即便那个赛季斯蒂芬·库里打出了超神的数据,但杜兰特依旧是这个星球最好的球员之一,他和威斯布鲁克两个人包揽了近六个赛季中的五个得分王。而库里在取得2014/2015赛季MVP之前,杜兰特则刚刚把小铜人握入掌中,他场均32分7.4个篮板5.5次助攻,如杀神般不可阻挡,然而接连不断的伤病阻碍了他的巅峰之旅,稍稍停滞了一下,仅仅是一年间,便迎来了库里的黄金时代。

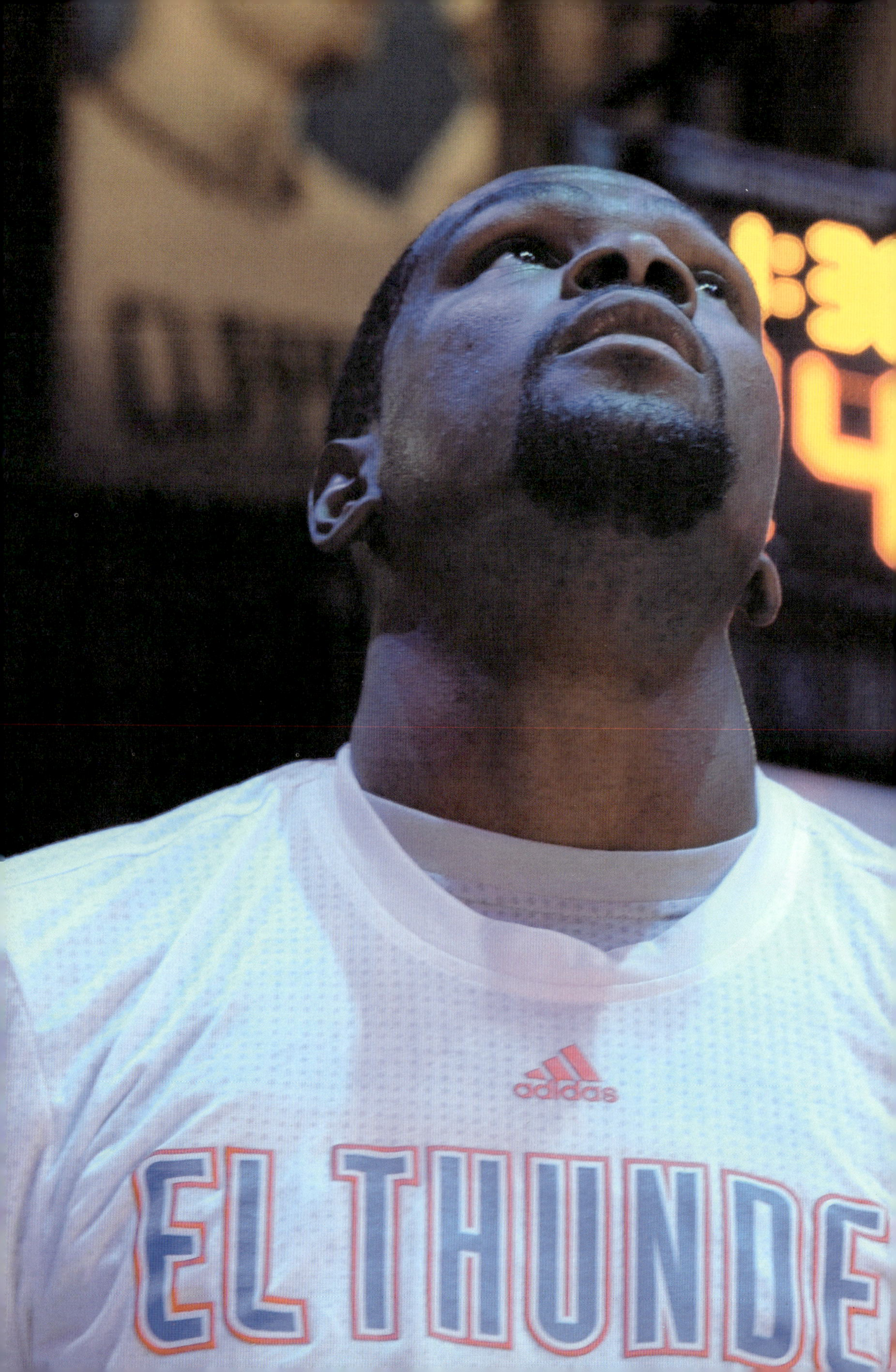
adidas
EL THUNDE

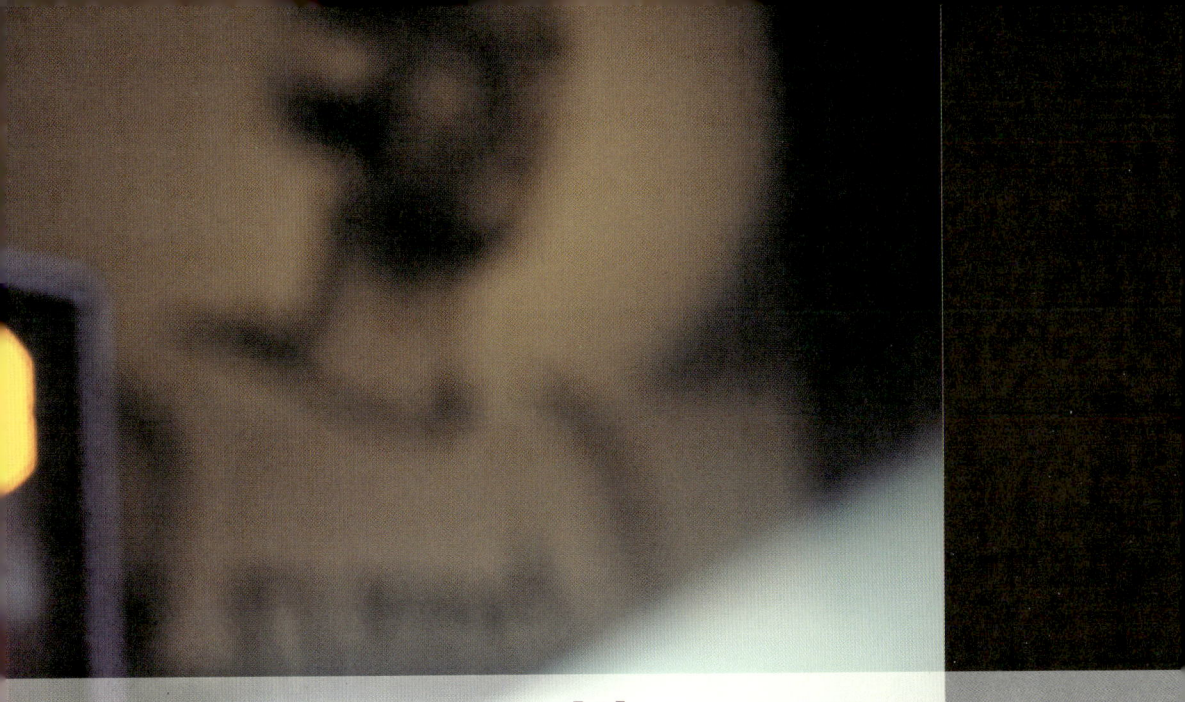

第十一章
雷霆终章

凯文·杜兰特正传

隐忍之刃

2015/2016

2015/2016赛季排在个人效率榜前五的球员是：库里、威少、杜兰特、伦纳德和詹姆斯。凯文·杜兰特依然是MVP的最有力竞争者，但是他忽然变得不显山不露水，每一场比赛都是静静地完成他该完成的事情，他甚至不去和威少争风头和高光时刻，人们感觉到他似乎失去了当年对得分的嗜血和狂热。然而比赛一结束，他依然会交出全队最好的数据和表现，这些不动如山的背后，有着杜兰特更远的思考。MVP、四届得分王，他拥有过一切，唯独没有总冠军。

那些一骑当千、仗剑横行的日子都已远去，他不是不能，如果需要，他随时可以变身那个天下无双的杜兰特，但他说过："为了胜利，我可以做任何事情。"在他的带领下，雷霆队那时的战绩为38胜14负，位列西部第三。38胜14负绝不能算是个差战绩了，因为这个成绩放到东部是东部第一，碾压东部领头羊骑士，并且雷霆场均净胜对手9.2分，仅次于马刺和勇士。在NBA的官方战力榜上，雷霆也超越了"詹皇"的骑士，上升到了全联盟第四位，仅次于勇士和马刺。

雷霆的首发阵容依旧是全联盟最靠谱的之一，全联盟能赢100分以上的五人组只有三组，其中一个是雷霆的主力阵容，能在486分钟内赢下196分。

雷霆的进攻节奏为98.7，排在联盟第11位；进攻效率为109.4，排在联盟第二，比马刺还好；防守效率为100.2，排在联盟第九，场均净胜分：+9.2分，联盟第三。进入一月份以来，雷霆先发五人组在出战的111分钟里，百回合要净胜对手34分之多，这比任何一组在一月份出场超过50分钟的组合净胜分的二倍还要多。这一切，都来自于杜威二少这对超强二人组。

杜兰特也深深认识到了这一点，在战胜老鹰后，凯文·杜兰特郑重地对媒体说："我们今晚没怎么单打，但我喜欢我们单打的时候，因为我们拥有联盟里最强的两个单打手之———我和拉塞尔（威斯布鲁克）。"他明白球队的优势，要不要战术不重要，要不要团队配合不重要，只要祭出"雷霆二少"这对核武器，他们依旧无往不利。

与性如烈火的威斯布鲁克搭档，杜兰特似乎隐忍着自己的出手欲望，在威少大杀四

方时，观敌料阵，伺机杀出。但每逢绝境、逆境，"KD"从不手软，往往依旧能力挽狂澜。所以说，凯文·杜兰特还是这支球队的定海神针，他决定着雷霆的命运和未来。兼收并蓄，收放自如，在收刀出刀之间游刃有余。

2015年底杜兰特连续27场砍下20+，与威少联袂荣膺12月西部最佳以及西部周最佳。

12月，杜兰特场均得到24.9分，威少场均轰下23.8分。12月雷霆队的战绩是12胜3负，他俩分列得分榜第6位和第7位。杜兰特还场均抢下7.2个篮板5.7次助攻，投篮命中率高达50.8%，他单月15场比赛全都砍下20+，罚球命中率为87.3%。从2016年1月到2月，他们19胜3负，杜兰特继续荣膺月最佳，雷霆总战绩38胜14负，高居联盟前三，"雷霆二少"分列得分榜第3位和第6位。虽然看不见凯文·杜兰特像库里那样随时开挂大杀四方，但一个更高效、更稳定的杜兰特出现了。

杜兰特的恐怖不仅在于得分能力强大到几乎不可阻挡，更为关键的是他的持续稳定。自2015年11月11日以来，杜兰特得分从未低于20，这种状态一直保持了64场。

心如止水，剑似寒星。杜兰特昔日"死神"的绰号名不虚传。对手在每个夜晚都竭尽全力遏制"KD"的得分，可他依然予取予求，这种境界的得分手堪称大杀器，历史上也仅有乔丹、科比寥寥顶尖高手能够做到。

2015/2016赛季，杜兰特场均得到28.2分、8.2个篮板和5次助攻，投篮命中率和三分球命中率分别为50.5%和38.7%，表现毫不逊色于常规赛MVP。

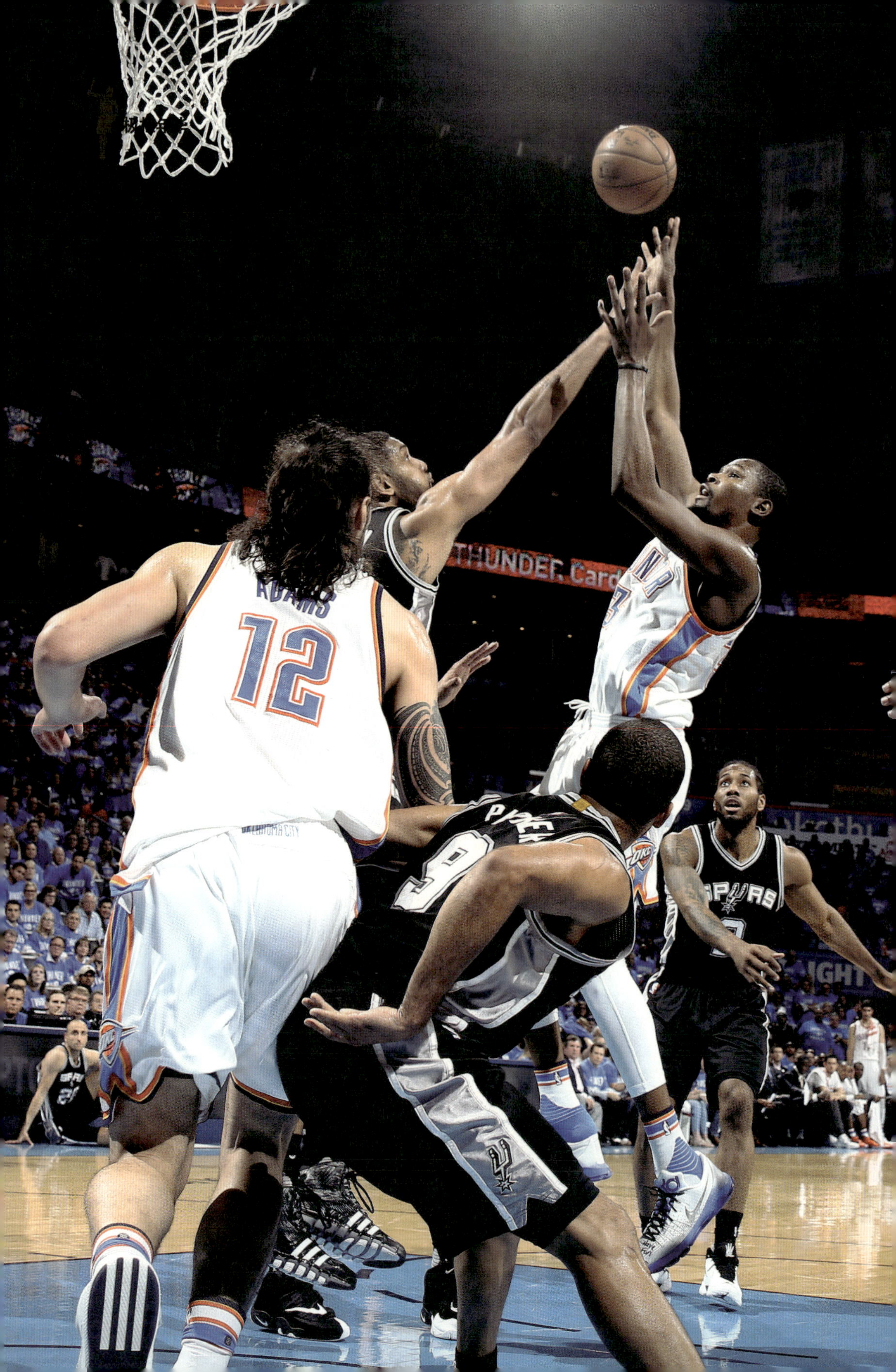
THUNDER.
ADAMS
12
SPURS

旷世西决

2015/2016

然而雷霆兄弟军团的崩溃，却始于那个看起来欣欣向荣的 2015/2016 赛季。即便勇士打出了史无前例的常规赛 73 胜，库里单赛季袭下了 402 个三分球，蝉联 MVP，拿下得分王和抢断；即便马刺 67 胜紧随其后，拿下了队史第一的主场战绩，科怀·伦纳德蝉联最佳防守球员。但雷霆先抑后扬，紧随其后，以西部第三的身份杀入了季后赛。

第一轮他们轻取小牛，第二轮他们遇上了老对手圣安东尼奥马刺。在第一场被大比分击败的情况下，雷霆开始绝地反击了，他们终于让战术严谨、将团队篮球发挥到了极致的马刺想起了 2012 年西部决赛的恐惧。

一开始，没有人看好俄克拉荷马雷霆，因为 55 胜和 67 胜相差甚远，并且马刺在 2014 年击败过雷霆，如今马刺核心球员科怀·伦纳德更是力压杜兰特成为 NBA 一阵小前锋，而杜兰特却经历了整整一年的伤病休整，此消彼长，人们都以为马刺会轻松击败雷霆。

但他们错了，杜兰特和威斯布鲁克的天赋永远都不可小觑，雷霆在系列赛第一场大败 32 分的情况下迅速做出调整，第二场就拿下了客场胜利。特别是 2016 年 5 月 9 日的第四战，简直就是系列赛的大转折，雷霆将总比分追平。杜兰特得到 41 分、5 个篮板和 4 次助攻，维斯布鲁克得到 14 分和 15 次助攻，第四节关键时刻杜兰特接管进攻连得 7 分帮助球队锁定胜局。雷霆队在西部半决赛第四战主场以 111 比 97 击败圣安东尼奥马刺队，将总比分扳成 2 比 2。在这场比赛之后，雷霆越战越强，把马刺逼入了绝境。

2016 年 5 月 14 日，雷霆主场 113 比 99 击败马刺。凯文·杜兰特出战 43 分钟，24 投 12 中，三分球 4 投 1 中，罚球 12 罚 12 中，砍下 37 分 9 个篮板 2 次助攻。这样一来，杜兰特季后赛生涯三分球总命中数达到了 172 个，追平了丹尼·安吉，排名上升到了联盟第 19 位。杜兰特也成为迈克尔·乔丹以来首位在季后赛淘汰赛中连续 9 场比赛都拿到至少 25 分的球员。另外本场比赛，拉塞尔·威斯布鲁克出战 38 分钟，21 投 10 中，得到 28 分 3 个篮板 12 次助攻。这是杜兰特和威斯布鲁克在季后赛中第 34 次同场都砍下至少 25 分，他们超过了沙奎尔·奥尼尔和科比·布莱恩特（33 次），成为 NBA 季后赛历史第二多

的组合。波波维奇的神机妙算，伦纳德的坚忍不拔，邓肯的落日黄昏，都未能阻止"雷霆二少"爆炸的天赋。

在与马刺一战之后，雷霆脱胎换骨，带着高昂的士气，杀入了西部决赛。他们在系列赛首战就给了勇士当头一棒，让勇士在下半场只得到 42 分，末节仅得 14 分，均为 2016 年季后赛最低。虽然勇士第二场赢了回来，但在俄克拉荷马，雷霆没有给上届冠军任何机会，两场一共大胜 52 分，打到了外界纷纷怀疑库里没有恢复健康的地步。雷霆一度把勇士逼到了悬崖的边上，1 比 3 落后于俄克拉荷马雷霆，一只脚已经踏在被淘汰的边缘。历史上季后赛 1 比 3 落后的球队，只有九支能够反败为胜，起死回生，而打到分区决赛 1 比 3 落后最终还能逆转的，只有三支球队，这三个系列赛都是东部决赛，西部决赛中则是一场 1 比 3 落后最终翻盘的奇迹都没有发生过。

雷霆的多诺万教练是个疯狂的赌徒，他每一场比赛都把"雷霆二少"放在场上 40 分钟，不到彻底拿下比赛的时候，他绝不换上替补阵容，场面一有不对就立马叫暂停。而在当时的局势下，雷霆本身就是奇迹，他们已经逆袭成功，把 67 胜的传奇球队、联盟第二的马刺踩在了脚下，如今又把 73 胜历史第一战绩的勇士打得抬不起头来，这已经是伟大的成就了。

但没有想到，从第五场开始，克莱·汤普森开始了他超神的表演，季后赛单场 11 个三分球拯救了悬崖边上的勇士，斯蒂芬·库里也在绝境中复苏，多次在西部决赛最关键

第十一章 / 雷霆终章

的时候投进那些惊天动地的神奇远射，"水花兄弟"和团队篮球一点一点把劣势扳了回来，天助自助者，他们从1比3扳到2比3，再扳到3比3平，双方进入了抢七大战。

第六场比赛打完之后，凯文·杜兰特又成了大众和媒体口诛笔伐的对象，几乎再次被俄城媒体称作"不可靠先生"，因为他确实发挥得很糟糕。第六战，他31投10中，三分球8投1中，全场都没有存在感，唯有在第四节库里命中三分之后，他回应了一记三分球，而在最后时刻，正是因为他过多的运球突破导致失误，被勇士抢断反击成功。斯蒂芬·库里也整整有三节比赛在雷霆的严防死守下得不到出手的机会，但他在最后时刻，却像英雄一样CARRY了全场，两个三分追平比分，一个突破锁定胜局。这就是他和杜兰特的区别。

在过去三场比赛中，杜兰特的表现堪比季后赛第一轮，整体命中率分别为33%、38.9%和32%，三分球命中率更是低到了20%、27%和12.5%。这是他季后赛生涯最糟糕的命中率表现，这也是多诺万赌博战术和过于迷恋巨星单打的副作用，杜兰特的体力在这轮绞肉战中迅速地流失，极大影响了他关键时刻的表现，而勇士的"水花兄弟"却在健康合理的轮换中得到了休息。

抢七大战，雷霆毫无悬念地失败了，成为历史上唯一一支西部决赛3比1领先被翻盘的球队，这时候，分崩离析就已经是注定的了。

"雷霆王炸"遇到"水花兄弟",一边如暗夜天魔般拥有破空排云、毁天灭地的威力;一边如玄天仙子般具备超越凡尘、弹指灰飞的神奇。

没有人能形容这一战的灿烂和辉煌,也没有人能形容这一战的跌宕与雄奇,那已不仅是一场鏖战,更是雷神震怒,箭神反击,两种极致风格的宿命巅峰对决。

在 NBA 历史上,你再也不找不到比勇士 VS 雷霆更炽热惊艳的对决:勇士在常规赛所向披靡,以 73 胜 9 负的神话战绩登泰山而小天下,即使库里遭遇伤病,前两轮季后赛也一路顺风顺水。雷霆则以他们强横霸道的天赋和勇气掀翻了 67 胜的豪强马刺,跌破所有专家眼镜。

勇士拥有 NBA 史上屈指可数的"挡切+远射"流水线,每一个战术步骤都明快流畅、赏心悦目;雷霆则拥有乔丹皮蓬、"OK 组合"、詹姆斯韦德之后最恐怖的双人组,单论攻击火力的输出更是无需向任何前辈低头。

库里将他神乎其技的控球、移动、远射和勇士完美、均衡的战术体系完美融合,使得勇士全队既有个人的天马行空,也有全队击鼓传花般的玄妙配合;雷霆则是典型的双寡头统治,他们将大量的球权集中于"双少"手中,一突一投铁马强弓,其他人和对手全部沦为配角。勇士八仙过海各显神通,是仙意流动的银河团队;雷霆则集权独裁睥睨众生,是魔气纵横的妖异军团。这样两支球队,从他们相遇的那一刻起,经典就已经诞生了。

NBA
Arena
ENERGY
35
Loves
LOUD CITY
FAST. CLEAN. FRIENDLY.
HOMELAND

九大雷霆时刻
KEVIN DURANT

1 初进联盟
2007年，那时候雷霆还叫超音速，战绩糟糕的他们决定重建，用2号签选中杜兰特。而杜兰特是他们昏暗赛中中，极少数的亮光。这位年轻人，迅速成长为球队的领军人物。

2 组建三少
2008年西雅图超音速迁至俄克拉荷马城，命名为俄克拉荷马雷霆。同年威斯布鲁克被雷霆以4号签选中。2009年，哈登被雷霆以3号签选中。他们与杜兰特一起，成为"雷霆三少"。

3 最年轻得分王
2009/2010赛季，杜兰特场均砍下30.1分，拿下生涯首个联盟得分王。

4 首入全明星
2010年，杜兰特与雷霆成功续约，他与这座城市的联系越来越紧密。那个赛季，杜兰特再次收获得分王，首次入选全明星赛。

5 兵败总决赛
2011/2012赛季，杜兰特率领雷霆成功在西部登顶，"雷霆三少"进军总决赛。尽管最终不敌热火，但雷霆队近几个赛季的进步显而易见。

6 二少时代
2012年总决赛告负后，雷霆送走了哈登，正式进入了"双少"时代，那个赛季，他们依旧强势，常规赛拿下60胜，排名西部榜首。但对于杜兰特而言，他要的不仅仅是这个，杀入总决赛并夺冠才是他一直以来的追求。

7 首个常规赛MVP
2013/2014赛季，杜兰特场均得到32分、7.4个篮板、5.5次助攻。在威少因伤缺阵情况下，杜兰特独自率领雷霆取得58胜23负的优异战绩，首次荣膺常规赛MVP。

8 伤病报销
2014/2015赛季，杜兰特遭遇伤病袭击，最终赛季报销。而失去了他的雷霆，战斗力急速下滑，那一年，失去了当家球星的雷霆无缘季后赛。

9 饮恨西决
2015/2016赛季，他们本有机会再度杀入总决赛，但3比1领先的雷霆被勇士上演大翻盘，饮恨西决。杜兰特离场的那一刻，或许很多人都不会想到，下个赛季杜兰特穿上的是勇士的球衣。

从青涩的超音速新星到人见人畏的"死神"，杜兰特的成长史就是雷霆队的队史。4次得分王、1届常规赛MVP、3次西部决赛、1次总决赛、连续41场得分25+，杜兰特把雷霆从鱼腩球队变为争冠球队，他已经成为雷霆的旗帜式人物。

而这一切随着那个加盟勇士的决定变得令人唏嘘，但杜兰特为雷霆缔造的那些传奇过往不会随着岁月的变迁而消逝。

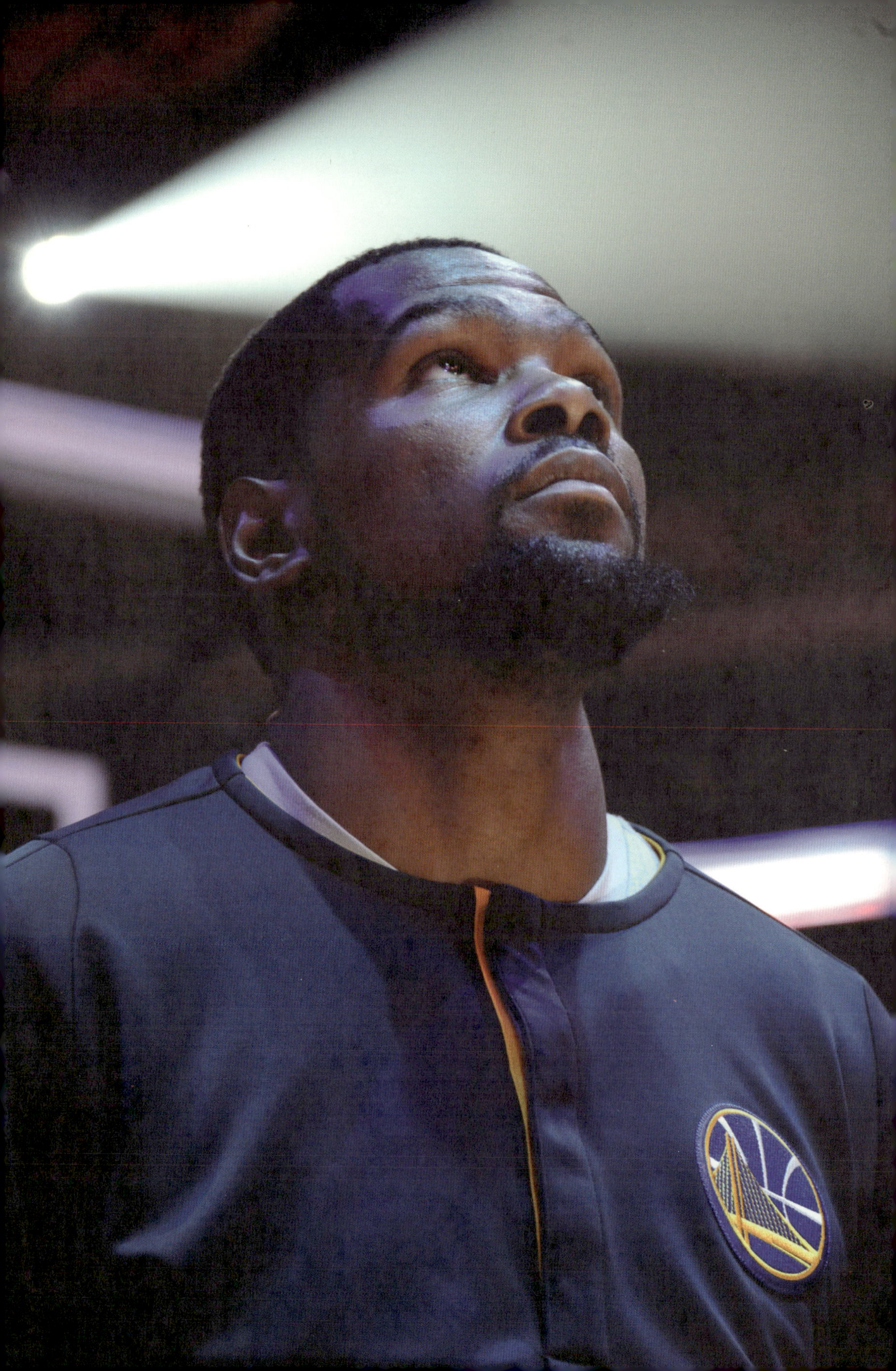

第十二章
转战金州

凯文·杜兰特正传

01 惊天抉择

2016/2017

2016年夏天是个疯狂的夏天，最大牌的自由球员非凯文·杜兰特莫属，雷霆在2015/2016赛季力克马刺，杀到西部决赛，并在西部决赛中和73胜的勇士大战七场，还曾经取得过3比1的领先，那是个了不起的赛季，如果冲着兄弟情谊，冲着雷霆的勃勃生机，杜兰特确实没有必要离开俄克拉荷马。

但雷霆管理层草率而匆忙的决定摧毁了杜兰特留下来的信心，他们交易了球队曾经的内线防守核心赛尔吉·伊巴卡。而伊巴卡状态的下滑，可能与2014年西部决赛奋勇带伤出战，与马刺恶战四场有关，而普雷斯蒂却没有留下刚果人，而是用他去换了魔术后卫奥拉迪波，这对杜兰特的离开，或许也是一剂催化剂。少了内线屏障，多了一个持球手，杜兰特是非走不可了。

俄克拉荷马雷霆的管理层并不是想象中那么讲人情味，当年就为了省600万美元而放走了詹姆斯·哈登，现在的哈登已经是全联盟数一数二的超级巨星，带领火箭打进过西部决赛。哈登不走，"雷霆三少"才是真正的完全体，2012年总决赛虽然失败，但他们的潜力已经让全联盟震惊。如果哈登还留在雷霆，乘着马刺转型、热火磨合的时机，雷霆说不定早就夺冠了，这是雷霆总经理普雷斯蒂生平最大的败笔之一。这位马刺系的总经理总是在选秀大会和培养年轻球员方面妙招迭出，但他在球队运营方面却缺乏远见，多次放走了未来的潜力股核心球员。不但放走了哈登，还曾放走了差点成为哈登第二的雷吉·杰克逊。

从建队理念来说，普雷斯蒂绝对是一个优秀的总经理，他的选秀眼光之老辣，培养新秀能力之强，甚至不在马刺管理层之下。这么多年，杜兰特、威斯布鲁克、伊巴卡、哈登、雷吉·杰克逊、亚当斯，都是他一手选出的宝贝，曾经的雷霆朝气蓬勃、天赋溢出、充满希望，人们总是在

杜兰特选择以两年接近5430万美元的合同签约勇士，金州惊现旷世无匹的"四巨头"！过去三年，联盟常规赛MVP分别被杜兰特和库里包揽。过去7个赛季，两人一共拿到5个得分王。2015/2016赛季库里场均30.1分荣膺得分王，杜兰特场均28.2分排在第三。

能凑齐"四巨头"，还是当打之年，史无前例。

湖人两版"F4"，不论是马龙、佩顿、科比和奥尼尔，还是科比、纳什、加索尔和霍华德，都不全是在巅峰时期。而如今勇士的"四巨头"，年龄最大的库里也不过28岁。

说，他们的天赋天下第一，只是缺点战术素养，有朝一日，这群热血少年终会登上王座。但现实却如此惨淡，他的青年才俊一个一个风流云散，各奔东西，他们无法建立一个稳固的持久的团队环境，他们只是长得和马刺比较像，骨子里并没有学到马刺的运营理念。如果团队之间真的平等、和谐、信任，队友之间真的愿意为对方牺牲，那么是不会导致如今这个结果的。

最终，情谊和承诺，都敌不过对冠军的渴望，普雷斯蒂也只能感叹："我想说我们很失望，最开始我们都认为他能与我们并肩继续前进，可是事实并非如此。但我认为仍要感谢凯文过去为这支球队所做的一切，他曾经几乎就是这支球队甚至是这座城市的代名词。与此同时，在来到俄城这8年来我们所取得的成绩值得自豪，我们4次打进了分区决赛，而他（阿杜）是一个胜利贡献者。我们当然会希望阿杜能永远待在这里，但他有权做出对他来说更好的选择。"

但在被问及夏天去哪儿的时候，杜兰特却说："我关心的只有篮球，我会做出一个和篮球有关的决定。"这话听起来好生奇怪，令人无限猜测，就像勒布朗·詹姆斯之前的决定一样，谁也不知道杜兰特的"和篮球有关"到底是个什么意思。

其实在2015/2016赛季中段的时候，凯文·杜兰特就曾吐槽，说他得到一个可以争夺总冠军的球队去，和他如今的"和篮球有关"，有着异曲同工之妙。

杜兰特对他的"篮球相关"进行了解释，他认为金钱和商业因素对他已经没有吸引力了："对于我将要效力的球队，我不关心别的，我关注的只是每天和我一起打球的队友是谁，对我来说这是最重要的，人总是希望听到自己在场下能够得到的市场和商业机会，但是我受到了上帝的眷顾，让我能够成为今天这样一个单纯的篮球运动员，并且为俄克拉荷马这座城市效力。我不关心商业广告，不关心诸如此类的，我只想打篮球。但是这样的事情伴随着篮球而来，在俄克拉荷马为雷霆队效力我已经拥有了一切，所以这样的诱惑对我来说并不重要，我只关心我的队友是谁，每天我身边是些什么样的人。"

于是谁都知道，勇士是最合理最理智的选择了。

雷霆真的算不上是一支完美的球队，他们天赋溢出，但却始终找不到让所有人都参与比赛的团队战术体系，一直以来，他们就是靠着首发和"雷霆二少"的天赋与天下球队抗衡，偶尔不讲理的进攻和疯狂的活力拼劲能让他们乱拳打死老师傅，但只要遇上实力超群、战术体系完整的球队，往往后力不继，徒有最强天赋，却始终和冠军无缘。杜

第十二章 / 转战金州

兰特和威斯布鲁克的组合，看起来无往不利，但却总是在关键时刻崩盘，这是雷霆一直以来的缺陷和痛点，历时多年也未曾有丝毫改变。这就不是战术体系的问题了，而是这两位超级巨星性情脾气虽然合得来，但技战术特点却完全不兼容，再怎么磨合下去，也不过是两位巨星轮流单打，不会产生 1+1>2 的效果，远不及马刺当年的"GDP"技术互补如鱼得水。

就冲这一点，杜兰特就不得不离开雷霆，寻找新的赢球方式了。金州勇士在 2015/2016 赛季除了输掉了总决赛，绝对算得上是全联盟最好的球队了。他们有全联盟最好的进攻体系，最强的三分球，最强的后场二人组，虽然总决赛中常规赛 MVP 疲态尽现，但不能因此否定他们整个赛季的成绩。如今，季后赛表现糟糕的巴恩斯已经离开，杜兰特填补上小前锋的空缺，我们将迎来一个终极版的"死亡五小"。从此之后，克莱·汤普森不需要去做那些勉强的持球单打，他们有了"死神"杜兰特，这位大杀四方的人物，他可以三分线外面对任何人干拔，可以强行一步突破，可以到篮下要位背身后仰跳投，这是勇士从未有过的强大个人进攻能力，大家想象一下，如果是斯蒂芬·库里和凯文·杜兰特在三分线外挡拆，那是一个什么情景？

斯蒂芬·库里说了，如果杜兰特来，如果杜兰特在勇士拿到 MVP，他会坐在前排为阿杜鼓掌的，所有人都很期待这样的场面。

每个人都有自己的人生，都该自己做出决定，你不能随随便便把这种跳槽转会上升到道德高度，因为这是 21 世纪，不是一千年前，这是商业行为，不是政治活动。俄克拉荷马官方都说了，杜兰特对雷霆队全无亏欠，那个夏天，他是自由球员，自由球员当然是想去哪里去哪里，谁也没有资格质疑他的决定。如果非要争个子丑寅卯，杜兰特也可以说："和尚摸得，我摸不得？"东部的"詹皇"巅峰时期都决定了两次了，如今还不是光环满身，业界标杆？

这个世界赢家通吃，只要你能证明自己，多拿几个冠军，无论当年做了什么决定，到最后大家都只会记得你的光辉岁月。我们再从职场理念来考虑这个问题，一个才华横溢的优秀员工，在没有和原公司续签合同的情况下，去了当今世上最优秀的公司，何错之有啊？

02 天作之合

2016/2017

杜兰特曾经说过，他是因为篮球的原因加盟金州勇士，他和斯蒂芬·库里神交已久，自认为更适合金州勇士的战术体系和人人都会传球、人人都会空切、流畅绚丽的进攻风格，当时我们就想象过，凯文·杜兰特、斯蒂芬·库里、克莱·汤普森三位无球进攻大师在场上，皮球只要运转起来，那真是画美不看。

勇士主教练史蒂夫·科尔就曾经夸下海口，他说："勇士能将杜兰特的能力发挥到极致！"而当家球星斯蒂芬·库里更是大度地说过："如果杜兰特获得下赛季的MVP，我会坐在前排为他鼓掌的。"其实这两位的言论并不算夸张，这是有道理的，杜兰特球风高效，更适合在无球跑位中接球出手，那么他所搭配的控卫最好是那种既有着强大攻击力，又不占球权、视野极为开阔的选手，斯蒂芬·库里完美契合。

更重要的是，凯文·杜兰特加入勇士之后，他就是首发五虎中最强的持球攻击手，这将使他的战术地位大幅提升。在威斯布鲁克身边，他只是关键时刻的得分手之一，而在勇士，在库里身边，他就是关键时刻的不二选择。库里因为身高和对抗的问题，在季后赛和总决赛这样高强度的比赛中，必然会遭遇最强力的包夹防守，这在2015/2016赛季早已暴露无遗，那么如果身边有一个杜兰特可以持球进攻，那么库里的压力就会骤减，杜兰特也会更好地发挥自己的特长和才能。

随着赛季的深入，我们也真的发现，杜兰特是个天生勇士人，自从他加入勇士之后，整个勇士的进攻更加干净利落，甚至不需要斯蒂芬·库里去强行进攻，去打出多么逆天的表现，他只需要传球，跑跑位，吸引一下防守，拉开空间，"死神"杜兰特会轻松解决战斗。杜兰特和2015/2016赛季的巴恩斯，那简直是天壤之别，勇士再也不用担心关键比赛中底角的投手8中0，更不用担心库里被严防死守的时候，没有人站出来用强力的单打解决战斗。

凯文·杜兰特真心喜欢勇士的团队氛围和无私团结的战术体系。在金州勇士，杜兰特有了更多的进攻自主权，斯蒂芬·库里是一个更喜欢无球跑位、掩护队友进攻的超级巨星，所以更多时候，一对一单挑这种事情，都是交给凯文·杜兰特去解决。让库里和

第十二章 / 转战金州

汤普森两翼拉开的时候，没有人敢放开"水花兄弟"包夹杜兰特。

　　杜兰特仰慕的是勇士人动球动团结无私的战术体系，欣赏的是勇士领袖斯蒂芬·库里超强的个人能力和出类拔萃的团队精神，杜兰特是为了总冠军来的。这里也确实是最适合他的团队，他打出来职业生涯以来，最轻松最高效的赛场表现。不但如此，杜兰特还为勇士做出了巨大的改变，除了场均 26 分领跑全队外，杜兰特场均还能抢下 8.6 个篮板并送出 1.7 个盖帽，两项数据都是职业生涯新高。事实上在勇士，阿杜不仅是得分机器，同时也扮演护框者的角色。比赛中经常可以看到，杜兰特挥舞着自己的一双长臂，去努力盯防对方内线长人的情景，单场送出 6 个封盖。这就是杜兰特为了勇士所做出的改变。他场均能够拿下 26.2 分 4.7 个篮板 8.6 次助攻 1.7 个盖帽，完全成为勇士攻防两端的核心。

终极五小

2016/2017

勇士的新"死亡五小"也在杜兰特加入之后，提高到了一个新的境界，他们从赛季初的慢热状态走了出来，再次无往而不利，继续霸占着战绩榜首，也迎接着各路豪强的挑战，在圣诞大战一分惜败之后，他们憋着一股劲要再战骑士。

2017年1月13日那场巅峰对决，被勇士打成了一边倒，半场轰下78分，屠杀对手35分，打得詹姆斯束手无策，欧文突破无路，乐福更是成了摆设。所以金州勇士只要认真点，没有他们无法击败的敌人。

而杜兰特几乎拿出了MVP赛季的强横心气，五次单防詹姆斯，只让他进了一个球，这样的防守威力，甚至不在蝉联最佳防守球员的伦纳德之下，也让詹姆斯感受到了少有的压力。最令全场喝彩的是第三节一次攻防，詹姆斯野牛践踏一般地冲锋突破，放在平时根本无法阻挡，但杜兰特如影随形紧跟对手，就在詹姆斯过掉了所有人双手劈扣的时候，杜兰特腾空而起，单掌送出了一记遮天蔽日的大火锅，詹姆斯直接摔倒在地，半晌起不来。詹姆斯遭遇如此羞辱，职业生涯史上都极为罕见，由此可见杜兰特的斗志和决心。

从2016年6月到现在，骑士给勇士带来了太多的屈辱，舆论也不利于创造了篮球新战术新理念的勇士，许多人都乐意见到库里和勇士的失败，更乐意见到杜兰特的失败，他们的压力，比当年"三巨头"抱团的詹姆斯都要大得多。开赛以来勇士许多莫名其妙的失败也让勇士饱受批评，但大家忘了，他们依然是全联盟硬实力最强的球队，依旧是战绩第一的球队，杜兰特和库里依然是全联盟最强的得分手组合。如今，当他们认真起来，咬牙切齿和你拼的时候，他们一定是全联盟综合实力最强、火力最凶猛的球队，等闲无法阻挡。新工业时代的战争机器一旦发动起来，那叫一个"根本停不下来"。

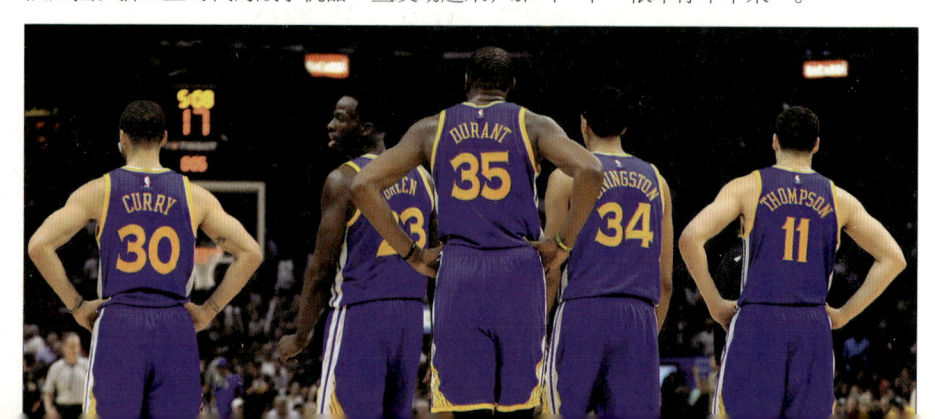

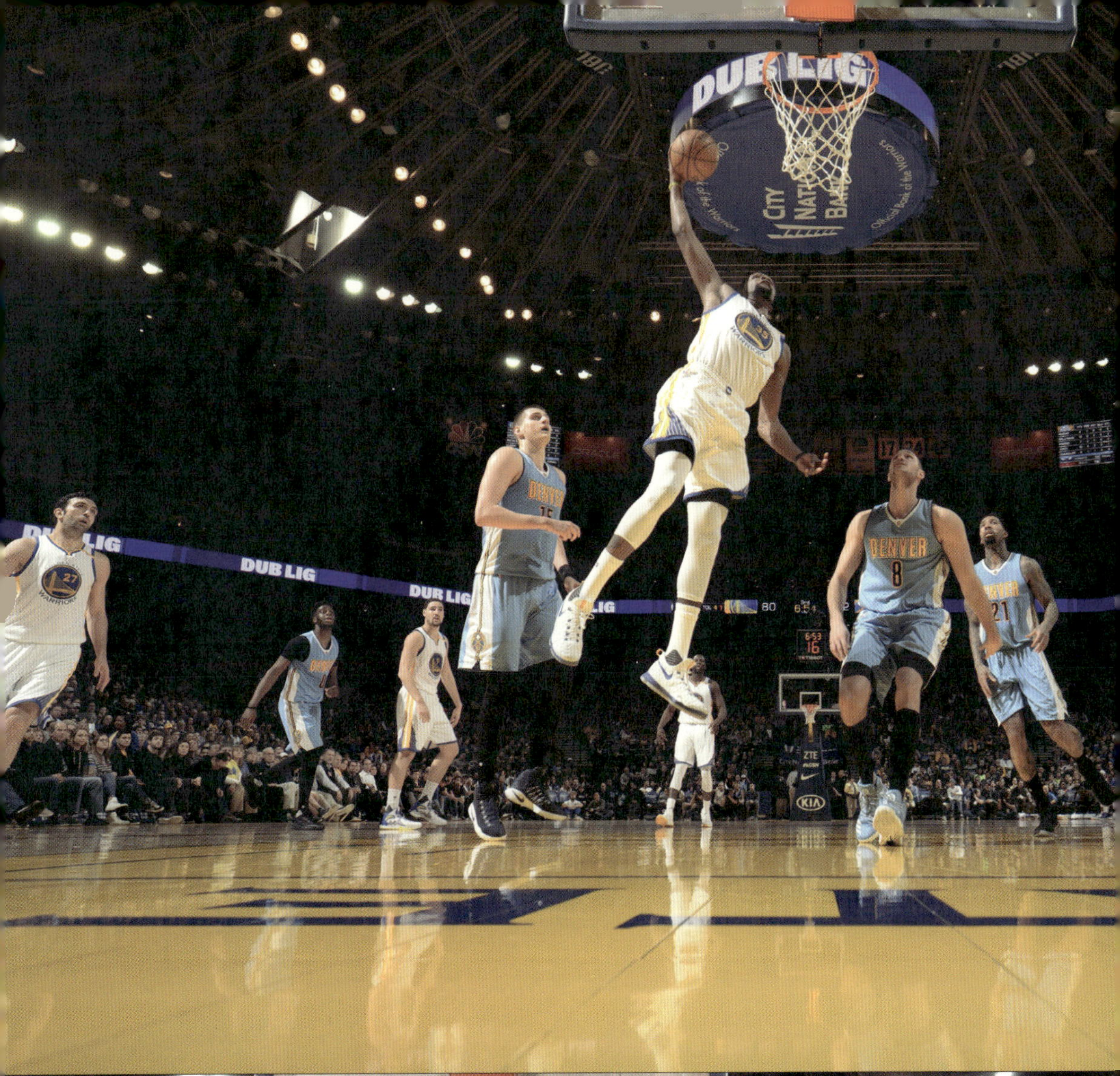
DUB LIG
DENVER
8
21

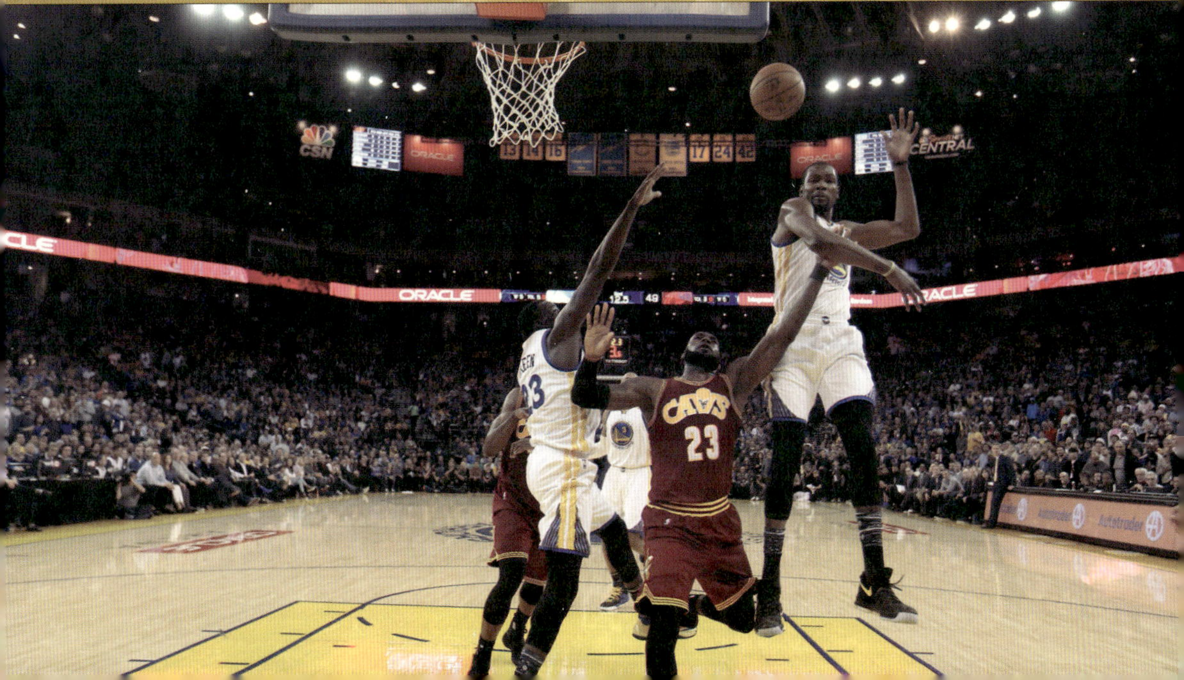
CSN
ORACLE
CENTRAL
CAVS
23

04 兄弟再决

2016/2017

2015/2016赛季季后赛击败小牛的时候,小牛队老板库班曾说:"雷霆队只有一个超级巨星,那就是杜兰特。"赛后采访的时候,杜兰特面对记者采访,直接爆粗口说库班是个白痴,谁都看得出来,他在为威少出气。由此可见,威少在他心目中地位之重,而威少也一直尊重杜兰特。

杜兰特如今依然在说:"拉塞尔·威斯布鲁克是我的兄弟。"

我们相信这话是真的,因为自二人相识以来,杜兰特一直都在媒体面前处处维护威少,就在他拿MVP的2014年,他也当着全部媒体的面说:"威少同样配得上这座MVP奖杯。"在所有人都在质疑威少的出手次数和进攻选择的时候,杜兰特依然站在威少一边,替他辩解,为他遮风挡雨,两人之间,的确曾经水乳交融,亲如兄弟。

然而9年后的今天,物是人非,凯文·杜兰特离开了俄克拉荷马,为了篮球的原因,他去了全联盟最强的球队,去了西部决赛中击败过他的对手——金州勇士,和联盟第一控卫、二连MVP斯蒂芬·库里做队友去了。2016/2017赛季第一次相逢,"雷霆二少"就要球场上见真章,到底是在威少身边更惬意,还是在库里身边更舒服,比赛中才能体现出来。

新军旧主将在一场比赛中分个高下,不由让我们想起了《上山采蘼芜》这首古诗:

上山采蘼芜,下山逢故夫。

长跪问故夫,新人复何如?

新人虽完好,未若故人姝。

"得分"类相似,"突破"不相如。

同为控球后卫,威少和库里是两类完全不同的球员,库里温文尔雅,用智商去驱动技术动作,将聪明的跑位、灵巧的运球和无死角的投射结合起来,成就了NBA新一代无法防守的传奇。只要他过了半场,随时准备的制导导弹一样的三分球便扑面而来,他和杜兰特搭档之后,减少了自己的进攻次数和投射欲望,给了杜兰特更多掌控比赛的机会。然而这不代表2015/2016赛季那个毁天灭地的历史第一射手库里不会回来,就在

2016 年 11 月 2 日对阵开拓者的第三节，库里就在毫无征兆中爆发，单节 23 分，轰杀了对手，三节打卡下班。

威少打起球来如天雷勾地火，横冲直撞，一往无前，眼里没有队友和对手，只有篮筐和胜利，他的效率虽然不高，但在他强横的冲击下，少有球队能够限制住他生猛突击的脚步，一旦威少杀进来，一般都必须双人包夹，这就给雷霆的角色球员们创造了无数的空位投篮机会，也就是说，即便威少不善于组织进攻，他实际的传球效果也不会差，他是全联盟除了詹姆斯之外最全能的球员，50+ 和大三双就是这么来的。在杜兰特离开之后，威少简直进入了一个新的境界，他用一次次的 30+ 和大三双，以及赛季四连胜向世界宣布："你们看轻我了，我也是 MVP 级别的球员！"

2016 年 11 月 4 日，勇士和雷霆的第一次交手就证明了金州勇士果然是最适合杜兰特的团队，斯蒂芬·库里是最适合他的队友。那晚，所有人都围绕杜兰特跑战术，都为他做球，他是全场的核心。那场比赛，几乎每一次进攻，库里都在努力给杜兰特做球。

虽然在比赛前，杜兰特还说："威少永远都是我兄弟！"但如今各事其主，赛场上

相见，那就是兄弟归兄弟，钢刀是钢刀了，不可能留什么情面的。

事实上，NBA只是一个商业联盟，只是一个竞技体育联赛，球员的转会本就是正常商业运作。詹姆斯可以去热火，可以回骑士，杜兰特自然可以去勇士，谈不上什么忠诚和背叛，那都是球迷们不讲道理的宫斗剧、谍战剧角色扮演游戏，当不得真。

那场比赛，威少是憋着一股劲来的，雷霆挟四连胜联盟第一之威，杀向金州勇士，拉塞尔·威斯布鲁克也以场均37+和大三双的场均数据直面勇士"四巨头"，俨然已经是联盟第一人的架势。第一节比赛，雷霆气势汹汹，威少的强横冲击和内线亚当斯的强打让勇士的防守顾此失彼，一直被压了一头。乃至于杜兰特也遭遇羞辱——格兰特接到威少助攻后在杜兰特脑袋上来了一记战斧劈扣。

但威少再强大，再无所不能，归根结底也是有血有肉的人，不是真正的变种超级英雄，刚不可久是永恒的道理，没有人是能够突破能量守恒定律的永动机。虽然他说过要把每一场比赛都当作生命中的最后一场比赛，但篮球比赛就是篮球比赛，不是光靠意志和血性可以打赢的，篮球是个动脑子、靠身体、讲技术、拼战术的综合体育运动，很靠战术体系和核心球员的智商和能力。

勇士的战术体系在第二节就发挥了可怕的作用，他们的连续挡拆和全队无球跑位，让杜兰特不断获得空位投篮和错位单打的机会。杜兰特在被格兰特隔扣之后，整个人都激发出了"死神"状态，这一下，就像打开了潘多拉魔盒的盖子，整个雷霆队都只能目睹杜兰特无所不能的MVP级别的表演——例无虚发的三分球，稳扎稳打的翻身跳投，柔顺流畅如后卫的运球过人，引爆全场的双手暴扣，他把全场另外九个人，都打成了围观群众。杜兰特半场17中11，火力全开砍下了29分，也帮勇士领先雷霆20分以上。

库里压抑进攻欲望，全力配合杜兰特的表演，展示了自己为什么是比威少更适合杜兰特的队友。他在底线做了两次电梯门配合，闪电

般的无球移动,加上队友心有灵犀的配合,使他两次在掩护下完成了高难度后仰漂移三分,这是个人绝技和高水平进攻体系的完美结合,不服不行。

杜兰特进入了一个完美的团队篮球氛围,威少依旧一如既往,像九年来一贯的那样横冲直撞,强行出手,虽然单枪匹马砍瓜切菜看起来让人拍手称快,就像当年孤胆英雄艾弗森、科比那样令人热血沸腾。但对于篮球运动而言,马刺和勇士的团队篮球模式还是更让人佩服,因为这样,才能让每一个人的能力最大化,用自己各位置的优势去击败对手,不是以卵击石,也不是针尖对麦芒,而是以上驷对下驷,泰山压卵,彻底击垮对手。

最终,杜兰特轻松砍下 39 分 7 个篮板,三分球 11 中 7,斯蒂芬·库里轻松砍下 21 分 7 次助攻,双双三节打卡下班,第四节俩人坐在板凳席言笑晏晏,威少执着打铁 15 投 4 中拿下 20 分 10 次助攻 6 次失误,勇士以 122 比 96 屠杀了雷霆。

那场比赛最吸引人的还是"二少"之间的相爱相杀,在杜兰特大杀四方疯狂蹂躏雷霆防线的时候,威少从天而降,一巴掌扇飞了杜兰特的投篮,杜兰特回头看到是威少,一抹笑容瞬间浮上面庞。两个回合后,威少绞进内线时,杜兰特还了他一记大帽,兄弟情谊在,比赛不相饶,来吧,互相伤害吧。

比赛结束后,杜兰特依旧像从前那样迎上去想要拥抱他的兄弟,但威少转身离去,留给他一地落寞。

有道是——

重过阊门万事非,同来何事不同归?梧桐半死清霜后,头白鸳鸯失伴飞。

05 让篮球作证

2016/2017

杜兰特离开雷霆选择勇士，的确是因为篮球的原因，他的技术特点，的确和勇士的战术体系是天作之合，库里不是占着球权的控卫，克莱更是一个纯粹的无球攻击手，杜兰特在这支球队，分分钟都可以找到攻击机会和防守空隙。勇士继承自马刺的那套"根本停不下来"的进攻体系，刚好可以完美匹配杜兰特的篮球技术特点，他只要跑起来，在任何一点，都可以轻松接到库里的传球。而不是像从前那样，要先站在45度看着威少运球运个十来秒，再接过投篮。

2016/2017赛季转投勇士，杜兰特以场均56%命中率砍下26.9分，恢复MVP风采，无论是无球进攻还是持球单打，他都如神锋所向，无往不利。

杜兰特说过，他是因为篮球的原因加盟金州勇士的，他喜欢勇士的团队氛围和无私团结的战术体系。在金州勇士，杜兰特有了更多的进攻自主权，库里是一个更喜欢掩护队友进攻的超级巨星，所以更多时候，一对一单挑这种事情，都是交给杜兰特去解决。

让库里和汤普森两翼拉开，没有人敢放开"水花兄弟"包夹杜兰特，杜兰特欣赏的是勇士人动球动团结无私的战术体系，欣赏的是勇士领袖库里超强的个人能力和出类拔萃的团队精神，杜兰特是为了总冠军来的。这里也确实是最适合他，所以"KD"打出来职业生涯以来最轻松最高效的赛场表现。

随着杜兰特的无缝契入，原本就空前强大的勇士战车更加完美，尤其在进攻端的表现，以前叱咤风云的"水花兄弟"强势升级，成为横扫联盟的"海啸兄弟"。

截至2017年2月，勇士新赛季场均能砍下118分，并创下超过85%的胜率，两项数据均列联盟第一。

2016年虽然与总冠军失之交臂，但单赛季合计678记三分，率队拿下创历史的73胜，"水花兄弟"之威已震惊联盟。然而随着杜兰特的加盟，金风玉露一相逢，便胜却人间无数。人们意识到恐怖的事情即将到来。

阵中虽然大牌云集，但人人无私，打的是共同分享的团队篮球。

于是，库里、杜兰特、汤普森，三大联盟最顶级得分手，彼此成就出最好的自己。

GOLDEN STATE
35
WARRIORS
IGUODALA
9

NEW ORLEANS
23
GOLDEN STATE
35
WARRIORS

库里单场投中 13 记三分；克莱三节狂揽 60 分；杜兰特打出最高效率。这个历史最强攻击火力的三人组合力场均贡献 72 分，正式向世人宣告：水花升级，海啸来袭！

目前勇士在 2016/2017 赛季场均送出了 32 次助攻，创造 NBA 历史之最，超过了那支"SHOW TIME"时代的传奇湖人（31.4 次）。当我们还在惊叹他们震古烁今的进攻火力时，他们的防守效率也已悄然升至榜首。更为恐怖的是，他们似乎还未尽全力，如今攻防两端都霸占榜首的勇士，可能比以前的任何一支豪强都要恐怖。

2017 年 1 月 20 日，勇士再战雷霆，两队在 2016/2017 赛季第二次交锋，杜兰特在此战拿到全场最高的 40 分，勇士主场 121 比 100 大胜雷霆。杜兰特在勇士的体系中简直不可阻挡，他全场 16 投 13 中，三分球 7 投 5 中，共得到 40 分、12 个篮板、4 次助攻和 3 个盖帽。

杜兰特再次战胜了老东家，但令他伤心的是，威少和上次一样对他不理不睬，似乎真的找不回当年水乳交融的情谊了。"二少"之间终归会恢复关系，不过可能需要很长一段时间，毕竟心理上的创伤，并没有这么容易愈合。

他们一起朝夕相处了 8 年之久，一起经历过成功和失败，巅峰和低谷，这是一段难以忘怀的感情。2015/2016 赛季，他们打出了伟大的赛季表现，离总决赛也就一步之遥。然而杜兰特在这么一个轰轰烈烈的赛季后选择离开，并且加盟一支西部决赛中击败雷霆的球队。虽然在宣布决定的一瞬间，威少并没有说什么，但他也不可能心中全无芥蒂。

NBA 是一个商业联盟，不排除其中有着真的友情和义气，但这一切都要考虑球员和球队的现实利益。有些事情，不像球迷想象的那么完美。NBA 不是武侠小说，也不是热血漫画，情比金坚如马刺的"GDP"尚且不能同时退役呢，你又何苦去要求"雷霆二少"一辈子在一起？要说从一而终，首先哈登就不在了啊，伊巴卡也被交易了啊。勒布朗·詹姆斯尚且会为了冠军离开韦德，"OK 组合"尚且会决裂，"活塞五虎"尚且会分崩离析，天下没有不散的筵席，买卖和交情并不矛盾，到时候，比赛是比赛，兄弟依旧是兄弟。

大家应该还记得，当年在杜兰特获得 MVP 时，曾经在发言的最后着重感谢了威斯布鲁克，他说："我可以一整晚都在谈拉塞尔。拉塞尔是个很情绪化的哥们儿，一直帮我遮风挡雨。我不会把这当成是理所应当的。我爱你，哥们儿。你也是一位 MVP 级别的选手，能和你同队打球是我的荣幸。"

杜兰特为了一个篮球的终极梦想来到金州勇士，他学习着当今联盟最先进的团队进

攻，他融入了一个气氛最融洽的团队体系，他和斯蒂夫·库里互相崇拜着对方。这里让他如鱼得水，那些在雷霆无法实现的战术，在这里可以一一验证。

朝闻道，夕死无悔，不断学习，不断提高自己，是一个优秀篮球运动员永远的目标。而赢得胜利，赢得总冠军，更是一个超级巨星毕生的追求，杜兰特是一个拿过MVP的球员，是一个四届得分王，该有的个人荣誉，他早就得到了，该有的名气和地位，他也早已体验过。莫愁前路无知己，天下谁人不识君。他现在想要的，是和自己喜爱的球星一起，和自己憧憬已久的团队一起，去赢得奥布莱恩杯。加盟勇士，和库里、汤普森并肩作战，是他职业生涯中最大的机遇，也是杜兰特职业生涯道路上最大的挑战。

路漫漫其修远兮，吾将上下而求索。

杜兰特离开雷霆，被冠以"懦夫""叛徒"的标签，一时间口诛笔伐，甚至被推到道德审判的边缘，但沉默如金的"KD"从没有辩解，他不屑于这样做。因为他的世界里只有篮球——为了追求篮球的真谛，追求更深的境界、更高的突破，实现自我更极致的价值。

若我战死，勿埋我骨。死若星辰，生如朝露。

在白驹过隙的匆匆岁月中，八年雷霆无所突破，杜兰特已经没有时间挥霍，他选择勇士，唯有总冠军才能荡涤灵魂，重现光芒。

让篮球作证，让时间启航，我们无须揣测这位当今联盟中最凛冽的寒锋，我们只知道，唯有总冠军、唯有至尊荣耀，才能配得上杜兰特的伟大！

因为，"KD"早已拥有一颗睥睨天下的王者之心。

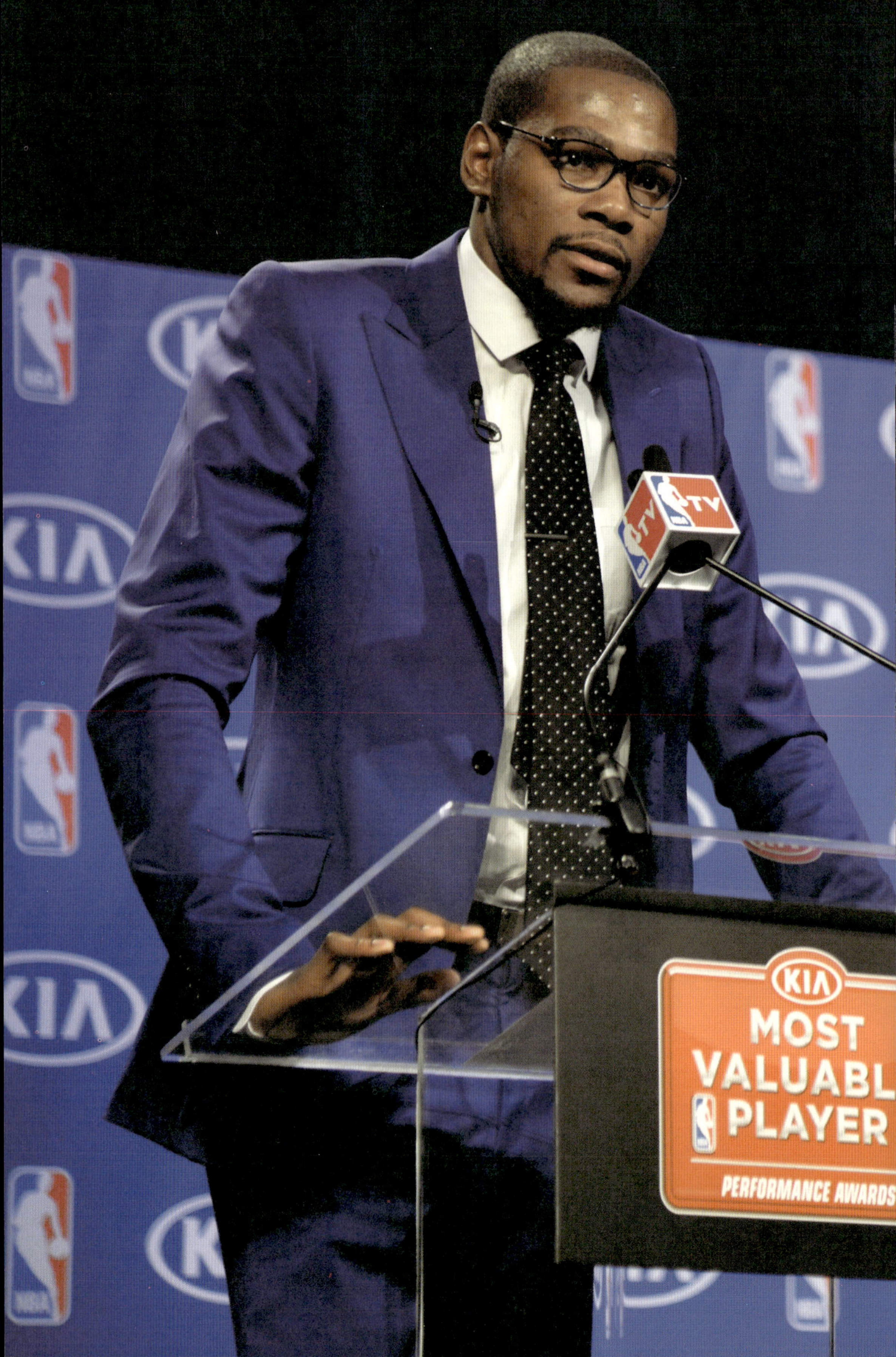
KIA
MOST
VALUABL
PLAYER
PERFORMANCE AWARDS

极杜年华

Kevin Durant

凯 文 · 杜 兰 特 别 传

Kevin Durant
荣耀篇

❶ 常规赛 MVP

2013/2014 赛季，杜兰特场均有 32.0 分入账 7.4 个篮板 5.5 次助攻，创下生涯新高。投篮命中率是 50.3%，三分球命中率是 39.1%，罚球命中率是 87.3%，其中有 2 场砍下 50+，14 场 40+，17 场至少 30 分 10 个篮板。

2014 年从 1 月 8 日至 4 月 7 日，杜兰特连续 41 场至少砍下 25 分，这是自 1986/1987 赛季乔丹（连续 40 场）之后的最长纪录。杜兰特还 4 次荣膺西部月最佳球员，以及 6 次西部周最佳球员。

这些数据都足以证明杜兰特本赛季的伟大，他也毫无疑问地荣膺 2013/2014 赛季常规赛 MVP。杜兰特的总得分是 1232 分，包括 119 张第 1 顺位选票，力压詹姆斯的 891 分（6 张第 1 顺位选票）。这是杜兰特首个 MVP，他也成为继张伯伦、乔丹和艾弗森之后，NBA 史上第 4 位成就得分王（至少 4 次）+MVP 的球员。

❷ 最佳新秀

2008 年 5 月 2 日，NBA 官方宣布，西雅图超音速的榜眼秀凯文·杜兰特以 545 分的绝对优势当选 2007/2008 赛季最佳新秀，他因此成为超音速队史中第一个获得最佳新秀称号的球员。

新秀赛季，杜兰特场均 20.3 分 4.4 个篮板 2.4 次助攻，成为自 2003/2004 赛季后首个在新秀赛季场均得分超过 20 分的球员，在近十年的最佳新秀中，也只有詹姆斯，布兰德，杜兰特在新秀赛季场均得分 20+。

除去得分，在杜兰特所参加的 80 场常规赛中，助攻 192 次、罚球命中率 87.3%、罚球 448 次命中 391 球、场均出场 34.6 分钟，全部排名新秀第一；同时杜兰特一共送出 78 次抢断，排名新秀第二，43% 的投篮命中率、场均 0.84 次封盖以及 59 粒三分命中都排在所有新秀中的第三位。

❸ 世锦赛冠军 +MVP

2010 年 9 月 13 日，第 16 届男篮世锦赛在土耳其落下帷幕，最终美国队在决赛中以 81 比 64 击败土耳其队，获得冠军。梦九队的头号得分手杜兰特全场 17 投 10 中，并且命中 7 个 3 分球，一人独得 28 分、5 个篮板，率领美国队时隔 16 年又一次拿到冠军，他也最终当选世锦赛 MVP。

杜兰特是第三位在世锦赛拿下 MVP 的美国队员，在全部 9 场比赛中，他共得到 205 分，这打破了美国球员在世锦赛上的得分纪录，场均 22.8 分让杜兰特成为美国队历史上的得分王。半决赛迎战立陶宛队时，杜兰特拿到 38 分和 9 个篮板，38 分的得分是"梦之队"球员的单场最高分。另外，杜兰特还带领球队在八分之一决赛中净胜安哥拉队 55 分，这也创造了"梦之队"在淘汰赛中的最大取胜纪录。

❻ 全明星 MVP

2012年2月27日，第61届全明星赛在奥兰多新安利中心打响，最多时曾领先过21分的西部明星队，最终以152比149险胜东部明星队。杜兰特25投14中得到36分7个篮板，荣膺职业生涯首个全明星 MVP。

作为2007年的榜眼秀，从2010年首次入选全明星赛以来，杜兰特连续在全明星赛都表现抢眼，目前他一共参加了5次全明星赛，场均得分高达30.6分，刷新了 NBA 历史纪录。

❼ 4届常规赛得分王

2013/2014赛季，杜兰特场均32分荣登得分王宝座，另外他还能贡献7.4个篮板、5.5次助攻和1.3次抢断，投篮命中率高达50.3%，三分命中率39.1%，效率惊人。

这是杜兰特第四次拿到得分王的头衔，杜兰特曾在2010—2012年连续三个赛季蝉联得分王。2013/2014赛季杜兰特的得分能力进一步提升，32分创下了他职业生涯单赛季场均最高得分。另外，他2013/2014赛季14次得分达到40分，还曾创下过连续41场得分至少25分以上的 NBA 历史纪录。

❽ 2届奥运冠军

2012年8月13日，伦敦奥运会，美国队成功卫冕男篮冠军。首次参加奥运会的杜兰特，在比赛中得到全场最高30分，还有9个篮板入账。此役过后，杜兰特在单届奥运会上的总得分达到了156分，打破了海伍德1968年创造的145分纪录。

2016年8月22日，里约奥运会，美国男篮实现奥运三连冠伟业。杜兰特决赛砍下30分4次助攻3个篮板2次抢断，继伦敦奥运会后收获了个人生涯第2枚奥运金牌。

"KD"此届奥运过后，以311分的奥运总得分，升至美国"梦之队"总得分榜的第二名。

❹ 新秀赛 MVP

2009年2月14日，2009年 NBA 全明星周末新秀挑战赛开打，最终中一年级队以116比122负于二年级队，俄克拉荷马雷霆队的凯文·杜兰特当选 MVP，他在本场比赛中25投17中、罚球8罚8中得到46分和7个篮板，创造了新的新秀挑战赛历史得分纪录。此前的纪录保持者是太阳队的阿玛雷·斯塔德迈尔，在2004年的新秀挑战赛中，斯塔德迈尔得到了36分并当选 MVP。

❺ 西部冠军

2012年6月7日，2012年西部决赛第六战争夺，俄克拉荷马雷霆队主场以107比99逆转击败圣安东尼奥马刺队，获得西部冠军，雷霆队成为 NBA 历史上第15支在0比2落后的情况下翻盘淘汰对手的球队。本场比赛杜兰特手感火热，他奋勇砍下34分、14个篮板和5次助攻，率领球队登上西部之巅，这也是他本人第一次率领球队打进总决赛。

Kevin Durant
战靴篇

谦逊有礼的性格是杜兰特不同于科比和詹姆斯的一面，但在场上的杀伤力他却不逊色于任何人，更重要的是将常规赛 MVP、得分王、全明星 MVP 收入囊中的阿杜也已成为耐克（NIKE）在明星鞋市场上的一张王牌。

杜兰特是如何从穿着团队鞋的"菜鸟"成长为拥有七代签名鞋的巨星？下面不妨就随我们一同梳理一下。他在这条"封神之路"上为我们留下的闪亮足迹。

❶ Nike Zoom KD I
杜兰特1代战靴

2008 年夏天，耐克正式发布了杜兰特一代战靴，在发布会现场杜兰特亲眼看见了首款个人签名球鞋——Nike KD I。Nike KD I 整体配色采用的是老超音速队服的颜色，黑色的漆皮鞋帮，球鞋两侧都配备了 Zoom Air 技术。而杜兰特的个人 LOGO——黄色的"KD"也镶嵌在球鞋的脚跟处。值得一提的是和杜兰特之前所穿过的几款球鞋一样，Nike KD I 也在球鞋内舌标注有杜兰特母亲的名字——"Wanda Pratt"。

❷ Nike Zoom KD II
杜兰特2代战靴

2009 年，耐克推出杜兰特的第二代签名战靴，保留了一代的鞋底，前掌 Zoom Air 提供出色的缓震性能，注射式 phylon 制成的中底，也能很好地吸收落地时带来的冲击力，鞋子的舒适性较之上一代有很大的进步，更加柔软舒适的内衬材料以及更厚实的填充物，让 Zoon KD II 的包裹性能十分的出色。鞋面上附加的魔术贴设计，让这一切更加趋于完美。

❸ Nike Zoom KD III
杜兰特3代战靴

2010 年 12 月，Nike Zoom KD III 推出杜兰特第三代专属战靴，全粒面革与织物鞋面融入 FLYWIRE 技术，为双足缔造绝佳侧面稳定性，令穿着者在运动中获得稳定助力，高品质的耐克篮球鞋带来运动水平的超强发挥。

前掌 Zoom Air 气垫，铸就超凡缓震保护，从而能专注于比赛，专注于运动，专注于高水准的发挥，避免以及减少运动伤害；后跟鞋领内侧的缓震垫片为后跟带来舒适稳定的合脚效果。人字纹的硬质橡胶鞋底，配合弹性凹槽，增强球鞋的耐磨性和抓地性。

❹ Nike KD IV
杜兰特4代战靴

2011年，Nike推出第四代杜兰特专属战靴，首次在篮球鞋上采用的Adaptive Fit系统、配合鞋面Hyperfuse结构和Zoom Air气垫单元，三者的完美结合将呈现出球鞋的多种性能优势，同时淋漓尽致地演绎出杜兰特在篮球场上最电力四射的一面。

Nike Zoom KD IV在设计过程中杜兰特与耐克篮球鞋类设计总监Leo Chang紧密沟通配合，并提供他自己对球鞋的每一个设计细节的反馈，得以使球鞋满足杜兰特"每一年都有所突破"的愿望，达到日趋完美。

❺ Nike KD V
杜兰特5代战靴

2012年，Nike推出第五代杜兰特战靴，在设计上大胆采用四项领先科技：前掌运用Nike Zoom单元；后掌配置Nike Air单元；Hyperfuse鞋面一体化结构带来前所未有的贴合感；足跟稳定器满足移动过程中所需要的支撑力。

在细节设计上，此代以数字"5"为灵感源泉，它既代表球场上的五名球员，又暗指华盛顿的地标——五角大楼，更喻示着这是属于杜兰特的第五双签名鞋。球鞋外底纹路、中底花纹，绣有"V"形图腾的鞋舌，鞋后跟等多处无一不闪现出数字"5"的踪迹。

❻ Nike KD VI
杜兰特6代战靴

2013年夏天，当极致精准与卓越性能巧妙融合，当前卫设计与创新科技互为碰撞，杜兰特第六代签名战靴——KD VI应运而生。由腕表精密工艺所带来的设计灵感赋予了该款战靴独一无二的细节设计，以适应杜兰特在球场上如行云流水般的凌厉打法。引以为傲的科技运用带来全方位的完美保护，低帮设计缔造更高的灵活性和更快的启动速度，透气舒爽的穿着感受保证你尽情施展速度优势，而鞋身上醒目的KD元素则展现了以风驰电掣般速度横扫所有对手的凯文·杜兰特的荣耀职业生涯。

❼ Nike KD VII
杜兰特7代战靴

2011年，Nike推出第七代杜兰特战靴，配色设计源于闪电，这也基于杜兰特想要拥有闪电般的速度。

鞋面采用明亮的芒果色，荧光色外底搭配深灰色，象征闪电作为电的本质。平流层的图案和对闪电的致敬贯穿于鞋底和Swoosh的设计中。

在KD7的设计上，采用无缝前足网眼和动态飞线技术。中足的绑带设计在前掌和后跟间衔接过渡。设计师还将足跟处的Hyperposite支撑与新开发的可视Nike Zoom Air气垫结合起来，为球鞋提供响应性缓震。

❽ Nike KD VIII
杜兰特8代战靴

作为杜兰特第八代签名战靴，其成为第一双同时运用Flyweave鞋面和灵活连通的全掌Zoom Air气垫两项耐克科技的篮球鞋。鞋面设计理念源自用于制作太空服的编织面料，缔造极佳锁定性能，犹如第二层皮肤一样贴合舒适。此外，足跟高包裹的中底设计为鞋款锁定贴合和稳定性锦上添花。

灵活贯通的全掌Zoom Air气垫提供缓震响应，并紧随双足自然移动。数以千计的尼龙纤维连接着Zoom Air气垫的上下两端，遍布整个脚掌，使之能配合双脚在运动中弯曲。

❾ Nike KD IX
杜兰特9代战靴

KD9依然采用了全掌开窗气垫，还配备先进的Nike Flyknit构造和Zoom Air。鞋面的工艺制造精确至像素级，强化了包裹性，保证了轻质和强韧。KD9配备全掌长度的可视锥形Zoom Air气垫单元，其内部填充的纤维可以在脚步施压后提供更好的回弹——足跟处的气垫厚16毫米，逐渐缩小至前足处的10毫米。此外，中底进一步精简，旨在增强Zoom Air气垫单元带来的响应感。中底也与前掌处根据人体工学特别设置的弯曲凹槽连接贯通，强化了自然过渡，同时足跟处的凹槽增强了横向移动的稳定性。

Kevin Durant
绝技篇

必杀技者，一击必杀，绝无幸免，刀剑所向，强敌授首！杜兰特天外雷神，英姿绝世，纵横决荡，挥洒如意。NBA群英汇聚之地，纵使板凳小卒，尚有一二独门绝技，仗以防身谋生。夫杜兰特，四届得分王在手，胸中本事，焉能与诸位凡夫等同？虽说临机制宜，运用之妙存乎一心。但我等不揣鄙陋，欲使世人一窥雷神，故分成条目，罗列招式，以成大观。然大道入于文字，则必流于浅近，实乃南辕北辙之举。欲知杜兰特球技之真面目，须向比赛中求焉。

❶ 干拔三分

作为一个得分王级别的球员，杜兰特职业生涯三分命中率达到37.7%，七个赛季中有两个赛季超过40%，除去新秀赛季之外，其余四个赛季也都稳定在35%以上，和上一辈得分王科比、艾弗森、麦迪相比优势明显。杜兰特是一个更纯粹的射手型得分王，以他的身高臂展和出手速度以及近乎本能的投篮境界，使他在局促空间下干拔三分依旧可以屏蔽干扰不失准头。

❷ 变向突破

试着想象，一个2.06米身高，2.25米臂展的瘦长怪物，左手运球做出艾弗森的经典变向的场景——尽管受限于重心过高带来的巨大消耗以及对手夹击可能造成的失误，但是在空间开阔的情况下，杜兰特做出变向后是无敌的，接近两米的横移之后，可以是大马金刀地切入灌篮，也已可以是跳步收球跳投，总而言之，当你一个人面对这种招数时，只能祝你好运。

❸ 飞身灌篮

作为一个身高2.06米却跑跳如飞的怪物，又是身在如雷如电的雷霆队，杜兰特并不缺乏表演灌篮的机会。多少防守高手好不容易在阵地战中限制了杜兰特，一转身却又被他化身快攻箭头，随着雷霆的反击浪潮第一个冲过半场一记双手灌篮！伊巴卡的封盖和篮板，威少无处不在的抢断，全队的压迫防守，都是杜兰特牌灌篮制造机。

❹ 遮天封盖

入行七年，杜兰特从一个全能射手变成了全能前锋，场均三十分之余还有七个篮板的贡献输出。在伊巴卡这只怪物的身旁，杜兰特还能四个赛季场均盖帽超过一次。盖帽这种数据只是冰山一角，数据所体现不出的是杜兰特在防守端戏份的逐年增加。每当突破空间被压缩，投篮手感不佳，杜兰特就会在防守端以各种方式找回存在感，以他的身体条件，不愁没人当背景。这也是近年来杜兰特最大的进步之一。

❺ 突破上篮

以杜兰特的长腿和爆发力，加上他的投篮威胁，一旦被他起步，你就只能接受被跨过的命运。杜兰特的突破并不以运球见长，虽然表演一个艾弗森式的进球对他而言并不为难，但毕竟身高摆在那里，不能当作常规武器使用。他将一切可以减少运球的突破方式运用到了极致，假动作，转身，机会出现，一次运球之后便是三步上篮，所向无敌。

❻ 意识出色

球场意识是可遇不可求的，如科比的杀手本能和詹姆斯的转移球本能。杜兰特作为一个天才射手，对投篮的时机和空间掌握的自然是炉火纯青,随着他的成熟，他在防守端，诸如单防、协防、篮板、封盖；在进攻端，诸如组织进攻，突破和投篮之间的变换，强弱侧转移球，一切都渐渐培养了出来，毕竟以他天生的资质，是要以自己为核心拿下总冠军为己任的，而这些球场意识，则是必备品。当杜兰特获得了这一切时，他得到了第一份奖品，常规赛 MVP。

❼ 急停跳投

急停跳投是巨星的通行证，在战术意义上，这个招式是突破和投篮的完美结合品，防不胜防。杜兰特作为新一代得分王，这一招式自然是熟极而流。攻防转换间的急停三分，右手运球突破后的强起滞空后仰，绕过掩护后的从容射击以及三威胁动作后的一步运球强投，无不是这一招式的精华演绎。最年轻的 180 俱乐部成员，超过 40% 的中距离跳投命中率，无一不证明这一点。

❽ 助攻精妙

杜兰特 MVP 赛季的场均助攻数字来到了 5.5 次的新高，上个赛季这一数据是 4.6，若非热火恐怖的 27 连胜，杜兰特通过助攻数据体现出的领导能力，已经足以让他在上个赛季就抢走勒布朗的 MVP。2013/2014 赛季，雷霆头号发动机威斯布鲁克缺席大半个赛季，杜兰特于是以球队头号得分手身份兼任头号传球手，雷霆联盟第二的战绩也证明了杜兰特任务完成之出色。他的突破后大量的转移球，让威少缺席的雷霆依然保持着惊雷之威。

❾ 罚球高效

作为一个投篮为主的得分王，杜兰特不可思议地连续四个赛季成为联盟场均罚球王，在每场罚球十次的情况下，杜兰特保持了惊人的罚球命中率。这是其他超级罚球手所无法企及的。2012/2013 赛季，他的罚球命中率为职业生涯最高的 90.5%，2013/2014 赛季场均 32 分的火力输出下也还有 87.3%，职业生涯罚球命中率则为 88.2%，可以说，无论是质量还是数量，杜兰特都毫无疑问地是历史级别的罚球手以及得分王中最好的罚球手。

❿ 篮板达人

杜兰特拥有 2.25 米的惊人臂展，助跑摸高达到 3.74 米，原地弹跳是 29 英寸（73.66 厘米），这不仅帮助他更轻松得分，还让他成为一名篮板狂人。

无论是绝对速度、上肢力量、弹跳力、大局观、篮球智商以及上下肢体的协调度，杜兰特都堪称出类拔萃。加上良好的预判性和位置感，让"KD"在篮板上颇有建树。2013/2014 赛季，杜兰特场均能贡献 7.4 个篮板。开启得分模式的杜兰特非常可怕，化身篮板狂人的他依然让对手胆寒。

⓫ 霸气纵横

随着杜兰特球艺日渐精进，他在场上已经成为出色领袖。与以前沉稳内敛的得分手不同的是，如今的"KD"直抒胸臆、霸气外露。无论是睥睨群雄，还是肆意怒吼，抑或挥拳相庆……杜兰特的王者气度都展现得淋漓尽致。

如今的"KD"，成为联盟的王者已是必然，但唯一让人诟病的是他那谦虚内敛的性格，在热血奔腾的赛场搏杀，没有几分锋芒外露的霸气似乎难以统领队友，震慑群敌，而如今的"KD"越来越霸气纵横。像杜兰特这种级别与身手，那种内敛于心的凛冽杀气足以令人胆寒，加上他日益彰显的磅礴霸气，终成为内外兼修的无解杀器。

职业生涯常规赛场均数据

赛季	球队	篮板	助攻	抢断	盖帽	得分
2007/2008	超音速	4.4	2.4	1.0	0.9	20.3
2008/2009	雷霆	6.5	2.8	1.3	0.7	25.3
2009/2010	雷霆	7.6	2.8	1.4	1.0	30.1
2010/2011	雷霆	6.8	2.7	1.1	1.0	27.7
2011/2012	雷霆	8.0	3.5	1.3	1.2	28.0
2012/2013	雷霆	7.9	4.6	1.4	1.3	28.1
2013/2014	雷霆	7.4	5.5	1.3	0.7	32.0
2014/2015	雷霆	6.6	4.1	0.9	0.9	25.4
2015/2016	雷霆	8.2	5.0	1.0	1.2	28.2
2016/2017	勇士	8.4	4.9	1.1	1.6	26.1
场均数据		7.1	3.8	1.2	1.0	27.3

职业生涯季后赛场均数据

赛季	球队	篮板	助攻	抢断	盖帽	得分
2009/2010	雷霆	7.7	2.3	0.5	1.3	25.0
2010/2011	雷霆	8.2	2.8	0.9	1.1	28.6
2011/2012	雷霆	7.4	3.7	1.5	1.2	28.5
2012/2013	雷霆	9.0	6.3	1.3	1.1	30.8
2013/2014	雷霆	8.9	3.9	1.0	1.3	29.6
2015/2016	雷霆	7.1	3.3	1.0	1.0	28.4
场均数据		8.0	3.7	1.1	1.2	28.8

全明星赛场均数据

年份	城市	篮板	助攻	抢断	得分
2010	达拉斯	5.0	0	0	15.0
2011	洛杉矶	3.0	2.0	2.0	34.0
2012	奥兰多	7.0	3.0	3.0	36.0
2013	休斯敦	6.0	1.0	2.0	30.0
2014	新奥尔良	10.0	6.0	1.0	38.0
2015	纽约	3.0	1.0	1.0	3.0
2016	多伦多	5.0	7.0	2.0	23.0
2017	新奥尔良	10	10	2.0	21
场均数据		6.1	3.8	1.6	25.0